Wissen kompakt

Die großen Philosophen

Biografien, Thesen und Konzepte
von der Antike bis zur Gegenwart

Dr. Cornelius Grupen (Hrsg.)

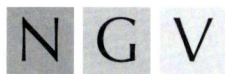

Inhalt

Inhalt

Haben Sie sich je gefragt, wie Ihre Armbanduhr funktioniert? Waren Sie schon einmal versucht, sie aufzuschrauben? Dann haben Sie das Zeug zum Philosophen, denn die Welt ist wie eine Uhr. Die meisten benutzen sie nur und bringen sie zum Uhrmacher, wenn sie stehen bleibt. Aber einige wollen wissen, wie die Uhr von innen aussieht. Diese Neugier ist kennzeichnend für einen Philosophen. Denn Philosophieren heißt, die Welt nicht hinzunehmen, wie sie ist, sondern zu fragen, warum sie ist, wie sie ist, was sie zusammenhält und weshalb es sie gibt. Vielleicht läuft die Uhr auch ohne unser Zutun, vielleicht sogar besser und genauer. Aber schon Platon lehrte, das ungeprüfte Leben sei nicht lebenswert. Manche Philosophen haben den Bauplan der Uhr gesucht, andere ihre kleinsten Einzelteile, wieder andere Spuren des ursprünglichen Uhrmachers. Fanatische Bastler waren sie alle.

Aus dem Griechischen wörtlich übersetzt, bedeutet Philosophie Weisheitsliebe (nach philos, Freund, und sophia, Weisheit). Aber zu verschiedenen Zeiten galten ganz unterschiedliche Arten von Erkenntnis als Weisheit. Der erste Gegenstand der Philosophie war die Natur. Frühe griechische Denker wie Thales und Heraklit fragten nach dem Baustoff der Welt und den Gesetzen der Bewegung. Für Platon ist die grundlegende philosophische Disziplin die Ideenlehre: die Ergründung der ewigen Urbilder aller Dinge. Die christlich geprägte Philosophie der Spätantike und des Mittelalters dagegen handelt von Gott als dem höchsten Wesen und von seinen Eigenschaften. Das gilt für Aurelius Augustinus im 4. Jahrhundert, für Thomas von Aquin im 13. Jahrhundert und letztlich noch im 17. Jahrhundert für Baruch de Spinoza, der schon an der Schwelle zur Moderne steht. Descartes, in dem viele den Vater der modernen Philosophie sehen, erklärte die Erkenntnis selbst zum wichtigsten philosophischen Thema. Diese Selbstversicherung des erkennenden Subjekts gipfelt in der kritischen Philosophie Immanuel Kants. Rund 100 Jahre danach rücken Kierkegaard und Nietzsche den Menschen als Mängelwesen ins Zentrum des Denkens; die Auseinandersetzung mit Schwäche, Leid und Gottesferne ist der Angelpunkt ihres Denkens. Ludwig Wittgenstein schließlich erklärt die Abschaffung der Philosophie durch die Auseinandersetzung mit den Prinzipien der Sprache zur ersten, einzigen und letzten Philosophie.

Die Philosophie hat aber nicht nur wiederholt ihren Gegenstand gewechselt und erweitert, sie weist auch über sich selbst hinaus. Fast alle anderen Wissensgebiete sind aus der Philosophie hervorgegangen. Die Physik begann als Naturphilosophie. Die Chemie geht auf die philosophische Beschäftigung mit den Elementen und Atomen der Materie zurück. Die Psychologie ist aus der philosophischen Seelenlehre entstanden. Thales ist in diesem Sinne der erste Physiker, Demokrit der erste Chemiker, Platon der erste Psychologe. Jede Beschäftigung mit der Philosophie ist deswegen immer auch eine Reise zu den Wurzeln des Wissens überhaupt. Dabei ist die Philosophie ihrem Wesen nach niemals abgeschlossen. So lange Menschen leben, werden sie neue Fragen stellen, oder die alten Fragen neu.

Der Philosoph Hans Blumenberg hat einmal gesagt, Philosophieren lerne man, indem man jemandem zuhört, der etwas davon versteht. Tatsächlich gibt es für die eigene Lektüre der Werke der großen Philosophen keinen Ersatz. Warum dann dieses Buch? Damit aus Lesern Denker werden. Um die Neugier zu wecken auf das Innere der Uhr, und als erste Orientierung im Wirrwarr der Zeiger, Federn und Schwungräder. Die Einzelteile der Uhr liegen vor uns auf dem Tisch. Bauen wir sie gemeinsam wieder zusammen!

Dr. Cornelius Grupen

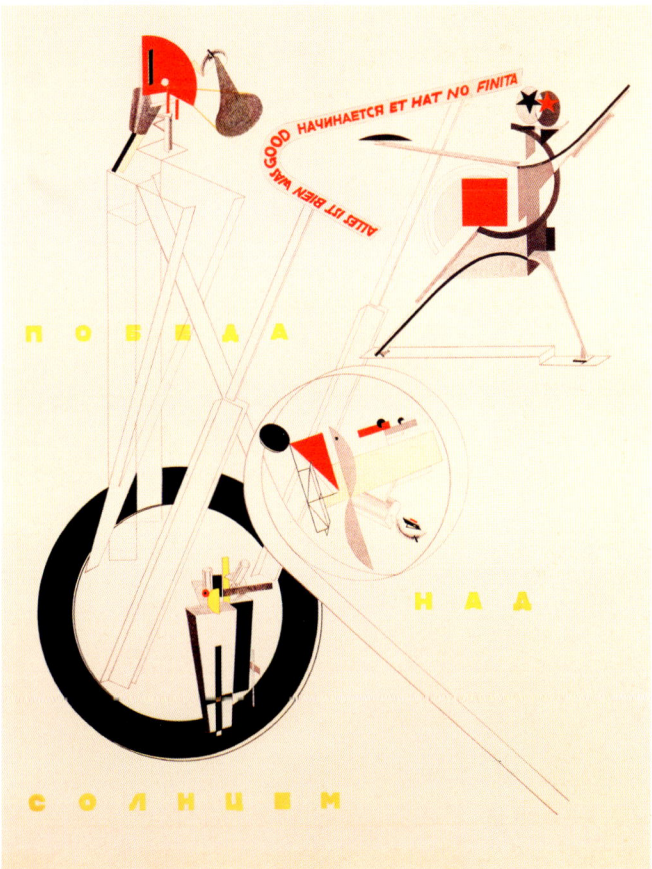

Der Baustoff der Welt

Thales von Milet (um 625 – 547/546 v. Chr.)

Woraus ist die Welt gemacht? Die Frage nach dem ursprünglichen Baustoff des Universums, aus dem alles einst entstand und in den, womöglich, alles wieder zerfallen wird, steht am Anfang der abendländischen Philosophie. Thales von Milet war einer der ersten, die sich dieser Frage widmeten. Er gilt als Begründer der Philosophie und der Wissenschaft, insbesondere der Astronomie.

Die archaischen Philosophen

Fast alle erhaltenen Zeugnisse der frühen Denker sind durchwirkt von der Suche nach dem Baustoff der Welt, der elementaren Materie. Die Suche nach dem Urstoff – griechisch arche – hat den ersten Philosophen des sechsten vorchristlichen Jahrhunderts auch ihren Namen gegeben: die archaischen Philosophen. Passenderweise heißt das griechische Wort arche nicht nur Urstoff, sondern auch Anfang. Die archaischen Denker stehen mit ihrer Suche nach der ersten Materie schließlich selbst am Anfang der Philosophie. Andere nennen sie nach ihrem Wirkungskreis an der ionischen Küste südlich des heutigen türkischen Izmir die ionischen Philosophen. Gemeinsam mit den Eleaten des 5. und den Atomisten des 4. Jahrhunderts v. Chr. sind sie als Vorsokratiker in die Geistesgeschichte eingegangen.

Am Anfang war das Wasser

Thales von Milet, der den meisten aus der Geometrie bekannt ist, hat sich als Erster zu Wort gemeldet. Milet, eine Küstenstadt südöstlich der Insel Samos, erlebte zu Thales' Zeit eine wirtschaftliche und kulturelle Blüte. Dank Seefahrt und Seehandel hatte es der Stadtstaat zu großem Wohlstand gebracht. Aus diesem Grund ist es auch nicht verwunderlich, dass Thales als Bürger der vom Meer so begünstigten Hafenstadt das Wasser zum Urstoff erkor: eine Feuchtigkeit, die alles nähre und aus der zugleich alles hervorgegangen sei, womöglich sogar alles bestehe. Thales nahm an, dass alles Lebende aus dem Feuchten stamme und sich beim Vergehen verflüssige. Da Thales einen Kreislauf des Werdens und Vergehens vermutete, musste der Urstoff etwas Wandelbares und zugleich Verbreitetes sein. Auch die Tatsache, dass alle Lebewesen Wasser benötigen, spricht laut Thales für dessen Ursprünglichkeit. Die Theorie vom Wasser als Urstoff aller Dinge ist jedoch nicht rein materiell zu verstehen, denn Thales stellt sich alle Dinge als von Göttern belebt vor. Aus dem Magnetismus der metallischen Gegenstände schloss er, nicht das Sichtbare sei das Wesen der Dinge, sondern das Innere. Ein ihm zugeschriebener Satz lautet: „In allem sind die Götter."

> ### Die Sieben Weisen
>
> Neben Thales werden unter anderem der Gesetzgeber Solon (um 640 – 560 v. Chr.) und der Richter Bias von Priene (um 590 – 530 v. Chr.) zu den Sieben Weisen gerechnet. Einst kamen sie im Apollon-Heiligtum von Delphi zusammen. Jeder der Weisen sollte sich dort mit einem kurzen Spruch verewigen. Thales schrieb „Erkenne Dich selbst!", seither gleichsam der Leitspruch der Philosophie insgesamt. Solon mahnte mit „Nichts zu viel!" zur Mäßigung. Bias wollte der Überlieferung nach anfangs gar nichts schreiben, rang sich nach langem Zureden seiner Kollegen aber doch noch einen Spruch ab: „Die meisten sind schlecht."

Der italienische Bildhauer Antonio Canova (1757 – 1822) fängt auf dem 1798 entstandenen Temperabild (Museo Canova in Possagno) ein Gespräch des Thales mit der Muse Urania ein. Das Motiv ist nicht zufällig gewählt. Thales schaut gebannt der Schutzgöttin der Astronomie beim Zeichnen auf dem Himmelsglobus zu – gilt er doch als erster Astronom der Weltgeschichte.

Der Legende nach war Laotse Bibliothekar der Könige der bedeutenden chinesischen Zhou-Dynastie, deren Machteinfluss im 6. Jahrhundert v. Chr. aber bereits abgenommen hatte. Als die Lage für den Königshof immer instabiler wurde, verließ Laotse das Land und reiste Richtung Südwesten. An einem Grenzpass nahe der heutigen Stadt Xi'an nötigte ihn ein Wächter, ihm die Perlen seiner Weisheit mitzuteilen, und Laotse diktierte dem Mann in einer einzigen Nacht das Buch „Daodejing". Tatsächlich dürfte das Daodejing erst rund 200 Jahre später entstanden sein, und Laotse – was übersetzt „Alter Meister" heißt – hat vermutlich nie gelebt. Das ändert aber nichts daran, dass das Daodejing eines der wichtigsten Bücher der Weltliteratur ist, auf das sich die Philosophie des Daoismus gründet.

Das Dao

Dao heißt übersetzt „Weg" oder „Prinzip", und Daodejing kann man in etwa mit „Leitfaden über das Prinzip und seine Wirkkraft" übersetzen. Die Formulierung „in etwa" ist wichtig, denn keiner der beiden Begriffe kann wirklich übertragen werden. Daher gibt es auch höchst unterschiedliche Übersetzungen des Daodejing. Das Problem liegt jedoch nicht nur in der fremden Sprache: Der Autor des Daodejing – ob er nun Laotse hieß oder anders – erklärt, dass er den Gegenstand seines Buches nur behelfsweise „Dao" nennt, dieser aber im Grunde nicht zu benennen sei. Denn das Dao sei das Grundprinzip von allem. Um es zu beschreiben, greift das Daodejing zu negativen Formulierungen. Es ist nichts, weil alles erst durch das Dao entsteht. Es ist formlos, weil es alle Form erst hervorbringt. An anderer Stelle wird es in scheinbaren Widersprüchen beschrieben: Das leuchtend helle Dao erscheine dunkel, heißt es dort.

Das Prinzip des Nicht-Agierens

Das Dao wirkt durch eine Kraft, die „de" genannt wird. Um diese Wirkkraft zu erklären, benutzt der Daoismus die beiden gegensätzlichen chinesischen Prinzipien Yin und Yang, die aus einer noch älteren Tradition stammen. Aus der Wechselwirkung der Gegensätze entsteht eine ewige Veränderung, die jedoch kein Ziel hat, da das Dao nicht nur Ursprung, sondern auch Ziel aller Dinge ist. Folglich kann auch das Ziel des Menschen nur der Weg – also das Dao – sein. Man erreicht es, indem man es nicht verfolgt, denn im Grunde geht es darum, die sich selbst ordnenden Kräfte des Dao möglichst nicht zu stören. Spontane Handlungen, die aus einem Gefühl der Übereinstimmung mit dem Dao heraus geschehen, werden von den meisten Philosophen jedoch gut geheißen. Das Daodejing predigt auch keine Gleichgültigkeit gegenüber dem Leben, lehnt aber Sitten und Gebote ab, wie sie z. B. im Konfu-

Laotse auf seinem Büffel, glasierte Terrakotta von 1368, Musée Giumet, Paris. Man sagt, Laotse sei auf einem schwarzen Wasserbüffel durch das Königreich von Qin geritten, auf dem Weg in Richtung Westen. Bevor er als Eremit das Land verlassen konnte, diktierte er einem Grenzwächter seine weisen Worte. In der Kunst wird der chinesische Philosoph daher oft mit einem Büffel dargestellt.

> **Religion und Philosophie** *Der Daoismus faszinierte auch westliche Philosophen wie Martin Heidegger (1889–1976) und Karl Jaspers (1883–1969), den Psychologen C. G. Jung (1875–1961) und Dichter wie Bertolt Brecht (1898–1956), Hermann Hesse (1877–1962) und Alfred Döblin (1878–1957). In China ist er jedoch nicht nur eine Philosophie, sondern auch eine Religion, die Anfang des 3. Jahrhunderts entstand und der rund 60 Millionen Gläubige angehören. Sie verehren Laotse als Gott, daneben aber auch eine Unzahl anderer Götter und „Unsterblicher", und streben selbst nach Erleuchtung und Unsterblichkeit.*

zianismus eine zentrale Rolle spielen. Wer Gebote brauche, um gut zu handeln, der habe den Kontakt zum Dao schon verloren, denn sonst würde er spontan gut handeln. Ein Mensch, der im Einklang mit dem Dao lebe, werde von seinen Mitmenschen zwar oft verachtet, übe aber ein äußerst wohltätiges „de" auf seine Umgebung aus.

Wenn die Pferde Götter hätten …
Xenophanes (um 580 – 480 v. Chr.)

Das Relief zeigt eine Götter-versammlung (Marmor, um 440 v. Chr.): den Meeresgott Poseidon, den Gott des Lichts, Apollon, und die Jagdgöttin Artemis. Diese Teile des Skulpturen-schmucks des Parthenons sind im Athener Akropolis-Museum zu besichtigen.

Viele Religionen stellen sich ihre Götter menschenähnlich vor, beispielsweise die alten Griechen. Noch heute bewundern wir die antiken Statuen Apollons oder der Aphrodite, doch der griechische Philosoph Xenophanes störte sich an ihrer Menschengestalt.

Eine antike Ausnahmeerscheinung

Xenophanes entfaltete seine Lehre in Gedichtform. Auch in inhaltlicher Hinsicht ist Xenophanes unter den frühen griechischen Philosophen eine Ausnahmeerscheinung, denn er vereinbart seine Theorien von der Weltschöpfung und den Erscheinungen im Universum nicht mit dem herrschenden Götterglauben, sondern setzt sich kritisch mit den religiösen Vorstellungen seiner Mitmenschen auseinander. Xenophanes kritisiert die Vorstellung, dass die Griechen ihre zahlreichen Götter mit menschlichen Zügen und Eigenschaften ausstatten. Den Schriftstellern wirft er vor, den Göttern menschliche Schwächen wie Missgunst, Eifersucht oder gar Ehebruch anzudichten. Die Nubier stellten ihre Götter mit breiten Nasen, die Thraker die ihren blond und blauäugig dar. Und wenn auch die Pferde Götter hätten, so Xenophanes, sähen sie wohl wie Pferde aus. Seine Schlussfolgerung: Die Götter, wie wir sie anbeten, sind eine menschliche Erfindung. Xenophanes und seine Anhänger erkennen darin Versuche, die menschliche Furcht vor der Willkür des Schicksals und vor der Einsamkeit der Menschen in der Welt zu bekämpfen. Ein wahrer Gott aber müsse, anders als die Menschen, vollkommen und frei von Gemütsregungen sein.

Religionskritik und Atheismus

Xenophanes hat aber auch vielen späteren Religionskritikern wie Friedrich Nietzsche (1844 – 1900) und Karl Marx (1818 – 1883) den Weg bereitet. Wie Xenophanes enttarnen sie die Götter als zweckhafte menschliche Erfindungen. Der Unterschied zu Xenophanes liegt im Zweck, den sie der Religion zuschreiben. Anstatt die Vorstellung von den Göttern als menschliche Geschöpfe zur Bekämpfung eigener Furcht und Einsamkeit anzugreifen, behaupten sie, die Götter seien von den Mächtigen gezielt und in verschwörerischer Absicht zur Unterdrückung leichtgläubiger Menschen erfunden worden. Nietzsche macht die platonisch-christliche Herrschsucht für die Religion verantwortlich, Marx dagegen die besitzende Klasse, die die Religion als ein besonders raffiniertes Betäubungsmittel, als „Opium für das Volk", missbrauche.

> 📖 **Anthropomorphismus** *Vielen Menschen fällt es schwer, an etwas Unsichtbares zu glauben. Sie erschaffen daher Bildnisse oder zumindest bildliche Vorstellungen der Götter. Sprichwörtlich geworden ist beispielsweise das „goldene Kalb", dessen Anbetung Moses seinem Volk verbot. In vielen Gottesdarstellungen werden die Götter dagegen als menschengestaltig dargestellt. Man spricht in diesem Zusammenhang auch vom „Anthropomorphismus", nach den griechischen Wörtern für „Mensch" (anthropos) und „Form" (morphe).*

Der Mathematiker unter den Philosophen

Pythagoras (570 – 496 v. Chr.)

Pythagoras empfand es als Anmaßung, sich einen Weisen (sophos) zu nennen, und prägte deshalb die Bezeichnung „Philosoph" (Freund der Weisheit). Sein eigener Wissensdurst war so groß, dass er schon als junger Mann Ägypten bereiste und von dort das astronomische und geometrische Geheimwissen der ägyptischen Priester mitbrachte.

„Alles ist Zahl"

In der Vorstellung der Pythagoreer kommt der Zahl überragende Bedeutung für Gestalt und Gesetze des Universums zu. Pythagoras' besonderes Augenmerk galt den Verhältnissen der Zahlen untereinander, den Proportionen. Er fand sie in der Geometrie in den Verhältnissen von Linien, Winkeln und Flächen. Er entdeckte sie auch in der Musik. So steht die Länge einer Saite in direktem Verhältnis zur Höhe des Tons, der erklingt, wenn man sie anschlägt: je länger die Saite, desto tiefer der Ton.

Und Zahlen bestimmen sogar das Geschehen am Himmel, wie Pythagoras bei seinen astronomischen Beobachtungen herausfand. Er glaubte, die von Zahlenverhältnissen bestimmte Bewegung der Himmelskörper erzeuge eine eigene Musik, die Sphärenharmonie, die wir nur deshalb nicht hören, weil sie immer da ist. Manche berichten sogar, Pythagoras habe gelehrt, die Zahlen selbst seien der Baustoff der Welt. Die Harmonie der Welt bestehe darin, dass alles nach Zahlenverhältnissen geordnet sei.

Die pythagoreische Ethik

Die Pythagoreer übernahmen vom antiken Geheimbund der Orphiker die Lehre von der unsterblichen Seele und den Wiedergeburten. Danach war es – wie in der religiösen Tradition Indiens – auch möglich, als Tier wiedergeboren zu werden, was die Pythagoreer zum Vegetarismus bewegte. Pythagoras begründete seine Ethik damit, dass mangelnde Genügsamkeit, Bescheidenheit, Enthaltsamkeit und Selbstdisziplin nach dem Tod mit der Versetzung in einen minderwertigen Körper bestraft werde. Wer sittlich lebe, erhalte einen höherwertigen Körper und gelange schließlich zur Erlösung der Seele vom Körperlichen.

Pythagoras drückte seine ethische Lehre in kurzen Rätseln, den sogenannten Akusmata, aus. So stand etwa das Gebot „nicht ohne Licht zu reden" für das Verbot der unvernünftigen Rede oder der Lehrsatz „keine Kränze zerrupfen" für das Gebot der Beachtung der Gesetze. Nach seinem Tod teilte sich seine Anhängerschaft in zwei Strömungen: die Akusmatiker, die durch Innenschau mithilfe von symbolischen Sprüchen zur Erkenntnis zu gelangen suchten, und die Mathematiker, die dieses Ziel durch Erforschung der äußeren Welt verfolgten.

Das Ölgemälde „Der Sonnenhymnus des Pythagoras" (1869, Tretjakow-Galerie Moskau) des russischen Malers Feodor Andrejewitsch Bronnikow (1827 – 1902) zeigt eine Anbetungsszene der Pythagoreer.

Auf der Suche nach der kosmischen Harmonie

Konfuzius (um 551–479 v. Chr.)

„Der edle Mensch strebt nach Harmonie, nicht nach Gleichheit. Der gewöhnliche strebt nach Gleichheit, nicht nach Harmonie", so wird der chinesische Philosoph Konfuzius im chinesischen Klassiker „Lunyu" zitiert. Für ihn war Harmonie das höchste Prinzip, das zum größten vorstellbaren Glück führt. Die Zeit, in der Konfuzius lebte, stellte sich dagegen denkbar kriegerisch dar. Im China des 6. und 5. Jahrhundert v. Chr. – der „Zeit der streitenden Reiche" – herrschten anarchistische Auseinandersetzungen zwischen rivalisierenden Regionalfürsten und Familienclans.

„Meister Kong" – wie sein Name übersetzt lautet – widmete sich inmitten der Kriegswirren der Entwicklung seiner Lehre, die sich in wesentlichen Punkten von den seinerzeit maßgeblichen Ansichten der Daoisten absetzte. Wie die Daoisten glaubte auch Konfuzius, dass es das „Dao" gebe, einen rechten Weg, der den Menschen zu moralischem Handeln führe. Doch während die Daoisten der Ansicht waren, das Dao führe von selbst zur Harmonie, wenn der Mensch es nicht störe, war Konfuzius davon überzeugt, dass der Mensch die angestrebte Harmonie für sich selbst verwirklichen müsse. Seine Überzeugung: „Wenn Familien in Harmonie sind, ist es auch das Dorf. Sind Dörfer in Harmonie, ist es auch die Provinz. Sind Provinzen in Harmonie, dann ist es auch das Reich. Sind Reiche in Harmonie, dann ist es auch der Kosmos."

Konfuzius gründete eine Schule für Philosophie, in der er seine Lehre an die Schüler weitergab. Diese Tinten- und Aquarellzeichnung auf Papier aus der Zeit der Qing-Dynastie (1644–1911) zeigt ihn inmitten seiner Schüler.

Traditionen als Stütze

Um zur Harmonie des Kosmos beizutragen, muss man nach der Überzeugung des Konfuzius einerseits Menschlichkeit (ren) üben, andererseits die Sitten (li) befolgen. Deshalb hatte er höchsten Respekt vor Traditionen. Außerdem betonte er die Bedeutung der Rituale, die dem Leben Halt und Orientierung geben. So sorge z. B. eine festgelegte Trauerzeit auch dafür, dass die Freunde und Angehörigen des Verstorbenen nicht in übermäßige Trauer verfielen. Die Ahnenverehrung gilt gleichwohl als elementarer Bestandteil des Konfuzianismus. Allerdings sei die Befolgung der Sitten ohne Menschlichkeit nichts wert; die Ordnung des li sieht er als Gefäß, das es mit der rechten Geisteshaltung zu füllen gilt.

Recht auf Widerstand

Die Lehre des Konfuzius war von Anfang an eminent politisch. Schließlich war es sein Ziel, über die moralische „Erneuerung" die politische Krise Chinas zu überwinden. Die konfuzianische Gesellschaftsordnung beinhaltet zwar auch Hierarchien; der Herrscher soll Herrscher, der Untertan Untertan sein. So ist es auch kaum verwunderlich, dass der Konfuzianismus ab dem 1. Jahrhundert v. Chr. chinesische Staatsdoktrin wurde. Doch Konfuzius forderte keineswegs eine devote Haltung gegenüber Älteren und Höhergestellten. Einem Fürsten gegenüber, der sich nicht als verantwortungsvoller Herrscher, sondern als Tyrann erweise, habe der Untertan ein Recht auf Widerstand.

In den „Recherches sur les superstitions en Chine" (1919) des französischen Sinologen Henri Doré (1859–1931) findet sich eine Darstellung des chinesischen Gottes T'ien-Koan eines unbekannten chinesischen Künstlers. Die Gottheit soll Reichtum bringen und verhilft den Fischern zu reicher Beute. Der Konfuzianismus kommt hingegen ohne Götter aus.

Die Götter des alten China, wie etwa die schlangenleibige Schöpfungsgöttin Nu Güa oder der Küchengott Zao Jun, sind den meisten Europäern weitgehend unbekannt. Das rührt vielleicht daher, dass die Götter in China zwar Bestandteil der Volksmythologie waren und sind, die offizielle Lehren in der chinesischen Geschichte – Konfuzianismus, Buddhismus und säkulärer Daoismus – jedoch ganz ohne Götter auskommen. Aber auch wenn das rechte Handeln nicht durch eine göttliche Bestimmung gerechtfertigt ist, greifen die meisten Religionen auf äußere Begründungen der Moral zurück. Der Buddhismus verspricht seinen Anhängern Erleuchtung, Erlösung und ein Eingehen ins Nirwana. Die Daoisten streben danach, den rechten Weg des Dao nicht zu stören, um zum Wohlergehen zu gelangen. Konfuzius dagegen verheißt seinen Anhängern keinen konkreten Nutzen seiner ethischen Lehre. Er propagiert das Harmoniestreben nicht, weil es dem Menschen zu geistiger Erkenntnis verhelfe, ihm im Diesseits oder im Jenseits Vorteile verschaffe oder dem Willen der Götter entspreche, sondern allein, weil er, Konfuzius, es als den rechten Weg sieht.

Philosophische Wirkung

Als im 17. Jahrhundert die ersten Jesuiten nach China kamen, waren sie vom Konfuzianismus begeistert. Anstatt wie in vielen anderen Missionsländern auf dem christlichen Glauben widersprechende Vielgötterei zu stoßen, trafen sie auf ein philosophisches System, das sich ihrer Ansicht nach gut mit dem Christentum vereinbaren ließ. Dies gilt insbesondere für das ethische Konzept des Konfuzianismus, nach dem menschliche Beziehungen immer auf Wechselseitigkeit beruhen. Als einer der ersten formulierte Konfuzius die „Goldene Regel": „Was einem selbst nicht erwünscht ist, tue man anderen nicht." Die europäischen Philosophen wiederum waren angetan von einer Philosophie, die keine göttlichen Gebote, sondern nur „natürliche Vernunft" brauchte, um ein ethisches Verhalten zu rechtfertigen. Gottfried Wilhelm Leibniz (1646–1716) wünschte sich gar chinesische Missionare, die Europa den Konfuzianismus lehren sollten.

Das Gesetz des Himmels

In seiner ethischen Lehre spricht Konfuzius vom Dao oder Gesetz des Himmels als dem rechten Weg, den der Mensch befolgen und mit dem er in Harmonie sein soll, um damit zur Harmonie des Kosmos beizutragen. Nach Konfuzius befinden wir uns im Ungleichgewicht. Das Streben nach Harmonie ist für ihn gleichbedeutend mit dem Streben nach Rückkehr zu einem Urzustand, der sich noch im Gleichgewicht befand. Um seinen Beitrag zu dieser Harmonie des Kosmos zu leisten, solle jeder sich bemühen, ein edler Mensch zu werden.

Der dunkle Prinz von Ephesos
Heraklit (um 544–483 v. Chr.)

Neben Epikur (um 341–270 v. Chr.) und Machiavelli (1469–1527) gehört Heraklit zu den am häufigsten missverstandenen Philosophen der Geschichte. Heraklit allerdings wurde die Ehre zuteil, von keinem Geringeren als Platon selbst falsch oder zumindest schlecht verstanden zu werden. Platon (427–347 v. Chr.) sah in Heraklit einen Befürworter wahlloser Veränderung und allgemeiner Beliebigkeit, aber es spricht vieles dagegen, die wenigen erhaltenen Schriften Heraklits in diesem Sinne zu deuten. Heraklit grenzt sich von der Welt der göttlichen Willkür, wie sie die Dichter schildern, ausdrücklich ab.

> **Kosmologie** *Heraklit war einer der ersten Kosmologen, die sich mit Ursprung und Aufbau des Universums beschäftigten. Für Weltordnung steht bei Heraklit im griechischen Originaltext „Kosmos", eine von den frühen Philosophen geprägte Vokabel, die für ein regelrechtes, wohlgeordnetes Weltganzes steht. Heute ist die Kosmologie ein Teilbereich der Astrophysik; zu ihren bekanntesten modernen Vertretern gehört der Engländer Stephen Hawking (*1942).*

Königliche Bescheidenheit

Heraklits Person liegt genauso sehr im Dunkeln wie seine Lehre, weshalb ihn schon die Griechen den „Dunklen" nannten – ein Beiname, der ihm bis heute geblieben ist. Das älteste und einzig verbürgte antike Bildnis Heraklits ist zwar in seiner Heimatstadt Ephesos entstanden – allerdings erst rund 600 Jahre nach seinem Tod.

Die Stadt ehrte ihren schon im Altertum berühmten Sohn um 150 n. Chr. mit einer winzigen Bronzemünze. Diese zeigt ihn bärtig und mit einem kurzen Knotenstock ausgestattet, der das Symbol der Basiliden (nach griech. basileus, König), des vornehmsten Adelsgeschlechts seiner Heimatstadt, war. Es heißt, Heraklit sei von königlicher Abstammung gewesen, habe aber zugunsten seines jüngeren Bruders auf die Königswürde verzichtet. Eine Einladung des mächtigen Perserkönigs Dareios I. (549–486 v. Chr.) an dessen Hof soll Heraklit wegen seiner Abneigung gegen Pomp und Glitzerschmuck abgelehnt haben.

Die Welt ist in Bewegung

Heraklit behauptete, niemand könne zweimal in den gleichen Fluss steigen, weil es gar keinen Fluss gebe, sondern nur fließendes Wasser. Das Universum sieht er als ewiges Feuer, das niederbrennt und wieder aufflammt. Heraklit beschreibt damit zwei nur auf den ersten Blick widersprüchliche Prinzipien: Wandel und Maß. Alles verändert sich, aber nach unveränderlichen Gesetzen. Wie ein kosmischer Puls brennt das ewige Feuer nieder und flammt immer wieder auf.

Der flüchtige Betrachter mag nur ein Flackern sehen, aber tatsächlich tanzen die Flammen in rhythmischem Gleichmaß. Die so beschriebene Welt ist kein Gebäude, sondern ein immerwährender Umlauf. Wo seine Vorgänger ein Bauwerk sahen, sieht er ein Schauspiel. Wo jene einen Architekten vermuteten, ist in den Augen Heraklits ein Regisseur am Werk. Heraklit sah überall nur Werden, nirgends festes Sein. Deshalb kam als kosmisches Prinzip für ihn nur das Feuer in Frage. Anders als Luft, Wasser und Erde ist das Feuer nicht unbewegt vorstellbar.

Über das Sein

Parmenides (um 540–480 v. Chr.)

Was meinen wir eigentlich jeweils, wenn wir sagen „Ich denke, also bin ich", „Sokrates ist weise" oder „Sein ist Wahrgenommenwerden"? Wir können kaum einen Satz bilden, ohne dabei auf irgendeine Form des Verbs „sein" oder wenigstens auf das darin enthaltene Konzept der Existenz zurückzugreifen. Deswegen ist die Wissenschaft vom Sein, die Ontologie, sozusagen das Fundament der Philosophie. Ihr Begründer ist der griechische Philosoph Parmenides. Er glaubte, Veränderung und Bewegung seien nur Täuschungen, die durch die sinnliche Wahrnehmung hervorgerufen werden. Tatsächlich gebe es nur eine einzige Substanz, die immer schon da war und nie vergehen wird: das Sein. Wenn wir unser Denken auf das unveränderliche Sein richten, so Parmenides, gelangen wir zum Wissen. Verlassen wir uns aber auf die Sinne, entsteht nur Meinung und Täuschung, warnt Parmenides in seinem Hauptwerk „Über das Sein".

Ontologie *Parmenides begründete die philosophische Lehre vom Sein, wenngleich diese sich erst im 17. Jahrhundert unter dem Namen „Ontologie" (nach griech. to on, Seiendes, und logos, Lehre) als eigenständiger Teilbereich der Metaphysik durchsetzte. Sie wurde zu einem der wichtigsten philosophischen Fachgebiete der Neuzeit und beschäftigte unter anderem Nicolai Hartmann (1882–1950), Martin Heidegger (1889–1976) und Jean-Paul Sartre (1905–1980). Wie für Parmenides ist „Sein" für diese modernen Ontologen das wichtigste Wort von allen.*

Die Schlittenfahrt

Parmenides sticht nicht allein durch seine Lehre, sondern auch durch die Textform, die er für seine Ontologie wählt, aus den Reihen der Weisen hervor. Sein Hauptwerk ist kein Traktat und auch kein Dialog, sondern ein Lehrgedicht. Es handelt von einer geheimnisvollen Schlittenfahrt, die symbolisch für die Suche nach Erkenntnis steht. Parmenides spricht darin von zwei Wegen, die der Schlittenfahrer nehmen könne: den der Wahrheit – und den anderen. Nach rasanter Fahrt erreicht der Schlittenfahrer ein geheimnisvolles Tor und wird von Dike, der Göttin der Gerechtigkeit, begrüßt: „Nun sollst Du alles erfahren, sowohl der wohlgerundeten Wahrheit unerschütterlich Herz wie auch der Sterblichen Schein-Meinungen, denen nicht innewohnt wahre Gewissheit." Der Abschnitt über die Täuschungen der Sinneswahrnehmung, die „Schein-Meinungen", ist größtenteils verloren. In den erhaltenen Versen über den Weg der Wahrheit heißt es: „Nur das Seiende ist; denn Sein ist, ein Nichts dagegen ist nicht; das heiße ich dich wohl beherzigen." Parmenides bekräftigt damit seine Forderung, die Suche nach Wahrheit ausschließlich am Sein auszurichten. Richtiges Denken sei wie das Sein selbst: solide, unvergänglich, unerschütterlich. Das Nichtseiende dagegen, so Parmenides, dürfe der Wahrheitssuchende weder aussprechen noch denken.

Die Schule von Elea

Anders als seine Vorgänger lehrte Parmenides nicht in Kleinasien, sondern in der griechischen Kolonie Elea an der Westküste Italiens. Mit ihrem Schauplatz verschob sich auch der inhaltliche Schwerpunkt der Philosophie: von der Natur zu den Begriffen und Strukturen des Denkens. Parmenides war der wichtigste Vertreter der Schule von Elea und wurde zu einem der einflussreichsten Denker der Antike. Platon wandte sich in seinem Spätwerk der Seinslehre zu und widmete Parmenides einen ganzen Dialog, in dem Sokrates und Parmenides die Lehre vom „einen Sein" einer kritischen Prüfung unterziehen.

Parmenides in Raffaels (eigentl. Raffaello Santi, 1483–1520) „Die Schule von Athen". Ursprünglich war das berühmte Fresko (entstanden um 1511, Vatikanische Museen, Rom) Teil eines Zyklus, den Raffael für die Stanza della Segnatura im Apostolischen Palast anfertigte. Neben Parmenides finden sich hier Darstellungen von bedeutenden Philosophen und Wissenschaftlern von der Antike bis zur Renaissancezeit.

Logische Paradoxa: Alle Kreter lügen

Epimenides (um 500 v. Chr.)

Kolorierter Holzschnitt von Michael Wohlgemut und dessen Stiefsohn Wilhelm Pleydenwurff in der Schedelschen Weltchronik, Nürnberg 1493. Der Philosoph Epimenides von Knossos findet sich in der Nürnberger Chronik des Hartmann Schedel in direktem Umfeld mit den Sieben Weisen des alten Griechenlands, zu denen er heute jedoch nicht mehr von allen Forschern gerechnet wird.

Achill und die Schildkröte

Einen eigenen Komplex der Widersprüche bilden die Paradoxa der Bewegung, die dem Parmenides-Schüler Zenon von Elea (um 490–430 v. Chr.) zugeschrieben werden. Das berühmteste handelt von Achill und der Schildkröte. Wenn Achill, der gefeierte Athlet, in einem Wettrennen einer Schildkröte auch nur einen kleinen Vorsprung einräumte, könne er sie nie einholen. Denn in der Zeit, die Achill braucht, um den Vorsprung aufzuholen, hat die Schildkröte selbst ein kleines Stück Weg zurückgelegt. Auch dieses Stück muss Achill wieder aufholen, und wieder schiebt die Schildkröte sich ein wenig voran. Der Vorsprung schrumpft, bis man Achills Rückstand kaum noch erkennen kann, aber er wird die Schildkröte niemals einholen. Irgendetwas stimmt da nicht, so viel ist klar. Aber was? Gesunder Menschenverstand reicht nicht aus, um solche Paradoxien aufzulösen. Zenons Paradoxa der Bewegung etwa sind erst befriedigend aufzulösen, seit Gottfried Wilhelm Leibniz (1646–1716) und Isaac Newton (1642–1727) mit der Infinitesimalrechnung eine Methode entwickelt haben, mathematische Funktionen auf beliebig kleinen Abschnitten widerspruchsfrei zu beschreiben.

Der griechische Dichter, Priester und Philosoph Epimenides sagte einst: „Alle Kreter sind Lügner." Der Haken bei der Sache: Epimenides war selbst Kreter. Übersetzt man das Problem in einen einfachen logischen Schluss, ergibt sich: „Alle Kreter sind Lügner" plus „Epimenides ist ein Kreter" gleich „Epimenides ist ein Lügner". Formal ist weder an den ursprünglichen Sätzen noch an ihrer „Zusammenrechnung" etwas auszusetzen, aber im Licht der Schlussfolgerung gerät die Voraussetzung ins Wanken. Wenn Epimenides selbst ein Lügner ist, kann man dann seiner Aussage trauen? Traut man ihm aber nicht, bricht die Schlussfolgerung zusammen. Es liegt ein formaler Widerspruch vor, in der Logik Paradoxon (nach griech. para, gegen, und doxa, Meinung) genannt. Ein Selbstwiderspruch wie der Satz des Epimenides heißt auch Antinomie (nach griech. anti, gegen, und nomos, Gesetz). Das von Epimenides in die Welt gesetzte Paradoxon hat sich als langlebig erwiesen: In Form der Russell'schen Antinomie beschäftigt es die Gelehrten bis heute.

Zeitreisen

Eine unerschöpfliche Quelle von Paradoxien ist das Gedankenexperiment der Zeitreise. Ein Beispiel ist das sogenannte Großvater-Paradoxon. Angenommen, ich begebe mich auf eine Reise in die Vergangenheit und töte dort meinen eigenen Großvater. Ohne ihn aber werde ich niemals geboren, sodass es in der Zukunft niemanden gibt, der die Reise überhaupt hätte antreten können. Der Kosmologe Stephen Hawking (*1942) hält Zeitreisen zwar für möglich, schließt aber Reisen in die Vergangenheit aus. Sein Argument: Die Vergangenheit sei, von der Gegenwart aus betrachtet, schon passiert und damit abgeschlossen, die Zukunft hingegen noch offen.

Können wir unseren Augen wirklich trauen? Einer der ersten, die sich mit dem Problem von Schein und Sein beschäftigten, war der griechische Weisheitslehrer Protagoras von Abdera. Da die Schriften des Protagoras nicht erhalten sind, ist der seinerzeit berühmte Sophist heute hauptsächlich durch die Dialoge Platons (427 – 347 v. Chr.) bekannt, in denen Protagoras als Gesprächsteilnehmer auftaucht.

Ist Tugend lehrbar?

Im Dialog „Protagoras" lässt Platon seinen Lehrer Sokrates (469 – 399 v. Chr.) in der Frage, ob Tugend lehrbar sei, gegen Protagoras argumentieren. Protagoras, der selbst reisender Lehrer war, vertritt die Position, es sei möglich, die Menschen zu guten Staatsbürgern zu erziehen, Sokrates verteidigt die Gegenposition, dass Tugend nicht lehrbar sei. Protagoras lässt sich von Sokrates davon überzeugen, dass die Tugend mit der Erkenntnis von Gut und Böse steht und fällt. Sokrates ist überzeugt, dass kein Mensch bewusst Böses tue, sondern dass das Böse aus dem Unwissen erwachse. Daraus lasse sich jedoch auch der Schluss ziehen, dass Tugend lehrbar sei. Das Gespräch endet mit der Vertagung der Diskussion.

Augenschein ist Wahrheit

In seinem „Theaitetos", einem Dialog über das Wesen der Erkenntnis, beschäftigt sich Platon ein zweites Mal mit Protagoras und seiner Lehre. Es geht um die Frage, ob die Welt so ist, wie sie uns in unserer Wahrnehmung erscheint. Platon zitiert Protagoras im „Theaitetos" mit einer Aussage, die als Homo-Mensura-Satz (nach lat. homo, Mensch, und mensura, Maß) bekannt ist: „Der Mensch ist das Maß aller Dinge, derer, die sind, dass sie sind, und derer, die nicht sind, dass sie nicht sind." Damit ist jedoch nicht der Mensch als Gattung, sondern als einzelnes Individuum gemeint. Die Wirklichkeit ist Protagoras zufolge nichts anderes als unsere subjektive Erkenntnis von ihr. Dies führt dazu, dass eine Aussage für den einen Menschen wahr und den anderen falsch sein kann, wenn sich die Wahrnehmungen der Menschen voneinander unterscheiden.

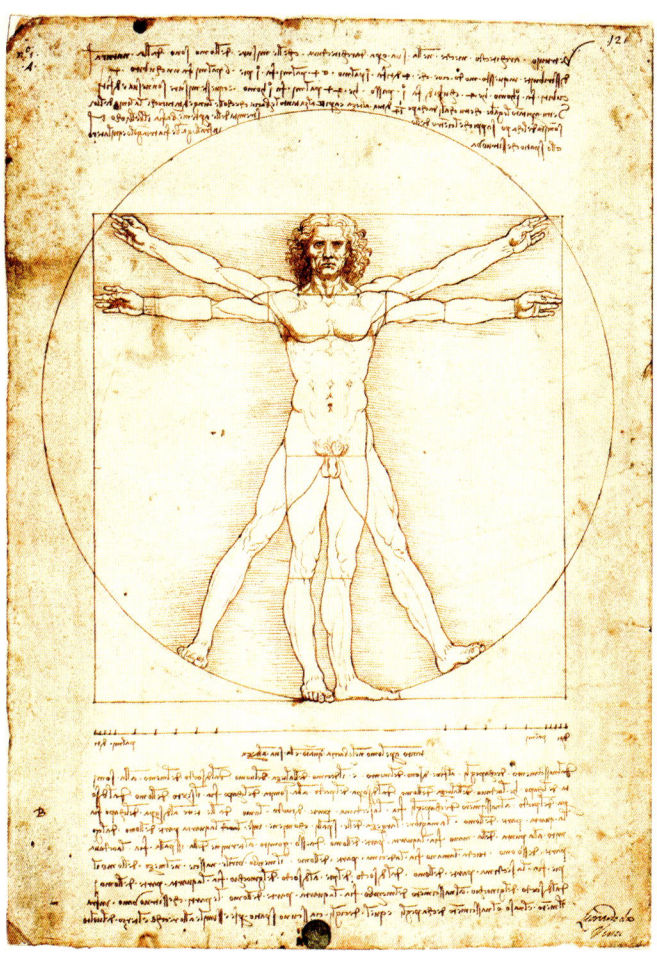

In seiner berühmten Federzeichnung „Der vitruvianische Mensch" (Galleria dell' Accademia, Venedig, 1492) nimmt Leonardo da Vinci (1452 – 1519) am Menschen Maß. Damit greift Leonardo gedanklich die Lehre des Protagoras auf: Der Mensch als „Maß aller Dinge" wird zum Grundgedanken des Humanismus, der prägenden europäischen Geisteshaltung des 15. und 16. Jahrhunderts.

Auch unter verschiedenen Umständen kann ein Sachverhalt einmal als wahr und einmal als falsch gewertet werden. Aus diesem Grund ist keine objektive Aussage über die Wirklichkeit möglich. Wenn der Wind mir kalt vorkommt, so ist er kalt. Wenn der Wein mir bitter schmeckt, so ist er bitter – für mich. Protagoras erklärt auf diese Weise die subjektive Wahrnehmung zur Wirklichkeit. Damit negiert er die Existenz einer absoluten, vom Menschen unabhängigen Wahrheit.

Die Beschränkung auf rein menschliche Maßstäbe wurde dem Philosophen von seinen Kritikern als Überheblichkeit ausgelegt. Diese Fehlinterpretation und die Tatsache, dass die Skepsis des Protagoras auch vor den antiken Göttern nicht Halt machte, wurde ihm zum Verhängnis. Weil er schrieb, er wisse nicht, ob es die Götter gebe oder nicht, wurde er unter dem Vorwurf der Gottlosigkeit aus Athen verbannt und starb auf der Flucht nach Sizilien.

> **Relativismus** *Mit seinem Satz vom Menschen als Maß aller Dinge gilt Protagoras als Begründer des Relativismus. Darunter versteht man die Annahme, dass alle Erkenntnis von ihren jeweiligen Bedingungen und vom Standpunkt des Erkennenden abhängt. Neuzeitliche relativistische Standpunkte finden sich unter anderem bei Johann Gottfried Herder (1744 – 1803) und Paul Feyerabend (1924 – 1994), der gegen den „Methodenzwang" der Wissenschaft kämpfte.*

„Ich weiß, dass ich nichts weiß"

Sokrates (469–399 v. Chr.)

*„Der Tod des Sokrates"
(Öl auf Leinwand, nach 1650)
von Charles-Alphonse
Dufresnoy (1611–1668) aus der
Galleria Palatina im Palazzo
Pitti, Florenz. Sokrates hätte
der Urteilsvollstreckung
entgehen können, blieb aber
bei seinem Respekt für die
Gesetze und leerte den giftigen
Schierlingsbecher.*

Als Philosoph ist Sokrates einer der großen drei, die wie Galionsfiguren für die gesamte abendländische Philosophie stehen. Neben Sokrates sind das sein Meisterschüler und Chronist Platon (427–347 v. Chr.) sowie dessen Schüler Aristoteles (384–322 v. Chr.). Einflussreicher als die Lehre des Sokrates ist bis heute allerdings seine philosophische Technik. Sokrates ist uns nicht durch eigene Schriften, sondern nur aus den Werken anderer bekannt. Unser wichtigster Gewährsmann ist hier Platon.

Philosophische Hebammenkunst

Die Mutter des Sokrates war Hebamme, und zur Verwirrung seiner Zuhörer behauptete Sokrates, er übe dieselbe Kunst aus wie sie. Allerdings behandle er nicht schwangere Frauen, sondern junge Männer, und er bringe auch keine Kinder zur Welt, sondern Gedanken. Damit beschreibt er seine Kunst, durch raffiniertes Fragen verblüffende Erkenntnisse hervorzuholen, die von Anfang an in seinen Gesprächspartnern geschlummert hatten. Lehre als Vermittlung von Wissen sei unnötig; philosophischer Unterricht bestehe vielmehr darin, den Schüler an das zu erinnern, was er längst schon wisse. Im Vordergrund dieser Aufklärungsarbeit stehe die Widerlegung vermeintlicher Selbstverständlichkeiten. Einer seiner Gesprächspartner behauptet etwa, er wisse, was Gerechtigkeit sei. Auf Sokrates' hartnäckige Nachfragen kann er allerdings nur Beispiele für gerechte Menschen und gerechte Taten geben, nicht aber erklären, was Gerechtigkeit eigentlich ausmacht. Durch seine Fragen führt Sokrates seinem Gegenüber zweierlei vor Augen. Erstens: Dessen ursprüngliche Annahme, er wisse, was Gerechtigkeit sei, ist falsch. Zweitens: Auch wer viele Einzelfälle benennen kann, hat deswegen noch längst nicht den Kern der Sache erkannt.

Die Erkenntnis ist für Sokrates die Basis des guten Lebens und des rechten Handelns. Da nach Sokrates alle Menschen nach dem Guten streben, werde derjenige, der weiß, was das Gute ist, dieses auch tun. Der Mensch verfehle umgekehrt nur deswegen das Gute, weil er es nicht kenne. Die philosophische Suche nach der Wahrheit führe deswegen nicht nur zur Erkenntnis, sondern auch zur Gerechtigkeit.

Um Kopf und Kragen geredet

Sein Nachweis der Grenzen des Wissens und sein Einfluss auf die Jugend missfielen den Mitbürgern des Sokrates. Unter dem Vorwand der Gotteslästerung wurde er vor Gericht gestellt. In vielen Gesprächen hatte er sich auf sein „Daimonion", einen persönlichen Schutzgeist, berufen. Sokrates sah darin eine innere, warnende Stimme göttlichen Ursprungs, die Gefahren erkennt, die der Vernunft verborgen bleiben. Er stellte es nicht nur über die Vernunft, sondern auch über die Götter. Daher wurde ihm vorgeworfen, die griechischen Götter ersetzen zu wollen. In seiner Verteidigungsrede erklärt Sokrates, anders als die vielen, die sich für weise halten, habe er sein Wissen geprüft und festgestellt, dass er nicht viel wisse, die anderen aber noch weniger: „Ich scheine also um dieses Wenige doch weiser zu sein, dass ich, was ich nicht weiß, auch nicht glaube zu wissen."

Atome gelten zwar heute nicht mehr als die kleinsten, gleichwohl aber als für das physikalische Weltverständnis unersetzliche Bestandteile der Materie. Begründet hat die modern anmutende Theorie von den Atomen der griechische Philosoph Demokrit, Jahrtausende vor der Entdeckung von Radioaktivität und Quantenphysik. Er gilt daher als antiker Vorläufer der modernen Atomtheorie. Die Naturphilosophen der milesischen Schule haben sich schon vor geraumer Zeit mit der Frage nach dem ursprünglichen Baustoff der Welt beschäftigt. Thales (um 625 – 547/546 v. Chr.) lehrte, die Welt sei aus Wasser entstanden. Anaximenes (585 – 525 v. Chr.) dagegen glaubte, alles bestehe aus Luft. Aus deren Verdichtung entstehe das Gestein, aus ihrer Verdünnung dagegen das Feuer, das wiederum Heraklit (um 544 – 483 v. Chr.) für den Urstoff hielt.

Verschiedenheit der Bausteine

Demokrit von Abdera und sein Lehrer Leukipp (5. Jahrhundert v. Chr.) fragten sich, wie die Verschiedenheit der Dinge und ihrer Eigenschaften zu erklären sei, wenn letztlich doch alles aus demselben Material bestünde. So kamen sie darauf, dass der wahre Baustoff der Welt eine große Vielfalt kleinster Teilchen mit verschiedenen Formen sein müsse. Alles bestehe aus diesen Teilchen und aus der sie umgebenden Leere, sie selbst aber seien nicht weiter teilbar. Deshalb nannten sie diese kleinen Teilchen „Atome" (nach griech. atomos, unzerschneidbar). Aus ihnen fügen sich alle Dinge der Welt zusammen. Ursprung und Gestalt des Kosmos erklären die Atomisten mit der rein mechanischen Theorie der Bewegung der Atome im leeren Raum. Da die Atome nach Demokrit unterschiedlich schwer sind, bewegen sie sich auch in unterschiedlicher Weise. Der Kosmos habe sich durch einen Wirbel der leichten Teilchen nach außen und der schweren nach innen entwickelt. Die äußeren Teilchen bildeten die Gestirne, die inneren Himmel und Erde.

Auf Gottes Spuren

Der Atomismus steht im Zentrum von Demokrits Lehre, ist aber nicht ihr Ausgangspunkt, weil man die winzigen Atome nicht direkt beobachten kann. Vielmehr schließt Demokrit von der Vielgestaltigkeit der Natur auf die Atome als deren Erklärung. Diese Denkbewegung ähnelt der Lehre, die unter anderem Augustinus (354 – 430), Albertus Magnus (um 1200 – 1280) und Duns Scotus (um 1266 – 1308) vertraten: Der Schöpfer habe in der Schöpfung eine Spur hinterlassen, und der Theologe begebe sich wie ein Fährtenleser auf die Suche nach den Fußspuren Gottes. Der Elementarteilchenphysiker und Nobelpreisträger Leon Lederman (*1922) entwickelte einen ähnlichen Gedanken, als er das Higgs-Teilchen, ein hypothetisches Elementarteilchen, in seinem gleichnamigen Buch von 1993 „The God Particle" taufte.

Im Gemälde „Heraklit und Demokrit" aus dem Jahr 1487 von Donato Bramante (um 1444 – 1514) hat der Künstler einen lachenden Demokrit und einen weinenden Heraklit abgebildet.

Das Höhlengleichnis: Platons philosophisches Lichtspieltheater

Platon (427–347 v. Chr.)

Platon war kein Freund der Bilder und auch kein Freund der Bewegung. Trotzdem hat er sozusagen das erste Kino beschrieben. Wie in jedem anderen Kino sitzt das Publikum darin mit dem Rücken zum Licht, und wie in jedem anderen Kino sieht es auf der gegenüberliegenden Wand Figuren und Gegenstände in Bewegung. Trotzdem ist dies kein gewöhnliches Kino. Denn fesselnd ist die Vorstellung nicht nur im übertragenen, sondern auch im wörtlichen Sinn. Die Zuschauer in Platons Höhle sind angekettet. Sie können nicht einfach aufstehen und fortgehen. Sie können nicht einmal den Kopf abwenden vom Schattenspiel auf der Höhlenwand.

Schattenspiel

So heißt es in Platons „Politeia" (griech. für „Der Staat"): „Sieh nämlich Menschen wie in einer unterirdischen höhlenartigen Wohnung. In dieser seien sie von Kindheit an gefesselt, sodass sie auf demselben Fleck bleiben und auch nur nach vorne hin sehen. Licht aber haben sie von einem Feuer, das (…) hinter ihnen brennt. Zwischen dem Feuer und den Gefangenen geht oben her (…) eine Mauer (…). Sieh nun längs dieser Mauer Menschen allerlei Gefäße tragen, (…) einige, wie natürlich, reden dabei, andere schweigen." Platon lässt Sokrates fragen, was passierte, wenn man einen dieser Menschen zwänge, die Höhle zu verlassen und ins Sonnenlicht zu treten. Nachdem er sich an das grelle Licht gewöhnt habe,

Der Anfang aller Anmerkungen 1929

beschrieb der englische Mathematiker Alfred North Whitehead (1861–1947) die gesamte europäische Philosophie als „eine Reihe von Fußnoten zu Platon". Bisher hat ihm niemand ernstlich widersprochen. Platon steht für die Philosophie wie Bach für die Musik, Dante für die Dichtung oder Einstein für die Physik. Alle Philosophie nach Platon ist auf direkte oder indirekte Weise immer auch Auseinandersetzung mit seinem geistigen Erbe. Platon selbst hat sein Denken fast ausschließlich in philosophischen Gesprächen entfaltet, oft mit seinem Lehrer Sokrates als Hauptredner. Zu seinen wichtigsten Dialogen gehören „Der Staat" (über die beste Verfassung) und der „Phaidon" (über die Unsterblichkeit der Seele).

würde er erkennen, dass er in der Höhle nur Schatten künstlicher Gegenstände gesehen hat und nicht die reale Welt. Kehrte er in die Höhle zurück, um seinen Mitgefangenen von seiner Erkenntnis zu berichten, würden sie ihn allerdings auslachen und ihm keinen Glauben schenken.

Sie sind wie wir

Am Ende der Beschreibung dieser „seltsamen Gefangenen" in Platons „Politeia" fällt der entscheidende Satz: „Sie sind wie wir." Dieser Satz weist den Weg zum Verständnis nicht nur des Gleichnisses, nicht nur der „Politeia", sondern der platonischen Philosophie insgesamt. Die menschliche Existenz beschreibt er als Gefangenschaft und den Körper als Gefängnis der unsterblichen Seele. Wir fristen unsere Erdentage weit entfernt von der natürlichen Heimat der Seele, der Welt der Ideen, von denen die Welt, wie wir sie kennen, nur ein schwacher Abglanz ist. Im Alltag begegnen uns viele gute Dinge, aber Platon geht es um das Gute selbst. Mit dem Höhlengleichnis beschreibt er den aus seiner Sicht größten Mangel unserer Existenz, die Verbannung aus der wahren Welt. Seine gesamte Philosophie ist geprägt vom Kampf gegen die vielen Irrtümer, die sich aus der Ideenferne ergeben. Wenn das uns vertraute Leben nur ein Übergang ist und mit dem Tod das wahre Leben der Seele erst (wieder) beginnt, darf kein Tag verschwendet werden. Endziel der platonischen Philosophie ist die Vorbereitung auf das Leben nach dem Tod durch die Annäherung an die Welt der Ideen im philosophischen Gespräch.

Stich nach einer Illustration des Höhlengleichnisses durch Edmond Le Chevallier-Chevignard (1825–1902) in „Magasin Pittoresque" vom Juli 1855. Obwohl das Höhlengleichnis zu den bekanntesten Texten Platons zählt, wird es in der bildenden Kunst nur äußerst selten dargestellt.

Das antike Mosaik aus Pompeji aus dem 1. Jahrhundert v. Chr. (Archäologisches Nationalmuseum in Neapel) zeigt Platon im Kreis seiner Schüler. Die von ihm gegründete Philosophenschule im Hain des Helden Akademos in Athen gibt bis heute Lehreinrichtungen aller Art ihren Namen – die Akademie.

Gutes Leben ist verborgenes Leben, darin waren sich die größten Geister von Heraklit (um 544–483 v. Chr.) bis René Descartes (1596–1650), von Epikur (um 341–270 v. Chr.) bis Ovid (um 43 v. Chr.–18 n. Chr.) einig. Aber keiner hat diese Einsicht ernster genommen als Platon. Er inszeniert seine Dialoge wie philosophische Theaterstücke und lässt darin bewusst seinen bewunderten Lehrer für sich sprechen: Sokrates (469–399 v. Chr.), den kleinen Mann mit den großen Fragen. Zuweilen vertreten aber auch andere Gesprächsteilnehmer Platons Ansichten, und in seinem großem Spätwerk, den „Gesetzen", tritt Sokrates gar nicht mehr auf.

Von der Tugend zur Erkenntnis

Mit der Emanzipation von seinem Lehrer Sokrates geht eine inhaltliche Verschiebung der behandelten Themen einher. In den frühen, von Sokrates geprägten Dialogen geht es hauptsächlich um ethische Fragen: Frömmigkeit, Besonnenheit, Gerechtigkeit, Tapferkeit, das Wesen und die Erreichbarkeit der Tugend oder um Freundschaft und Liebe. Die späteren Dialoge handeln dagegen vermehrt von erkenntnistheoretischen und politischen Problemen. So geht es etwa in den „Gesetzen" um ein fiktives Staatswesen, im „Parmenides" um das Sein der Ideen und im „Theaitetos" um den Begriff des Wissens.

Philosophisches Versteckspiel

Platon selbst wird in seinen eigenen Texten nur ein einziges Mal erwähnt. Zusätzlich zur Geheimniskrämerei um die eigene Person gibt Platon sich größte Mühe, mit verschiedenen literarischen Mitteln beim Leser Zweifel an der Verlässlichkeit seiner Dialoge zu wecken. Er signalisiert uns damit, dass die Schrift nur ein blasser Abglanz der Rede und selbst das beste Buch nur ein schwacher Ersatz für ein Gespräch ist. Die Schrift, so Platon, verleite zum Vergessen, und Bücher seien schlechte Auskunftsquellen, denn sie können auf Rückfragen keine Antwort geben. Die Überlieferungsgeschichte hat Platons Misstrauen gegenüber dem geschriebenen Wort in einer weiteren Hinsicht Recht gegeben: Die meisten seiner Schriften waren lange verschollen und sind erst in der Renaissance auf dem Umweg über Byzanz und Arabien wieder aufgetaucht. Trotz allem hatte Platon keinen Spielraum bei der Wahl seiner Mittel. Nur im fingierten Dialog konnte er aufzeigen, dass unsere vorgefassten Meinungen einer gründlichen Überprüfung selten standhalten und dass es immer mehr als eine Sicht der Dinge gibt. In der „Apologie", der Verteidigungsrede des Sokrates vor seinen Richtern, lässt er Sokrates sagen: „Das ungeprüfte Leben ist nicht lebenswert."

Weniger ist mehr

Diogenes von Sinope (um 412 – 323 v. Chr.)

Diogenes eilt der Ruf des Kulturverächters voraus. Tatsächlich kam er mit wenig aus, doch das weitverbreitete Bild vom „Philosophen in der Tonne" entstand erst Jahrhunderte nach seinem Tod. Seneca soll gesagt haben, ein so anspruchsloser Mensch wie Diogenes könne ebenso gut in einer Tonne leben wie in einem Haus.

Der historische Diogenes war zwar bescheiden, dabei aber alles andere als ein zurückgezogener Kauz. Er mischte sich mit Vorliebe unter die Menschen, wenn auch oft zu deren Befremden.

Das Wesentliche ist einfach

Diogenes bezeichnete das Streben nach Luxusgütern und Reichtum als schlimmstes aller Übel, gab nichts auf die im alten Griechenland als Helden verehrten olympischen Sportler und verhöhnte die Plädoyers angesehener Gerichtsredner als leeres Gerede. Diogenes stand in jeder Hinsicht außerhalb der bürgerlichen Ordnung seiner Zeit und ließ als Maßstab des richtigen Lebens nur sein eigenes Urteil gelten.

Er lebte im Freien, ging barfuss durch den Schnee und besaß kaum etwas außer seinem Mantel, in dem er auch schlief. Als er sah, wie ein Kind aus der hohlen Hand trank, warf er auch noch seinen Becher weg. Zwar hielt Diogenes nicht die Entbehrung an sich für wertvoll, glaubte aber, weltlicher Besitz lenke vom Wesentlichen ab. Die Götter, so Diogenes, haben uns alles Nötige gegeben, aber wir begehren süße Kuchen und wohlriechende Salben, die in Wahrheit kein Mensch braucht. Wahres Menschsein wurzele in der Unabhängigkeit von äußeren Gütern und den Sitten der Menschen.

Philosophie der Anschaulichkeit

Als Erkenntnistheoretiker setzte Diogenes auf die Anschauung. Wenn einer beispielsweise behauptete, es gebe keine Bewegung, stand Diogenes wortlos auf und ging im Kreis herum. Als Reaktion auf Platons Definition des Menschen als „zweifüßiges ungefiedertes Tier" hielt er ihm ein gerupftes Hühnchen vor die Nase und fragte, ob das wirklich ein Mensch sei. Diogenes setzt dem Idealismus Platons die unmittelbare Überzeugungswaffe der sinnlichen Anschauung entgegen. Der Zynismus des Diogenes zeigt sich hingegen in folgender Anekdote: Diogenes ging am helllichten Tag mit einer Laterne in der Hand über den Athener Marktplatz, wobei er mal diesem, mal jenem ins Gesicht leuchtete und den Kopf schüttelte. Schließlich fragte ihn einer der Vorbeikommenden, was er am hellen Tag mit einer Laterne tue. „Ich suche", antwortete Diogenes, „einen Menschen."

> **Zynismus** *Der heutige Begriff „Zynismus" geht auf das griechische Wort kynikos zurück. Es bedeutet ursprünglich „hündisch". Eine Anekdote erzählt, Diogenes habe den Spottnamen kyon (Hund) erhalten, weil er kein Gefäß zum Trinken benutzte, woraus manche auch den Namen der philosophischen Schule der Kyniker ableiten. Diogenes selbst hat mit diesem Begriff seine nüchterne und spöttische Weltsicht beschrieben. Alexander der Große (356–323 v. Chr.) sagte einst zu Diogenes: „Ich bin Alexander, der große König." Diogenes antwortete: „Ich bin Diogenes, der Zyniker."–„Warum nennst du dich hündisch?"–„Wer mir etwas gibt, dem streich ich um die Beine. Wer mir nichts gibt, wird angebellt."*

„Alexander der Große und Diogenes" (1782, Öl auf Kupfer) von Thomas Christian Wink (1738–1797). Alexander bot Diogenes an, ihm jeden Wunsch zu erfüllen. Doch dieser erwiderte nur: „Geh mir aus der Sonne", worauf Alexander feststellte: „Wäre ich nicht Alexander, so wollte ich Diogenes sein."

Aristoteles (384 – 322 v. Chr.)

Aristoteles auf einem Stich aus dem Werk „Les Savants Celebres" beim Unterricht mit seinem Schüler Alexander dem Großen. Der Philosoph hatte die Aufgabe, den künftigen Regenten zu einem weisen Herrscher zu erziehen.

Anders als sein Lehrmeister Platon (427 – 347 v. Chr.) war Aristoteles kein Spross aus vornehmem Athener Geschlecht, sondern nur ein Zugereister aus der Provinz. Er lebte als Fremder ohne Bürgerrecht, als sogenannter Metöke („Mitwohnender", nach griech. meta, mit, und oikos, Haus), in Athen.

Umfangreiches Werk

Sein Biograf Diogenes Laertios (Mitte 3. Jahrhundert n. Chr.) berichtet von weit über 100 Titeln mit insgesamt fast einer halben Million Zeilen. Aristoteles hat sich indessen keineswegs nur durch Anzahl und Umfang seiner Schriften hervorgetan. Seine „Politik", seine „Ethik", seine „Poetik", seine „Rhetorik" und seine „Physik" waren jeweils die ersten ihrer Art. Jedes einzelne dieser Werke hat nicht nur ein philosophisches Genre, sondern eine ganze Fachrichtung begründet. Dank seiner systematischen Vorgehensweise wurde Aristoteles zum Vordenker der modernen Wissenschaft. In seiner astronomischen Schrift „Vom Himmel" (De caelo) schließt er von der Form des Erdschattens bei einer Mondfinsternis auf die Kugelgestalt der Erde, deren Schatten den Mond verdunkle. Diese Schlussfolgerung gilt bis heute als frühes Musterbeispiel wissenschaftlicher Theoriebildung.

Eigene Wege

Aristoteles war 20 Jahre lang Platons Schüler, löste sich aber von dessen Akademie und gründete seine eigene Philosophenschule. Nach der Gewohnheit des Aristoteles und seiner Schüler, beim Diskutieren auf- und abzugehen, nannte man sie die peripatetische Schule (griech. peripatos, Wandelhal-

le). Aber nicht nur räumlich, sondern auch inhaltlich hat sich Aristoteles von Platon emanzipiert. Während Platon die Wahrheit in abstrakten Ideen suchte, war Aristoteles bemüht, jede Erkenntnis in der Erfahrung zu verankern. Anstatt sich der Wahrheit allein mittels der Vernunft zu nähern, geht Aristoteles von der alltäglichen Welt der Erscheinungen und den Meinungen der Menschen aus. Die Einzeldinge sind für ihn nicht nur unvollkommene Kopien himmlischer Muster, sondern der Ausgangspunkt aller sicheren Erkenntnis. Begriffe und Theorien stehen laut Aristoteles nicht am Anfang, sondern erst am Ende der Wahrheitssuche. Bei der Entwicklung seiner politischen Ideen etwa half ihm seine Sammlung von mehr als hundert Staatsverfassungen aus aller Welt. Diesen Sammeltrieb unterstützte kein Geringerer als Alexander der Große (356 – 323 v. Chr.), den Aristoteles einst als Prinzen unterrichtet hatte. Nach dem Tod Alexanders wurde Aristoteles der Gottlosigkeit angeklagt und floh aus Athen auf die Insel Euböa, wo er wenig später starb.

> **Der unbewegte Beweger** *Zeitlebens beschäftigte Aristoteles sich mit dem Ursprung von Bewegung und Veränderung. Alles, was in Bewegung sei, müsse von etwas anderem bewegt oder zumindest angestoßen werden. Seine eigene Theorie der Bewegung entwickelt Aristoteles in der „Physik". Er gelangt darin zu der Ansicht, die Bewegung der Körper in der Welt lasse sich nur durch einen „ersten Beweger" erklären, der selbst ruht und außerhalb der Welt steht. Das Konzept des unbewegten Bewegers wurde zu einem der einflussreichsten Konzepte der aristotelischen Philosophie und inspirierte unter anderem Thomas von Aquin (um 1225 – 1274) zu seinem kosmologischen Gottesbeweis.*

Was darf der Mensch? – Die Fragen der Ethik

Aristoteles (384 – 322 v. Chr.)

D er Mensch ist laut Aristoteles ein „geselliges Lebewesen", das sich nur in der Gemeinschaft ganz entfalten könne. Das Zusammenleben der Menschen im Staat regeln die Gesetze, wie Aristoteles sie in seiner „Politik" beschreibt. Die Gesetze sind gleichsam der äußere Maßstab des Handelns. In seiner „Nikomachischen Ethik" fragt Aristoteles, ob es darüber hinaus einen inneren Maßstab gibt, der dem Einzelnen sagt, wie er handeln soll, insbesondere, wie er andere Menschen behandeln soll. Diese Frage ist die Ausgangsfrage der Ethik (nach griech. ethos, Sitte).

Der Mittelweg der Tugend

Sokrates hatte sich in dieser Sache auf seine innere Stimme, das „Daimonion", verlassen. Platon war zeitlebens bemüht, das Wesen der Gerechtigkeit zu ergründen, um daraus Richtlinien für ein tugendhaftes Leben abzuleiten. Aristoteles versucht sich in seiner „Nikomachischen Ethik" an einer weniger allgemeinen Antwort. Im Einklang mit seiner Beschreibung des Menschen als geselliges Lebewesen und in Abgrenzung zu Platons Suche nach dem abstrakten Wesenskern der Tugenden definiert Aristoteles die Tugend „nicht schlechthin, sondern im Hinblick auf den anderen Menschen". Sein Vorschlag für den Maßstab des Handelns: die Mitte (griech. mesotes) zwischen den Extremen, zwischen Mangel und Überfluss. Als Beispiele nennt Aristoteles unter anderem Tapferkeit und Großzügigkeit: Tapferkeit sei der Mittelweg zwischen

Feigheit und Leichtsinn; der Feige zeige zu wenig Mut, der Leichtsinnige zu viel, der Tapfere aber gerade das rechte Maß. Ähnliches gelte für Großzügigkeit als Mittelweg zwischen Geiz und Verschwendung. Die Tugend, so Aristoteles, ist stets „die Mitte zwischen zwei Schlechtigkeiten".

Das höchste Gut

In der „Nikomachischen Ethik" bettet Aristoteles diese Lehre vom goldenen Mittelweg in eine umfassende Analyse menschlichen Handelns ein. So wie jedes Handwerk, jede Kunst und jede Wissenschaft sei auch unser Handeln insgesamt stets von Zielen geleitet. Über allen Zielen aber stehe das „höchste Gut". So wie die Medizin auf die Gesundheit ziele, die Strategie auf den Sieg und die Baukunst auf das Haus, erstrebe das menschliche Handeln die Glückseligkeit. Anders als Lust oder Ehre sei die Glückseligkeit keine Zwischenstufe auf dem Weg zu weiteren Zielen, sondern das Endziel unseres Handelns.

Wir erstreben die Glückseligkeit, so Aristoteles, „wegen ihrer selbst und niemals wegen eines anderen." Den Weg zur Glückseligkeit wiederum weise die Vernunft. Während die Ernährung uns mit den Pflanzen und die Wahrnehmung mit den Tieren verbinde, zeichne die Vernunft uns als Menschen vor allen anderen Lebewesen aus. Wenn der Mensch als Mensch glücklich werden wolle, müsse er sich deshalb in seinem Handeln von der Vernunft leiten lassen. Die Vernunft helfe uns, die Mitte zwischen den Extremen zu finden, tugendhaft zu leben und glückselig zu werden.

> **Quellen der Ethik** *Seit Aristoteles sind viele Versuche unternommen worden, die Frage „Was soll ich tun?" zu beantworten. Man unterscheidet dabei zwischen ethischen Regeln, die wir uns selbst geben, etwa mittels eines moralischen Instinkts, wie ihn Antony Shaftesbury beschreibt (griech. Autonomie, Eigengesetzlichkeit), fremden Regeln, wie sie uns etwa Gott mit seinen Geboten auferlegt (griech. Heteronomie, Fremdgesetzlichkeit), und formalen Regeln wie Kants kategorischem Imperativ, der die Ethik auf das allgemeine Prinzip der Widerspruchsfreiheit zu reduzieren versucht.*

Die Wissenschaft der Wissenschaften: Metaphysik

Aristoteles (384 – 322 v. Chr.)

W o Physik aufhört, fängt Philosophie an. Dabei haben beide ihren gemeinsamen Ursprung in der griechischen Naturphilosophie mit ihren Fragen nach der Himmelsmechanik, der Bewegung und dem Baustoff der Welt. Doch auch nach Erforschung aller Naturgesetze bleiben noch viele grundlegende Fragen offen: Wie sollen wir leben? Was kommt nach dem Tod? Warum gibt es die Welt? Diese fundamentalen Fragen sind das Feld der Metaphysik. Ihre sechs großen Themen sind Gott, Unendlichkeit, Seele, Sein, Individuum und Verstand. Gemeinsam ist den Teilbereichen der Metaphysik die Frage nach dem Wesen und dem Zusammenhang der Dinge im Unterschied zu ihren äußeren Eigenschaften und Erscheinungsweisen. Wenn sich ein Metaphysiker mit dem „Sein" beschäftigt, treibt ihn die Frage um, was wir eigentlich meinen, wenn wir sagen „Platon ist weise" und „Gott ist", oder gar über „das Sein selbst" sprechen. Dieser Teilbereich der Metaphysik wird auch Ontologie genannt, nach griech. to on, Sein, und logos, Lehre.

Kritische Wende *Fast genau 2000 Jahre nach Aristoteles schlägt Immanuel Kant (1724 – 1804) ein neues Kapitel auf. Seine „Kritik der reinen Vernunft" (1781) ist eine Reaktion auf die spekulativen Blüten, die insbesondere die christliche Metaphysik des Mittelalters getrieben hatte. Er fordert einen „Gerichtshof der Vernunft", um die natürliche Neugier des Menschen auf abstrakte Ideen wie „Freiheit" oder das Wesen Gottes anzugehen. Kant erklärt die Hoffnung, das wahre Sein der Welt oder gar Gott aus reiner Vernunft zu erkennen, für nichtig und wirft die Frage auf, ob und wie Metaphysik als Wissenschaft überhaupt möglich sei. Diese Frage steht bis heute im Raum.*

Ursprung der Metaphysik

Der Begriff „Metaphysik" selbst hat einen denkbar profanen Ursprung. Als Andronikus von Rhodos um 50 v. Chr. die Werke des Aristoteles ordnete, stieß er auf ein titelloses Bündel grundlegender Texte zu Themen wie Seinslehre und Theologie, deren gemeinsamen Gegenstand Aristoteles selbst mit „erste Philosophie" angibt. Andronikus oder einer seiner Zeitgenossen fasste die Schriften zu einem Band zusammen und platzierte ihn „neben" der aristotelischen „Physik", griech. meta ta physika. Dieser bibliografische Notbehelf avancierte in der lateinischen Kurzform „Metaphysica" bald schon zum Titel des Werkes und später zum Namen der gesamten Disziplin, die sich mit sozusagen „außerphysikalischen" Fragen beschäftigt.

Erste Philosophie

In der „Metaphysik" des Aristoteles sind diejenigen Schriften gesammelt, die sich mit den grundlegenden Themen der Philosophie beschäftigen. Diese „erste Philosophie" umfasst seine gesammelten Werke zur Ontologie (Lehre vom Sein), Kosmologie (Lehre von der Welt), Anthropologie (Lehre vom Menschen) und Theologie (Lehre von Gott). Bis heute wird der Begriff der Metaphysik aber in unterschiedlichen Bedeutungen benutzt. Er steht unter anderem als Synonym für die Philosophie überhaupt, für die „Erste Philosophie", für die „Wissenschaft der Wissenschaften" und für die reine Vernunfterkenntnis im Unterschied zur Erkenntnis aus Erfahrung und Beobachtung.

Im Treppenhaus des Hauptgebäudes der Martin Luther-Universität Halle-Wittenberg befindet sich das von Gustav Adolph Spangenberg (1828 – 1891) gestaltete Fresko „Die Philosophie: Die Schule des Aristoteles" (1883 – 1888). Spangenberg verewigte auf seinem Fries die vier Fakultäten der Universität.

1 + 1 = 3
2 + 3 = 6
4 + 4 = 5
7 + 3 = 8
5 + 1 = 2
3 + 4 = 9

Logik, die hohe Kunst des Denkens
Aristoteles (384–322 v. Chr.)

Die meisten Wissenschaften haben einen Gegenstand, der außerhalb ihrer selbst liegt. Die Logik, die als zweiter Wortbestandteil in fast allen Wissenschaften steckt, ist anders. Ihr Gegenstand ist nicht ein einzelner Wissensbereich, sondern das Denken selbst. Wie viele andere Disziplinen geht sie auf Aristoteles zurück, der sie aber wegen ihres besonderen Charakters selbst nicht zu den Wissenschaften zählt, sondern als ein universelles Werkzeug der Erkenntnis beschreibt. Spätere Herausgeber haben deshalb die zahlreichen aristotelischen Schriften, die sich mit der Logik beschäftigen, unter dem Titel „Organon" (griech. Werkzeug) zusammengefasst. Dazu gehören „Von der Sprachform der Sätze" (bekannter unter dem lateinischen Titel „De interpretatione"), „Von den Kategorien", die erste und zweite „Analytik" sowie die „Sophistischen Widerlegungen", die sich mit den Trugschlüssen beschäftigen.

Wahr oder falsch?

Gegenstand der Logik ist laut Aristoteles unser Denken, sofern es sich in Aussagesätzen und deren Verknüpfung entfaltet. Logisch im Sinne seiner „Analytik" denken wir, wenn wir unseren Gedanken die Form von Urteilen geben, die entweder „wahr" oder „falsch" sind. „Alle Menschen sind sterblich." ist ein Beispiel für ein solches Urteil, das in der Sprache der Logik auch „Proposition" heißt (nach lat. propositio,

> **Logos** *Das griechische Wort logos ist einer der wichtigsten Begriffe der Philosophie; es kann sowohl Wort als auch Satz, sowohl Prinzip als auch Lehre bedeuten. Heraklit verwendet es im Sinne eines kosmischen Gesetzes, das die rhythmischen Abläufe im Universum bestimmt. In Platons Seelenlehre beschreibt es den höchsten Seelenteil, die unsterbliche Vernunft. Seit Aristoteles ist der logos als Logik gleichbedeutend mit einer Art des Denkens, die klaren und nachvollziehbaren Regeln folgt. Zwar behauptete Kant, mit Aristoteles habe die Logik ihre Vollendung gefunden, aber ihre eigentliche Blüte erlebte sie erst nach Kants Tod. Zu den wichtigsten Logikern der Neuzeit gehören Gottlob Frege (1848–1925) und Bertrand Russell (1872–1970).*

Satz). Eine Proposition ist zwingend entweder wahr oder falsch; ein Drittes dazwischen könne es nicht geben. Fragen wie „Bin ich sterblich?" oder Wünsche wie „Wäre ich nur unsterblich!" schließt Aristoteles von der Logik ausdrücklich aus, weil sich ihnen kein Wahrheitswert zuordnen lässt und sie sich deswegen der logischen Verknüpfung entziehen. Aristoteles unterscheidet zwischen Urteilen über die Möglichkeit eines Sachverhalts („Es ist möglich, dass Aristoteles irrt."), Tatsachenbeschreibungen („Aristoteles ist sterblich.") und notwendigen Wahrheiten („Sterbliche leben nicht ewig."). Möglichkeit, Wirklichkeit und Notwendigkeit gelten seither als Modalitäten eines Urteils.

Vom Satz zum Schluss

Aristoteles unterscheidet zwei grundsätzliche Arten der Argumentation: induktive Argumente, die vom Einzelnen zum Allgemeinen fortschreiten, und deduktive Argumente, die aus gesicherten Sätzen weitere Sätze ableiten. Wenn wir von der Beobachtung des Todes vieler Menschen auf die allgemeine Regel „Menschen sind sterblich" schließen, gehen wir induktiv vor. Wenn wir hingegen aus den Sätzen „Menschen sind sterblich" und „Aristoteles ist ein Mensch" den dritten Satz „Aristoteles ist sterblich" ableiten, argumentieren wir deduktiv. Diese Form der deduktiven Verbindung von zwei Voraussetzungen zu einer Schlussfolgerung nennt Aristoteles „Syllogismus" (griech. Zusammenrechnung).

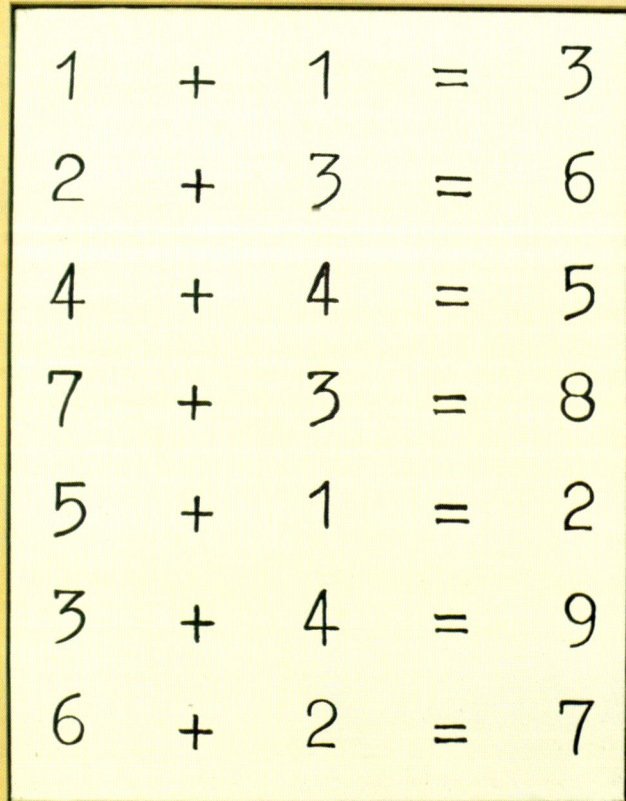

*Sigmar Polke (*1941), „Lösungen VII" von 1968, Lackfarbe auf Leinwand, Privatsammlung. „5 + 1 = 2" – kann das sein? Ist das „logisch"? Im formalen Sinn der aristotelischen Logik schon, denn jede Zeile erfüllt die Anforderungen an eine Proposition mit klarem Wahrheitswert. Dass der Wahrheitswert hier den gängigen arithmetischen Konventionen zufolge stets „falsch" lautet, ist ein mathematisches, aber kein philosophisches Problem.*

Materialismus und Idealismus

Aristoteles (384 – 322 v. Chr.)

D ie aristotelische Philosophie geht nicht von Gedanken und Konzepten, sondern von den konkreten Dingen unserer Erfahrungswelt aus. Theorien entwickelt Aristoteles stets aus der unmittelbaren Anschauung; in seiner Schrift „Über die Seele" etwa schließt er von den äußeren und sichtbaren Wirkungen der Seele wie Stoffwechsel, Wachstum, Wahrnehmung und Denkvermögen auf ihre innere Beschaffenheit.

Aristotelischer Materialismus

Wirklich ist für Aristoteles zunächst das, was man sehen und berühren kann. Selbst wenn es nicht mehr nur um die Beobachtung, sondern um die Erklärung äußerer Phänomene geht, hat Aristoteles einen Hang zur Materie. Im Fall seiner Seelenlehre etwa zieht er durchaus ernsthaft die auf Demokrit zurückgehende Theorie in Erwägung, die Seele erzeuge nicht nur körperliche Wirkungen, sondern sei selbst körperlich und bestehe aus feinsten Atomen. Auch seine Naturphilosophie entwickelt Aristoteles aus der Beobachtung von Pflanzen, Tieren und Himmelskörpern.

Wegen ihrer Betonung der Bedeutung des Stofflichen für Weltverständnis und Welterklärung wird die Philosophie des Aristoteles oft als Materialismus beschrieben (nach lat. materia, Stoff). Anders als in der Umgangssprache ist darunter nicht eine an Besitz und Reichtum orientierte Lebensweise zu verstehen, sondern eine Denkrichtung, der nur die Materie als wirklich oder zumindest als Ausgangspunkt der Erkenntnis gilt. Der Gegenbegriff zum Materialismus ist der von Aristoteles' Lehrmeister Platon (427 – 347 v. Chr.) begründete Idealismus. Der Idealismus räumt den Ideen größere Bedeutung als der Materie ein und sieht deshalb in der Vernunft eine zuverlässigere Erkenntnisquelle als in der sinnlichen Wahrnehmung.

Auf Raffaels berühmtem Fresko „Die Schule von Athen" sieht man Aristoteles nicht zufällig nach unten, zu den stofflichen Dingen, deuten, während neben ihm Platon mit ausgestrecktem Finger nach oben zum Ideenhimmel zeigt.

> ### Das Leib-Seele-Problem
> *Besteht auch die Seele, wie der Körper, aus Materie? Aristoteles verstand die Seele als Form, die dem Körper seine Gestalt gibt. Kennzeichnend für den von Aristoteles begründeten philosophischen Materialismus ist seine Nähe zur Naturwissenschaft, für die Beobachtung, Beschreibung und Experiment wichtige Rollen spielen. So finden sich unter Naturwissenschaftlern denn auch deutlich mehr Aristoteliker als Platonisten, mehr Materialisten als Idealisten. Ein modernes Beispiel für den Materialismus ist der Versuch, selbst unsere Gedanken, unser Bewusstsein und damit unsere Seele ausschließlich durch materielle Phänomene zu erklären, etwa durch kleinste elektrische Ströme, die im Gehirn fließen.*

Stoff und Form

Aristoteles bleibt bei der Materie allerdings nicht stehen. Um die Gestalt der Erfahrungsgegenstände zu erklären, müsse zum unbestimmten Stoff (griech. hyle) die Form (griech. morphe) und die Ursache (griech. aitia) kommen. Zur Illustration dieser Begriffe wählt Aristoteles das Beispiel des Stuhls. Das formlose Holz, der Stoff, trage zwar die Möglichkeit des Stuhls in sich, werde aber erst zum Stuhl, indem der Tischler als wirkende Ursache dem Holz diese Form gebe. Allerdings sei die Form weder gänzlich von der Materie ablösbar, noch komme in der Wirklichkeit völlig ungeformte Materie vor. Die Trennung von Form und Materie geht über die die Erfahrungswelt hinaus; sie ist eine Theorie und als solche Teil der philosophischen Welterklärung. Einzige Ausnahme: die abstrakten Formen der Mathematik, denen keine stofflichen Dinge entsprechen. Anders als Pythagoras, der den Zahlen körperliche Wirklichkeit zuschrieb, versteht Aristoteles die Mathematik allerdings auch nicht als wirklichkeitsbeschreibende, sondern als instrumentelle Wissenschaft.

Vom Zweifel zur Seelenruhe

Pyrrhon von Elis (360–270 v. Chr.)

Der Bildhauer Alberto Giacometti (1901–1966) ist berühmt für die gestreckten Silhouetten seiner Figuren. Nasen, Finger, Arme, Beine, ganze Körper sind bei ihm in die Länge gezogen. Zumindest seinen dürren Wanderer (franz. „Homme qui marche", 1960) kennt wohl fast jeder, der schon einmal in der Schweiz war, denn er ziert seit 1998 den 100-Franken-Schein. Trotz der scheinbaren Verzerrung hat Giacometti immer behauptet, die Dinge genau so abzubilden, wie er sie sehe. Was heißt das für die Zuverlässigkeit unserer Wahrnehmung und die Verallgemeinerbarkeit des Bildes, das wir uns von der Welt machen? Viele Philosophen waren der Meinung, auf unsere Sinne sei kein Verlass, von Pythagoras bis Platon, von Descartes bis Kant. Doch einer ging damit weiter als beinahe alle anderen: Pyrrhon von Elis. Er machte den Zweifel (griech. skepsis) zum Ausgangspunkt seines Denkens und wurde damit zum Begründer des Skeptizismus. Pyrrhon selbst hat nichts Geschriebenes hinterlassen, aber dank der „Grundzüge des Pyrrhonismus" des griechischen Arztes Sextus Empiricus (3. Jahrhundert n. Chr.) wissen wir von seiner Lehre.

Wer einmal lügt ...

Ein Stab, ins Wasser getaucht, erscheint gebrochen, aber wenn ich ihn wieder aus dem Wasser ziehe, ist er unversehrt. Warum, fragt Pyrrhon, soll ich den Sinnen trauen, wenn sie mich auch nur einmal belügen? Er kündigt deshalb den erkenntnistheoretischen Rahmenvertrag, der besagt, dass wir wissen können, wie die Dinge wirklich sind, wenn wir uns nur genug Mühe geben. Er erklärt die Annahme eines Zusammenhangs zwischen Wahrnehmung und Wirklichkeit für nichtig. Das, was uns erscheint, erlaubt keine Rückschlüsse auf das, was ist. Wenn wir aber nicht wissen können, wie die Dinge wirklich sind, müssen wir uns aller Urteile enthalten (griech. epoche). So werden wir Gleichmut (griech. apathia) und schließlich das höchste Gut und einzig wahre Glück erlangen: die Seelenruhe (griech. ataraxia). Mittels epoche über apathia zur ataraxia: der pyrrhonische Dreischritt.

Prinzip Zweifel

Das Prinzip des systematischen Zweifels und die Denkfigur der Urteilsenthaltung haben unzählige Philosophen inspiriert, von Epikur (um 341–270 v. Chr.) über René Descartes (1596–1650) und Michel de Montaigne (1533–1592) bis hin zu Edmund Husserl (1859–1938). Der englische Bischof George Berkeley (1685–1753) leugnete nicht nur, dass wir etwas von der Wirklichkeit wissen können, sondern sogar, dass es überhaupt eine von unserer Wahrnehmung unabhängige Außenwelt gebe. „Sein" ist nichts anderes als „Wahrgenommenwerden", so Berkeley.

Der vielleicht konsequenteste Anhänger Pyrrhons aber war der Astronom Theodosius. Er sprach sich dagegen aus, den Skeptizismus Pyrrhonismus zu nennen. Keiner kenne schließlich die Gedanken eines anderen, und so könne auch niemand sicher wissen, was Pyrrhon in Wahrheit gedacht habe. So viel Zweifel zeichnet Theodosius vor allen selbsterklärten Erben Pyrrhons aus. Sein Argwohn wiegt schwerer als tausend Treueschwüre. Er hat den Meister als Einziger beim Wort genommen.

> 📖 **Gefahren der Skepsis** *Pyrrhon war es ernst mit der Urteilsenthaltung, auch im Alltag. Er weigerte sich, entgegenkommenden Wagen, steilen Abhängen oder bissigen Hunden auszuweichen, wie Antigonos (3. Jahrhundert v. Chr.) berichtet. Wieso sollte er auch seinen Augen trauen? Dass er überhaupt überlebte, habe er nur seinen Schülern zu verdanken, die ihn begleiteten und auf ihn aufpassten. Man ahnt, dass der große Skeptiker kein einfacher Zeitgenosse war.*

Wie schon Pyrrhon wusste, lässt sich unsere Wahrnehmung leicht täuschen. Von der Kunst Alberto Giacomettis inspiriert, entwarf der US-amerikanische Künstler Jonathan Borofsky (*1942) 1995 die Figur „Walking Man", die in der Münchner Leopoldstraße steht. Die 17 m hohe Skulptur wirkt in ihren Proportionen für das Auge zwar stimmig, die Verhältnisse sind jedoch auch hier verzerrt.

Hedonismus – Anfang der Spaßgesellschaft?

Epikur (341 – 270 v. Chr.)

Fast alle Philosophenschulen haben nach dem „höchsten Gut" gefragt, das um seiner selbst willen erstrebt wird. Die Antwort des griechischen Philosophen Epikur und seiner Anhänger lautet: Die Freude ist das höchste Gut. Alles andere müsse in ihren Dienst gestellt werden. Nach ihrem Begründer Epikur ist diese Geisteshaltung als Epikureismus bekannt geworden. Andere bezeichnen die Lehre Epikurs nach dem griechischen Wort für Freude bzw. Lust (hedone) als Hedonismus. Epikurs Schule gehört zu den einflussreichsten Denkrichtungen der klassischen Antike und ist oft zu Unrecht auf das „Lustprinzip" verkürzt worden. Zwar beantwortet der Hedonismus die Frage nach der richtigen Lebensweise mit der Faustregel: Schmerz vermeiden, Lust gewinnen. Allerdings denken bei Lust beileibe nicht alle Vertreter des Hedonismus an Wein, Weib und Gesang, am wenigsten Epikur selbst.

Wer seine Philosophie mit Lotterleben und Spaßgesellschaft in Verbindung bringt, wird seinem Vermächtnis nicht gerecht. Epikur war nach allem, was wir wissen, das Gegenteil eines Lebemanns. Er lehnte das Luxusstreben als Quelle unnötiger Sorgen ab und betrachtete vielmehr die Philosophie als Königsweg, um mit sich selbst und der Welt ins Reine zu kommen.

Himmel auf Erden

Seine Schriften sprechen eine denkbar klare Sprache. Anders als viele Philosophen seiner Zeit glaubt er nicht an die Unsterblichkeit der Seele. Einem seiner Schüler schreibt er: „Der Tod hat keine Bedeutung für uns; denn solange wir da sind, ist der Tod nicht da, wenn aber der Tod da ist, dann sind wir nicht da." Weil Epikur kein Leben nach dem Tod erwartet, wendet er seine ganze Aufmerksamkeit dem Diesseits zu. In Lehrsprüchen, Briefen und nur teilweise erhaltenen systematischen Texten errichtet er ein Gedankengebäude, in dessen Zentrum das gute Leben steht. Darunter ist allerdings kein Glückstaumel oder Sinnenrausch, sondern die größtmögliche Seelenruhe zu verstehen. Kernziel der Philosophie des Epikur ist die Erkenntnis möglicher Beeinträchtigungen des Seelenfriedens und die Entwicklung von Strategien zu deren Vermeidung. Dazu gehört neben der Freundschaft mit Gleichgesinnten auch ein gründliches Naturstudium. Denn wer die Naturgesetze kennt, braucht sich vor Donner und Blitz, vor Dürre und Flut nicht zu fürchten und ist weniger geneigt, darin den Zorn der Götter zu sehen.

Das höchste Gut

Epikur geht sogar soweit, dem ernsthaften und eifrigen Studenten der Philosophie selbst ein göttergleiches Leben in Aussicht zu stellen: „Niemals wirst Du in Unruhe geraten,

Raffaels „Schule von Athen" zeigt Epikur im Kreis seiner Anhänger. Tatsächlich lag Epikur die Unterweisung der Jugend sehr am Herzen, wie die erhaltenen Briefe an seine Schüler zeigen. Er entwickelt darin eine Art „Anleitung" für das gute Leben.

sondern leben wie ein Gott unter Menschen." Nicht zuletzt gehört zu einem Leben im Geiste Epikurs der Kampf gegen unstillbare und nutzlose Begierden, denn auch diese gefährden die Seelenruhe. Alles Natürliche sei leicht, das Sinnlose aber schwer zu beschaffen, lehrt Epikur. Wer lernt, mit wenig auszukommen, wird furchtlos gegenüber den Launen des Schicksals. Deutlichstes Merkmal eines Epikureers sei es, den eigenen Begierden Grenzen zu setzen, so der römische Philosoph Cicero (106 – 43 v. Chr.) in seiner Schrift „Das höchste Gut".

Der erste Pragmatist *Epikur hat ein sehr praktisches Verständnis von Philosophie. Wenn sie nicht hilft, Schmerzen zu lindern und die überall lauernde Furcht zu überwinden, ist sie nutzlos. Damit ist Epikur ein früher Ahne des Pragmatismus. Neopragmatisten wie der jüngst verstorbene Richard Rorty (1931–2007) bewerten jede philosophische Anstrengung und selbst religiöse Dogmen danach, ob sie zu einer besseren Welt führen.*

In der Ruhe liegt die Kraft

Zenon von Kition (um 336 – 264 v. Chr.)

Was ist Glück? Die Frage nach dem Glück ist eine der ältesten philosophischen Fragen. Die Antworten sind so vielfältig wie die Philosphen selbst. Die Philosophenschule der Stoa, wie schon die platonische Akademie und der aristotelische Peripatos nach ihrem ursprünglichen Tagungsort benannt, hat die Frage nach dem Glück zur Schlüsselfrage der gesamten Philosophie erhoben. Eine Weisheit, die uns nicht hilft, besser zu leben, sei nichts wert. Begründer der Stoa ist der Zypriote Zenon von Kition.

Leben wie die Toten

Zenon, ursprünglich von Beruf Kaufmann, soll sich der Philosophie zugewandt haben, nachdem er einen Schiffbruch überlebt hatte. Als Zenon daraufhin das Orakel von Delphi befragte, wie man ein gutes Leben führe, antwortete es ihm: „Werde wie die Toten." Er widmete sein Leben der Ergründung dieses Orakelspruchs und kam dabei zu einer „negativen" Definition von Glück: Glück ist nicht die Anwesenheit von Reichtum oder Wohlgefühl, sondern die Abwesenheit von Affekten wie Lust, Schmerz und Furcht. Glück gleich Ruhe? Wollte man seine Lehre auf eine Formel bringen, lautete sie: Glück durch Verzicht und Freiheit durch Beschränkung. „Das Gute entsteht aus dem Kleinen", soll Zenon gesagt haben. Er selbst kam durch Platon zur Philosophie und war lange Anhänger des Asketen Diogenes von Sinope (um 412 – 323 v. Chr.), tat sich aber schwer mit der demonstrativen Schamlosigkeit der Kyniker, die ihre Gleichgültigkeit unter anderem dadurch ausdrückten, dass sie ihre Notdurft in aller Öffentlichkeit verrichteten.

> **Eudaimonia** *Das griechische Wort für Glück lautet eudaimonia (aus eu, gut, und daimon, Gott, Geist) und drückt das Wohlwollen höherer Mächte aus. Ein glücklicher Mensch, das ist ein Günstling der Götter, wie Friedrich Schiller (1759–1805) ihn in seiner Ballade „Der Ring des Polykrates" beschreibt. „Du hast der Götter Gunst erfahren", sagt Pharao Amasis darin zum begüterten Tyrannen von Samos. Für die Kyniker, die Stoiker und die Epikureer war das Glück das höchste Ziel im Leben. Ihre Lehre wird deswegen zusammenfassend auch als Eudaimonismus bezeichnet.*

Zenon hielt hingegen lieber Abstand zu seinen Mitmenschen, schlug Einladungen zu Festessen aus und beschäftigte um seiner eigenen Unabhängigkeit und der Freiheit seiner Mitmenschen willen keine Diener. Er hielt sich an die einfachen Freuden, aß gerne Feigen und lag in der Sonne. Mit Worten war er genauso sparsam wie mit Geld; er gab keine Almosen und verabscheute nichts mehr als lange Reden. Insgesamt erscheint der Stoiker als eine vornehmere Version des Kynikers. Zenon wurde wegen seiner Mäßigung so sehr verehrt, dass die Athener ihm eine goldene Krone verliehen und die Schlüssel des Stadttors anvertrauten.

Das Ideal des Weisen

Zenon rief zur Abkehr von unnötigen Begierden und zur Gelassenheit gegenüber dem Schicksal auf. Durch die Beherrschung der Affekte erlange der Mensch innere Unbewegtheit (griech. apathia), eine Eigenschaft, die wir bis heute „stoisch" nennen. Zenons Ideal vom unbewegten Weisen stieg mit der Zeit zum Ideal des vollkommenen Menschen schlechthin auf. Die Stoa wurde zu einer der einflussreichsten Philosophenschulen der Antike. Die Römer Cicero (106 – 43 v. Chr.) und Seneca (um 4 v. Chr – 65 n. Chr.) wie auch Kaiser Marc Aurel (um 121 – 180) gehören zu ihren prominenten Anhängern.

Zenon von Kition, hier auf einem alten Stich dargestellt, gilt als Begründer der Stoa. Benannt wurde die philosophische Schule nach der Vorhalle (griech. stoa) jener Athener Markthalle, in der Zenon seine Schüler unterrichtete. Weil er seine jugendlichen Anhänger zum tugendhaften Leben anhielt, wurde er von seinen Zeitgenossen sehr geschätzt. Sein Engagement gegen die Sklaverei ging so weit, dass er sich nicht einmal in einer Gastwirtschaft bedienen lassen mochte.

„Cicero klagt Catilina an" (1888), Fresko von Cesare Maccari (1840–1919), Palazzo Madama, Rom. In seinen „Reden gegen Catilina" hält Cicero vier Plädoyers gegen die sogenannte Catilinarische Verschwörung. Als Konsul vereitelte Cicero einen Umsturzversuch des römischen Senators Catilina.

Wovon man nicht sprechen kann, darüber muss man schweigen." Mit diesen Worten beschließt Ludwig Wittgenstein (1889–1951) seinen „Logisch-Philosophischen Traktat" (1921). Reden, Schweigen und die Macht der Worte, das sind klassische philosophische Themen. Marcus Tullius Cicero hat sich als Vermittler der griechischen Philosophie in Rom und als aktiver politischer Redner große Verdienste erworben, doch sein größtes Anliegen war die Vermählung von Philosophie und Redekunst.

Die Kunst der Rhetorik

Unter Rhetorik (nach griech. rhetor, Redner) versteht man die Kunst der formvollendeten Rede. Ihre Wurzeln lassen sich bis in die vorsokratische Zeit zurückverfolgen. Als Begründer der Rhetorik gilt der Sizilianer Gorgias, dessen Rhetorikhandbuch allerding verschollen ist. In Athen und auch in Rom kam der Rhetorik als Trägerin der Erziehung, aber auch als Mittel der Profilierung in politischen und juristischen Prozessen herausragende Bedeutung zu. Cicero war selbst ein berühmter Redner. In seinem Denken wurde er stark von der Stoa beeinflusst, rechnete sich selbst aber zu den Akademikern und damit zu den Schülern Platons (427–347 v. Chr.).

Platons Kritik

Platon allerdings hätte Ciceros Projekt einer Zusammenführung von Redekunst und Philosophie mit Argwohn betrachtet, da er fürchtete, die Lehrer der Redekunst könnten sich auch zu Lehrern in anderen Fragen wie Erziehung oder Staatsführung aufschwingen, auch wenn sie von der Sache gar nichts verstünden. Wer aber schöne Worte mache, ohne zu wissen, wovon er spreche, laufe Gefahr, Irrlehren zu verbreiten.

> **Humanismus** *„Humanismus" nannte Cicero die Entfaltung aller menschlichen Kräfte in ethisch und ästhetisch vollendeter Form. Cicero prägte auch den Begriff der „Menschenwürde" (lat. dignitas humana). Die alle geistigen Gebiete umfassende Bewegung des Humanismus orientiert sich am antiken Ideal des freien und mündigen Menschen und entstand im 14. Jahrhundert in Italien. Der Mensch steht dabei im Zentrum der Philosophie und beginnt, sich als Individuum zu begreifen. Zu den Begründern des Humanismus zählen die Dichter Boccaccio (1313–1375) und Petrarca (1304–1374), der auch die Briefe Ciceros wiederentdeckte.*

Der Begriff der „humanitas"

Dieser Vorwurf trifft Cicero freilich nicht. Zwar arbeitete er mit Feuereifer an der Verfeinerung seines Stils und genoss auch den Ruhm, der ihm schon zu Lebzeiten daraus erwuchs. Aber zugleich betonte er in seinem Schlüsselwerk „Vom Redner" (lat. De oratore) die Bedeutung der allseitigen Bildung des Redners. Für die römischen Philosophen war die Philosophie nie Selbstzweck, sondern stand im Dienst des guten Lebens und des richtigen Handelns. Seine These, dass der Mensch erst durch Bildung zum Menschen werde, macht Cicero zu einem der Stammväter des Humanismus. Cicero betont neben der Geringschätzung des Schicksals die Toleranz als eine der Tugenden des Weisen. In seiner Schrift „Von den Grenzen im Guten und im Bösen" setzte Cicero sich kritisch mit philosophischen Idealen seiner Vorgänger wie Lust, Sittlichkeit und Erkenntnis auseinander. Er kommt zu dem Schluss, das höchste Gut sei die besonnene Entfaltung der menschlichen Natur.

Der geheimen Botschaft Gottes auf der Spur

Philon von Alexandria (um 25 v. Chr. – 50. n. Chr.)

Der antike Philosoph Philon war ein angesehenes Mitglied der jüdischen Gemeinde von Alexandria, Sitz der damals berühmtesten Bibliothek und zu seiner Zeit der Hort der Gelehrsamkeit. Philon glaubte mit Platon (427–347 v. Chr.), dass es eine reale Welt und eine Welt der Ideen gebe, war fasziniert von der Numerologie des Pythagoras (570–496 v. Chr.) und hielt es persönlich mit der Ethik der Stoiker. Darüber hinaus aber war er auch gläubiger Jude.

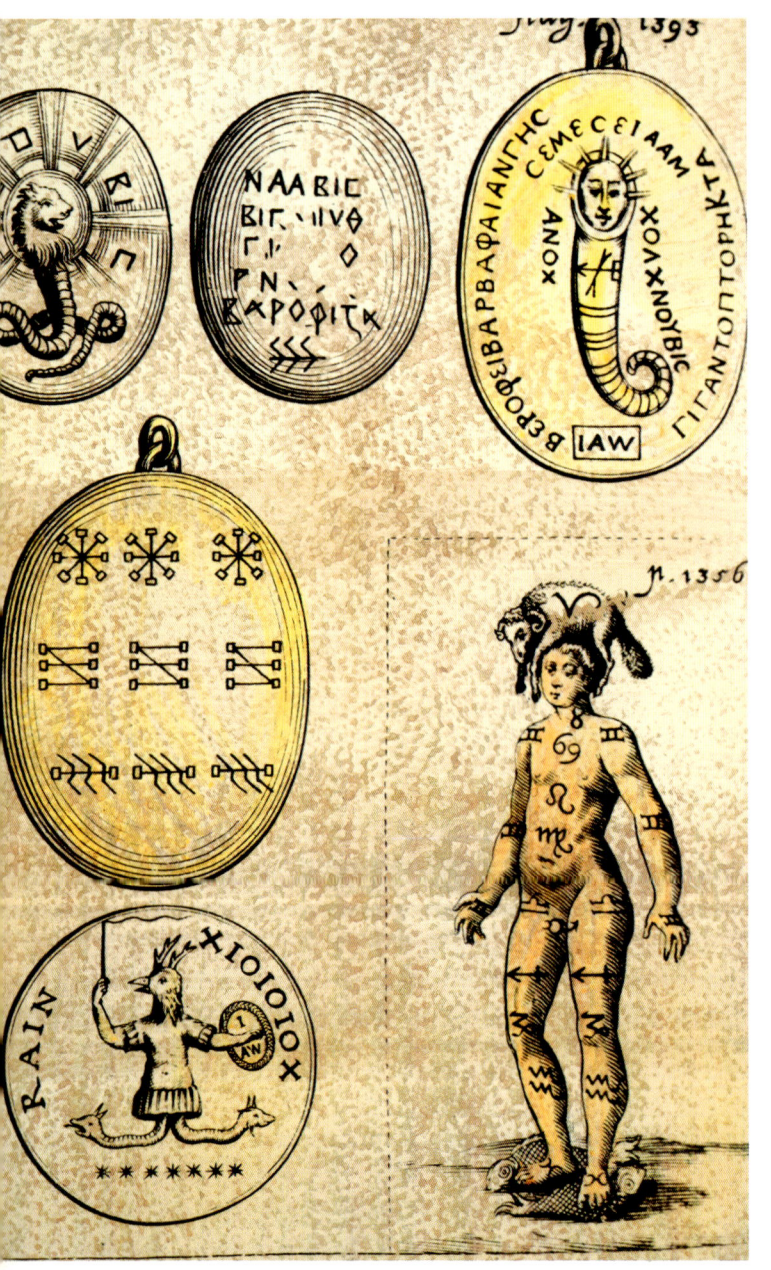

Die Amulette auf dem kolorierten Holzschnitt sind historische Beispiele kabbalistischer Symbolik und zeigen die unterschiedlichen hebräischen Namen für Gott. Julius Reichelt (1637–1719), Professor in Straßburg, hat sie in seiner Studie antiker und zeitgenössischer Amulette „Exercitatio de amulettis aenis figuris illustrata argentorati" von 1676 zusammengestellt.

Eins für Gott, zwei für den Tod

Die Wahrheit, so glaubte Philon, stehe im Tanach, der Heiligen Schrift des Judentums, die in weiten Teilen mit dem Alten Testament der Christen identisch ist. Um diese aber zu beweisen, sei die griechische Philosophie das geeignete Mittel. Man müsse dafür jedoch die wörtliche von der – wichtigeren – allegorischen Lesart trennen. Daher versuchte er, den verschlüsselten ewigen Wahrheiten der Bibel auf die Spur zu kommen. Hierzu benutzte Philon die Zahlensymbolik des Pythagoras und setzte z. B. die Eins mit Gott und die Zwei mit Dualität, Streit und Tod gleich. Er interpretierte die Bedeutung hebräischer Namen und glaubte, dass in bestimmten sprachlichen Indizien Zeichen für die Zunahme der Weisheit zu sehen seien. Alle biblischen Personen stehen seiner Meinung nach für Charaktereigenschaften und ethische Haltungen.

Philons konkrete Interpretationen haben heute nur noch geringe Bedeutung. Er hat auch nie darauf beharrt, dass seine Deutung, die zudem lückenhaft war, die richtige sein müsse. Aber Philon war fest davon überzeugt, dass der Mensch Gottes Botschaft nur durch die Interpretation der Heiligen Schrift und die Anwendung des von Gott geschenkten eigenen Verstandes erkennen könne. Damit gab er der Philosophie und Theologie wichtige Impulse, mit denen er zunächst weniger seine eigenen Glaubensgenossen als vielmehr die christlichen Kirchenväter Origines (um 185–254) und Clemens von Alexandria (um 150–215) begeisterte.

Der unvorstellbare Gott

Noch gut 400 Jahre vor Philon war Sokrates (469–399 v. Chr.) in Athen hingerichtet worden, weil in seiner Philosophie die Götter so abstrakt geworden waren, dass seine Zeitgenossen sie nicht mehr erkannten und ihm Atheismus vorwarfen. Auch Philon entkleidete den jüdischen Gott all seiner weltlichen Eigenschaften. Er glaubte, Gott könne von den Menschen weder verstanden noch beschrieben werden. Er existiere in einer Sphäre, die von der Welt genauso getrennt ist wie Platons Reich der Ideen. Allerdings wirkt Gott Philon zufolge durch Kräfte, die der Vorstellung des christlichen Heiligen Geistes ähneln. Philon glaubte, dass es einer Seele, die sich stoischen Idealen gemäß von Begierde und Leidenschaft befreie, möglich sei, „Gott zu schauen". Mit diesen Gedanken wurde Philon zu einem der Wegbereiter des Neoplatonismus.

Platon forderte, die Philosophen müssten Könige werden, selbst, wenn sie sich mit Händen und Füßen dagegen wehren, denn die widerwilligsten Herrscher seien die besten Herrscher. Der Römer Lucius Annäus Seneca, zur Unterscheidung von seinem gleichnamigen Vater auch „der Jüngere" genannt, hat diese Forderung in zweierlei Hinsicht beherzigt. Zum einen betätigte er sich in verschiedenen Ämtern selbst als Politiker, zum anderen wirkte er als Erzieher des jungen Nero. Wie aus Aristoteles' Schüler, dem makedonischen Prinzen Alexander, einst Alexander der Große (356–323 v. Chr.) geworden war, stieg Senecas Zögling Nero zum Kaiser des Römischen Reichs auf.

Moral und Tugend

Senecas Denken ist ebenso wie sein politisches Handeln eng mit der Praxis verbunden. Er versteht die Philosophie als Lehre von der richtigen Lebensführung mit dem Ziel der moralischen Vervollkommnung des Menschen. Ein echter Liebhaber der Weisheit zeichne sich daher durch Strenge gegen sich selbst und Milde gegenüber seinen Mitmenschen aus. Vom Leser seiner „Moralischen Briefe" (lat. epistulae morales) verlangt Seneca die Bekämpfung der Begierde, die Überwindung der Angst vor dem Tod und gleiche Achtung für alle Menschen, woraus er auch die Forderung nach besserer Behandlung der Sklaven ableitet. Glück entstehe allein aus der Tugendhaftigkeit, die deswegen das höchste Gut darstelle. Tugendhaftigkeit wiederum setze voraus, dass wir uns der Vernunft bedienen und im Einklang mit der Natur leben, wie Seneca in der Schrift „Vom glückseligen Leben" (lat. De vita beata) ausführt.

Die jüngere Stoa

Diese Lehren weisen Seneca als späten, also „jüngeren" Stoiker aus. Wie vor ihm der Konsul Cicero (106–43 v. Chr.) und nach ihm Kaiser Marc Aurel (um 121–180) knüpft er an die griechische Philosophie an, insbesondere an die „ältere Stoa". Senecas Lehre von der Gleichgültigkeit gegenüber den Launen des Schicksals und von der inneren Unbewegtheit geht auf den Skeptiker Pyrrhon von Elis (360–270 v. Chr.),

den Kyniker Diogenes von Sinope (um 412–323 v. Chr.), den Stoiker Zenon von Kition (um 336–264 v. Chr.) und den strengen Lehrmeister Epikur von Samos (um 341–270 v. Chr.) zurück. Übereinstimmend hatten diese vier gefordert, dass die Philosophie praktisch werde. Ein Widerhall dieser Forderung ist Senecas Motto „Die Philosophie lehrt Handeln, nicht Reden." Bei aller Bemühung um innere Ruhe war Senecas Leben von äußerer Unruhe bestimmt. Nach frühen Erfolgen als Redner wurde er als Opfer einer Intrige am Kaiserhof nach Korsika verbannt. Erst knapp ein Jahrzehnt später holte Kaiserin Julia Agrippina Seneca nach Rom zurück und vertraute ihm ihren Sohn Nero an. Nach Neros Regierungsantritt stieg er als dessen Erzieher rasch zu politischer Größe auf.

Der flämische Meister Peter Paul Rubens (1577–1640) hält den Tod Senecas in seinem Ölgemälde von 1615 fest (Museo del Prado, Madrid). Seneca wurde aufgrund seiner angeblichen Beteiligung an einer Verschwörung gegen seinen Schüler Nero (37–68 n. Chr.) zum Selbstmord genötigt.

Von der Heiligen Schrift zur göttlichen Wissenschaft

Origines (um 185 – 254)

Mit Origines von Alexandria beginnt die christliche Theologie als eigenständige Wissenschaft von Gott (nach griech. theos, Gott, und logos, Lehre). Während seine Vorgänger vor allem mit der Verteidigung des noch jungen christlichen Glaubens gegenüber anderen Religionen und gegenüber der Philosophie beschäftigt waren, wagte Origines erstmals eine systematische Bestandsaufnahme der christlichen Lehre. In Auseinandersetzung mit dem Platonisten Celsus legt Origines in seinem Schlüsselwerk „Gegen Celsus" zentrale Elemente des Glaubens wie Schöpfung, Sünde, Menschwerdung Gottes, Erlösung und Auferstehung dar. Er sucht dabei stets die Nähe zur philosophischen Tradition und benutzt Gedanken und Methoden der griechischen Philosophie zur Deutung der christlichen Überlieferung. Kennzeichnend für Origines' Arbeitsweise, die zum Vorbild für Generationen von Theologen wurde, ist die systematische und sorgfältige Auseinandersetzung mit den Quellen des Glaubens. Gemeinsam mit seinem Frühwerk „Von den Prinzipien" (griech. peri archon) ist die Schrift „Gegen Celsus" (griech. kata kelsu) gleichsam die Gründungsurkunde der christlichen Theologie.

Doppelter Schriftsinn

Origines war seiner Ausbildung nach Sprachkundler und Grammatiklehrer, und so ist Theologie für ihn wesentlich Quellenarbeit, also Studium und Deutung der heiligen Schriften. Origines war einer der Pioniere der sogenannten allegorischen Bibelauslegung (nach griech. allegoreo, etwas anders ausdrücken). Er geht davon aus, die Heilige Schrift sei nicht durchweg wörtlich zu verstehen und verlange vielfach eine Übertragungsleistung des Lesers, um zur tieferen Bedeutung vorzudringen. Während Gott in der Bibel beispielsweise als eine Art Person auftaucht, die im Alten Testament zu Mose spricht und im Neuen Testament als Jesus sogar Menschengestalt annimmt, hält Origines Gott für ein unsichtbares, unkörperliches Wesen, das als „wirkende Vorsehung" Raum und Zeit überschreitet.

Aus Ägypten in die Welt

Auf seinen Reisen durchmaß Origines weite Teile des Römischen Reiches, vom Nildelta im Süden bis Rom im Norden und Petra im Osten. Als Lehrer wirkte Origines in seiner Heimatstadt Alexandria und später in Palästina, wo er eine eigene Lehranstalt gründete. Seine Vision von der Theologie als göttlicher Wissenschaft von den heiligen Schriften hat unter anderem Augustinus und Abaillard inspiriert. Die Rückbesinnung auf die schriftliche Überlieferung als wichtigste Quelle des Glaubens (lat. sola scriptura, nur die Schrift) wurde auch zu einem der Hauptmotive der Reformation. Zu den modernen Bewunderern des Origines gehörte Papst Benedikt XVI.

Dieser Stich zeigt Origines bei der Himmelsbeobachtung, denn er war einer der ersten Wissenschaftler, die sich mit dem „Stern von Bethlehem" auseinandersetzten. Er studierte die Sternbilder und fragte sich, welches für die Himmelserscheinung bei Christi Geburt verantwortlich sein könnte. Origines machte letztlich aber kein Sternbild, sondern einen Kometen für die Himmelserscheinung verantwortlich und hielt die Heiligen Drei Könige für Sternenforscher auf dessen Spur.

Patristik *In Theologie und Religionswissenschaft wird die Beschäftigung mit den Kirchenvätern auch Patristik (nach lat. pater, Vater) genannt. Als „Vater" werden katholische Priester in aller Welt angeredet. Der Papst, lateinisch und italienisch papa, trägt den Vater sogar im Titel. Priester jedoch gibt es Abertausende, und Päpste hat es bisher immerhin rund 300 gegeben. Die Kirchenväter dagegen sind eine kleine Gruppe wegweisender Denker, die Gestalt und Lehre der frühen christlichen Kirche in besonderem Maße geprägt haben. Der Ehrentitel „Kirchenvater" wurde insgesamt nur rund fünfzigmal vergeben, zuletzt an den englischen Mönch Beda Venerabilis (674–735), der auch „der letzte der Väter" genannt wird.*

Platon hat die meisten philosophischen Themen zum ersten Mal angesprochen, viele Schlüsselbegriffe von politeia (Staatswesen) bis psyche (Seele) geprägt und so ganzen Fachbereichen wie Staatstheorie und Psychologie für immer seinen Stempel aufgedrückt. Doch alle paar Jahrhunderte war die Zeit reif für eine ausdrückliche Wiederbelebung seiner Lehre. Zum ersten Mal geschah das in Nordafrika, rund 500 Jahre nach Platons Tod. Der ägyptische Kirchenvater Origines (um 185 – 254) ging ganz im Sinne des platonischen Dualismus von einer doppelten Kirche und sogar von einem doppelten Sinn der Heiligen Schrift aus: Die irdische Kirche sei nur ein Abbild der idealen Kirche, und der Wortlaut der Bibel sei nur die Oberfläche ihrer wahren Bedeutung.

Ausstrahlung des wahren Seins

Dem Schulmeister Plotin, einem Zeitgenossen des Origines, war es mit dem Platonismus sogar so ernst, dass er sich geschämt haben soll, überhaupt einen Körper zu haben. Plotin strebte die Befreiung der Seele aus dem Körper an, um ihr die Gemeinschaft mit dem wahren Sein zu ermöglichen. Die philosophische Erkenntnis sei nur eine Vorstufe dieser Überwindung des Körpers (griech. ekstasis, Außer-sich-Sein). Plotins Schüler Porphyrios berichtet, der Meister habe selbst viermal den Zustand der Verschmelzung mit dem wahren Sein erreicht. Dieses Konzept einer mystischen Einheit ist zugleich ein Rückgriff auf Platon und ein Vorgriff auf den Mystizismus, wie ihn etwa Meister Eckhart (1260 – 1327) ein Jahrtausend später vertrat. Das wahre Sein, das Plotin auch das „All-Eine" nennt und mit dem christlichen Gott vergleicht, steht an der Spitze der Weltordnung, die Plotin in seinen „Enneaden" enfaltet. Das Eine (griech. hen) bringe den Geist hervor, der dem Einen ähnlich sei und deshalb Zugang zu den wahren Ideen habe. Der Geist (griech. nous) teile sich seinerseits in die Einzelseelen der Menschen auf. Mit der Seele (griech. psyche) nähern wir uns den Ideen, während die materielle Welt, die wir mit den Sinnen wahrnehmen, nur ein trügerisches Abbild des All-Einen ist, so Plotin. Diese Ausstrahlung des All-Einen bis auf die niedrigste Stufe der Materie heißt seit Plotin „Emanation" (zu lat. emanere, sich verbreiten) und verbindet die platonische Ideenlehre mit der christlichen Schöpfungslehre. Plotin selbst trägt den Beinamen „Plato dimidiatus" (lat. „halber Platon").

Zweite Wiederkehr

Mit der Schließung der platonischen Akademie im Jahr 529 n. Chr. wurde es um Platon etwas ruhiger. Als Hausphilosoph der Kirche erlebte Platons Schüler Aristoteles im Mittelalter eine vorübergehende Hochphase. Doch im Morgengrauen der Moderne besann sich die Philosophie erneut auf ihre pla-

Von Plotin wird überliefert, dass er sehr asketisch gelebt, kaum Nahrung zu sich genommen und auf die Ehe verzichtet habe. Auch geht die Legende, dass er vor einem Porträtmaler geflüchtet sein soll. Bildhauerisches Porträt Plotins aus dem Museo Ostiense in Ostia.

tonischen Wurzeln. Fast ein Jahrtausend nach der Schließung der Akademie wurde sie 1459 in Florenz neu gegründet. Als Vorsteher der Florentiner Akademie übersetzte der Gelehrte Marsilio Ficino (1433 – 1499) Platon und Plotin in die Sprache seiner Zeit. Von Italien ausgehend, erfasste der wiederbelebte Neoplatonismus ganz Europa.

> **Dualismus** *Der Neoplatonismus fußt auf einer strengen Zweiteilung der Welt, auf der Trennung von Körper und Seele, von materieller Welt und abstrakten Ideen. Wie Platon unterscheidet Plotin zwischen der uns vertrauten Welt der Dinge, die wir mit den Sinnen unseres sterblichen Körpers wahrnehmen, und der wahren Welt der Ideen, die nur der unvergänglichen Seele zugänglich ist. Diese Lehre ist das älteste Beispiel des philosophischen Dualismus.*

Vernunft und Glaube

Augustinus (354–430)

Im Buch Hiob des Alten Testaments heißt es, dass Gott die Niedrigen erhöht. Bei Aurelius Augustinus hat er dieses Versprechen wahrgemacht. Augustinus ist eine Ausnahmefigur in der Geistesgeschichte. Als Afrikaner aus einfachen Verhältnissen, der erst spät zum Christentum fand, war er ein denkbar unwahrscheinlicher Kandidat für höhere Weihen. Trotzdem wurde er, kaum getauft, zum Bischof berufen. Als Kirchenvater trägt er den Beinamen „Doktor der Gnade" (lat. doctor gratiae). In der Philosophie steht er nahezu ebenbürtig neben Platon.

Kein zweiter genießt wie er gleichermaßen den Respekt von Theologen und Philosophen. Das ist kein Zufall. Die Vernunft steht bei ihm ebenbürtig neben Glaube und Offenbarung, denn sie zeichnet den Menschen vor den Tieren aus und ist das deutlichste Anzeichen seiner Gottesebenbildlichkeit. Weil er die Vernunft als Gottesgabe anerkennt, kann er sie als Erkenntnisinstrument zulassen.

Benedikts Hausphilosoph *Das Bemühen um die Einheit von Glaube und Vernunft hat den „großen Meister Augustinus" zum Hausphilosophen des jungen Doktoranden, späteren Konzilstheologen und heutigen Papstes Joseph Ratzinger (*1927) gemacht. In seinen Lebenserinnerungen schildert Papst Benedikt XVI. die zwiespältigen Gefühle, die seine Berufung zum Erzbischof von München und Freising 1977 in ihm auslöste. Einen passenden Wahlspruch fand er bei keinem anderen als Augustinus: „Wie ein Packesel bin ich vor dir. Dennoch bin ich stets bei dir." Mit dieser Meditation zu Psalm 72/73 hatte Augustinus einst seine eigene Priester- und Bischofsweihe beschrieben.*

Das zweite Standbein

Augustinus' Hauptwerk „Vom Gottesstaat" lässt die Einheit von Vernunft und Glauben als sein theologisches Programm erkennen. In seinem Kommentar zum Johannesevangelium hat er es zu der Formel „Wir glauben, um zu erkennen" (lat. „Credimus ut cognoscamus") verdichtet. Der Glaube steht dabei allerdings nach wie vor an erster Stelle. Den Atheisten ruft er in seinen „Bekenntnissen" entgegen: „Ihr stellt Euch auf Euch selbst und könnt doch nicht stehen." Konsequenterweise handeln die „Bekenntnisse" denn auch von der Rolle Gottes bei der Suche nach Gewissheit. Augustinus erzählt darin die Geschichte seiner eigenen Bekehrung zum Christentum.

Anselms Auftrag

Mit seinem aufgeklärten Erkenntnisbegriff war Augustinus seiner Zeit weit voraus. Erst über 500 Jahre später griff der Benediktinermönch Anselm von Canterbury (1033–1109) Augustins Parole „Wir glauben, um zu erkennen" wieder auf. Anselm machte mit seinem Lehrsatz „Ich glaube, um zu verstehen" das Miteinander von Vernunft und Glauben zu einer bis heute fortwirkenden Hauptströmung der mittelalterlichen Kirchenphilosophie und der Theologie insgesamt. Die seither vielleicht größte Herausforderung an dieses Miteinander hat Charles Darwin (1809–1882) gestellt. Seine Forschungen haben die moderne Biologie zur Entdeckung geführt, dass Mensch und Affe nach allem wissenschaftlichen Ermessen gemeinsame Vorfahren haben. Am Umgang unterschiedlicher christlicher Konfessionen und Freikirchen mit der Evolutionstheorie lässt sich ablesen, in welchem Maße sie Augustinus und Anselm folgen und wie ernst sie deren Programm der Einheit von Vernunft und Glauben nehmen.

Raoul de Presles (um 1316–1382), Miniaturenmalerei in einer Inkunabel von Augustinus' „Vom Gottesstaat" (1486), Bibliothèque Nationale de France, Paris.

Was macht der Wind, wenn er nicht weht? Diese nur scheinbar einfältige Frage zielt ins Herz eines alten Streits, der die Philosophie seit fast 2500 Jahren beschäftigt, mit dem Römer Boethius einen ersten Höhepunkt erreicht und im Mittelalter erneut ausbricht. Was also macht der Wind, wenn er nicht weht? Der Wind steht und fällt mit den Menschen, die ihn spüren. Wenn niemand bewegte Luft am Körper spürt und „Wind" dazu sagt, gibt es ihn nicht. Was aber, wenn „Wind" etwas bezeichnete, das von jedem gespürten oder vorgestellten oder erinnerten Luftzug unabhängig wäre? Dann müsste man vom Wind, der nicht weht, zumindest sagen, dass es ihn gibt – wenn auch nur als Begriff. Die Sache wird dadurch nicht einfacher, dass der Streit in der Philosophiegeschichte meist in Bezug auf abstrakte Begriffe wie „das Gute" oder gar „die Dreifaltigkeit" ausgetragen wurde.

Status der Begriffe

Von nichts anderem jedenfalls als dem Status der Begriffe handelt der Universalienstreit, auch als Nominalismusstreit bekannt. Darin treten Platon (427 – 347 v. Chr.) und sein Meisterschüler Aristoteles (384 – 322 v. Chr.) gegeneinander an, wenn auch mit fast einem Jahrtausend Verspätung. Der Wettstreit wird auf der philosophischen Bühne der christlichen Spätantike und des Mittelalters ausgetragen.

Platons Gefolgsleute kämpfen für die unabhängige Existenz der Begriffe, die Platon Ideen nannte. Sie waren lange vor den Menschen da und bilden sozusagen die Blaupause der Welt, die wir kennen. Aristoteles und die Seinen behaupten, die Begriffe seien nichts weiter als von Menschen erdachte sprachliche Schubladen, in denen wir einander ähnliche Erfahrungen sammeln. Wenn der Wind nicht weht, ist er auch nicht da.

Projekt gescheitert

Die größte Hinterlassenschaft des Boethius an die philosophische Nachwelt sollte seine Übertragung der Hauptwerke von Aristoteles und Platon in das Lateinische sein, versehen mit erklärenden Kommentaren. Dieses Mammutwerk musste jedoch unvollendet bleiben: Im Jahr 524 wurde der Philosoph auf Geheiß des Ostgotenkönigs Theoderich des Großen (um 454 – 526) hingerichtet. In einem fragwürdigen Prozess wurde ihm die Verbrüderung mit dem wegen Hochverrat angeklagten römischen Senator Albinus vorgeworfen. Bei der Wiederaufnahme des Universalienstreits hatte Boethius erfolgreich zwischen Platon und Aristoteles vermittelt, ihm selbst jedoch blieb die ausgleichende Gerechtigkeit versagt.

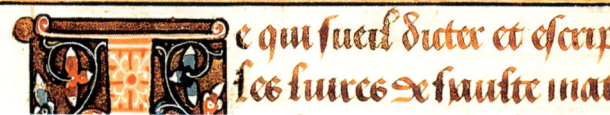

Jean de Meung (1240 – 1305) illustrierte diese Seite aus einer französischen Handschrift des Mittelalters von Boethius' Werk „De Consolatione Philosophiae", Bibliothéque Municipale, Rouen. Dargestellt wird Boethius inmitten der Musen und einer Personifikation der Philosophie.

Realisten gegen Nominalisten

Für Platons Gefolgsleute im Universalienstreit hat sich der Sammelname „Realisten" eingebürgert, weil sie von der unabhängigen Wirklichkeit der Begriffe ausgehen, also annehmen, diese seien „real". Dazu gehören neben Boethius der afrikanische Kirchenvater Augustinus (354 – 430) sowie der Benediktiner Anselm von Canterbury (1033 – 1109). Die aristotelische Fraktion ist als die Gruppe der „Nominalisten" bekannt, denn sie halten die Begriffe nur für Sammelnamen (nach lat. nomen = Name) menschlicher Erfahrungen. Prominente Nominalisten sind der Kirchenlehrer Thomas von Aquin (um 1225 – 1274) und der Franziskanermönch William von Ockham (um 1285 – 1350).

Die Welt – eine Illusion

Adi Shankara (um 788–820)

Arthur Schopenhauer (1788–1860), ein Kenner und Freund der indischen Philosophie, sprach in seinem Hauptwerk „Die Welt als Wille und Vorstellung" von den „Schleiern der Maya". Maya, das ist in der indischen Philosophie die Illusion, die uns vorgaukelt, die Welt um uns sei real, obwohl sie in Wirklichkeit nur Schein ist. Der Mann, der diese Ansicht am radikalsten vertrat, war Adi Shankara, der von den meisten Indern als ihr bedeutendster Philosoph angesehen wird.

Über das Leben Shankaras gibt es viele Legenden, aber wenige verlässliche Informationen. Sicher ist jedoch, dass er als Wandermönch mit seinen Schülern durch ganz Indien zog und die geistige Auseinandersetzung mit allen religiösen Strömungen seiner Zeit suchte, vor allem mit dem Buddhismus. So schuf er einen „reformierten Hinduismus", der wie der Buddhismus die Erkenntnis über religiöse Opfer und Riten stellte.

Reformen des Hinduismus

Die Grundlage der indischen Philosophie sind die Veden, heilige Schriften, die etwa zwischen 1200 und 500 v. Chr. entstanden. In den jüngeren Veden, den Upanishaden, die etwa ab 750 v. Chr. entstanden, kam die Vorstellung auf, dass die Menschen wiedergeboren werden und dabei die Konsequenzen ihrer Taten als Karma mit in jedes neue Leben tragen. Im Mittelpunkt der religiösen Praxis dieser Zeit standen Opfer, die allein durch die Priester (Brahmanen) gebracht werden durften, da komplizierte Vorschriften zu befolgen waren.

Aus Protest gegen dieses Monopol der Priester entstand im 6. und 5. Jahrhundert v. Chr. unter anderem der Buddhismus, der auf der Annahme beruht, dass jeder Mensch sich selbst aus dem Kreislauf der Wiedergeburten befreien kann. Aber auch im Hinduismus kamen philosophische Strömungen auf, die den traditionellen Glauben reformierten. So entstand etwa die philosophische Schule des klassischen Sankya, die ganz ohne Götter auskommt. Ihre Anhänger gehen davon aus, dass alles Seiende auf zwei Prinzipien beruht: einem geistigen (Purusha) und einem ungeistigen (Prakriti). Um von der Wiedergeburtenspirale erlöst zu werden, müsse man Prakriti überwinden und wieder ganz zu Purusha zurückfinden.

Die Darstellung zeigt eine Gruppe indischer Yogi.
Der Buchillustrator Bernard Picart veröffentlichte 1723–1737
sein siebenbändiges Werk „Cérémonies et coutumes
religieuses de tous les peuples du monde", in dem er sich vor
allem mit indischen Riten und Religionen beschäftigte.
Es gehört zu den umfassendsten Anthologien aus der Zeit
der Aufklärung.

Shankara und die Schule des Vedanta

Im Gegensatz zum Sankya glaubt die Schule des Vedanta, deren wichtigster Vertreter Shankara ist, dass es nur ein oberstes Prinzip gibt: Brahman. Shankara war überzeugt, dass nur Brahman (die Weltseele) real und ewig ist. Individuelle Seelen (Atman), aber auch die Götter wie Vishnu oder Shiva, existieren seiner Auffassung nach nur auf einer niedrigen Stufe der Erkenntnis. Zur vollen Erkenntnis gelangt der Mensch erst, indem er sein Atman, seine Seele, von allem Irdischen zu unterscheiden lernt. So kann er sich von jeglicher Illusion befreien und schließlich zur Einheit mit Brahman finden, ein Ziel, das dem des Buddhismus, ins Nirwana einzugehen, sehr ähnlich und auf dessen Einfluss zurückzuführen ist.

Allah im Lichte Platons gesehen

Jakub ibn Isaak Al-Kindi (um 800–873)

Er hat sich zeitlebens intensiv mit der Mathematik und der Musik beschäftigt, mit der Medizin und der Astronomie, mit der Optik, der Pharmazie und der Chemie, mit der Kalligrafie, der Kryptologie und schließlich auch mit der Philosophie: Für Jakub Al-Kindi war Bildung zweite Natur, nicht zuletzt dank seines Umfeldes.

Im Jahr 825 hatte Kalif Abdallah Al-Mamun (786–833), der Sohn des berühmten Kalifen Harun Al-Raschid (um 763–809), in Bagdad das Haus der Weisheit gegründet. Ähnlich wie die antiken Bibliotheken von Alexandria hatte das Haus der Weisheit unter anderem den Auftrag, möglichst alle Werke der syrischen, persischen und griechischen Literatur zu sammeln und zu übersetzen. In diese orientalische Akademie wurde auch Al-Kindi berufen. Er widmete sich zunächst der Übersetzung ausgewählter Werke der griechischen Philosophie, die er kommentierte und später mit eigenen philosophischen Schriften ergänzte. Al-Kindi gilt als erster islamischer Philosoph, obwohl es vorher schon eine philosophisch geprägte Theologie gab. Sein Mentor Kalif Al-Mamun stand dabei aufseiten der Mutaziliten, die davon ausgingen, dass der Koran von Menschen geschaffen und damit interpretierbar sei.

Miniatur eines arabischen Gelehrten in einer mittelalterlichen Handschrift. In Bagdads Haus der Weisheit (arabisch: Bayt al Hikmah), dem Zentrum muslimischer Wissenschaft, übersetzte Al-Kindi die Schriften der griechischen Philosophen und wurde durch deren Gedanken angeregt zu eigenen Kommentaren und philosophischen Schlussfolgerungen. Mit seinen mehr als 90 Kollegen im Skriptorium der Bagdader Akademie herrschte zudem ein reger Austausch, der Ort war somit ein idealer Nährboden für den Beginn der arabischen Philosophiegeschichte.

Der Weg zur Wahrheit

Auch Jakub Al-Kindi war der Meinung, dass der Koran ein irdisches Werk sei, denn ewig und volkommen sei einzig und allein Gott. Ganz im Sinne des Neoplatonismus sah er ihn als das „unbeschreibliche Eine". Da Gott für ihn als frommen Muslim aber der Schöpfer von allem war, musste alles andere folglich endlich und relativ sein – sogar Raum und Zeit. Er war der Meinung, dass Gott zwar die Welt aus dem Nichts geschaffen habe, sie seither aber über physikalische Kausalketten steuere. Vor der materiellen Welt aber – so nahm Al-Kindi wie Platon an – habe Gott den universalen Intellekt geschaffen, das Reich der Ideen.

> ### Philosophie unerwünscht
> *Die konkreten Ideen Al-Kindis stießen in der islamischen Welt nicht auf allzu viel Resonanz, aber sein Beispiel, auf Grundlage der Ideen von Platon und Aristoteles eigene Philosophie zu betreiben, machte Schule. Allerdings gab es auch immer starken Widerstand. Weite Teile der muslimischen Geistlichkeit lehnten Philosophie (Falsafa) genauso wie Theologie (Kalam) ab. Ihrer Meinung nach ist nur eine islamische Rechtsprechung (Fiqh) nötig, d. h. die Anwendung der Vorschriften des Korans auf konkrete Situationen. Die Gesamtheit dieser Rechtsprüche wird Scharia genannt.*

Mit diesem universalen Intellekt müsse der menschliche Intellekt in Verbindung treten, um Erkenntnis zu gewinnen. Philosophie war für Al-Kindi die Suche nach der göttlichen Wahrheit. Ohne sie zu erkennen, könne der Mensch nicht erlöst werden. Propheten bekämen diese Erkenntnis quasi geschenkt, weshalb Prophetie der Philosophie überlegen sei, aber dank der – mühsameren – Philosophie sei jeder Mensch in der Lage, ebenfalls zur Wahrheit zu gelangen. Aber da Menschen eben nur Geschöpfe seien, seien ihre Erkenntnisse zwangsläufig vielfach und nicht die eine Wahrheit.

Das Schiff nicht verpassen

In einer Schrift über die Traurigkeit vergleicht Al-Kindi die menschliche Seele mit einem Schiffspassagier. Der Aufenthalt auf der Erde gleiche einem Zwischenstopp auf einer Insel. Da man diese Insel zwangsläufig wieder verlassen müsse, solle man sein Herz nicht an sie hängen, um nicht traurig zu werden oder – schlimmer noch – das Schiff und damit die Erlösung durch Gott zu verpassen.

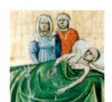

Einer, der es genau wissen will

Ibn Sina (Avicenna) (980–1037)

Illustration in einer Handschrift des 14. Jahrhunderts zu Avicennas „Kanon der Medizin", National Library of Medicine, Bethesda. Dargestellt sind die Stadien einer ärztlichen Untersuchung: Diagnose, Beratung mit den Angehörigen und Behandlung.

Sein „Qanum al-Tibb" (Kanon der Medizin) war rund fünfhundert Jahre lang das wichtigste Standardwerk der europäischen Medizin. Für den Perser Abu Ali al-Husain ibn Sina – lateinisch Avicenna genannt – gehörten die Suche nach den körperlichen und den geistigen Geheimnissen des Lebens zusammen. Philosophie war für ihn „geistige Medizin", ein Mittel zur Heilung des Geistes, der an schädlichen Irrtümern leidet. „Buch der Genesung" nennt er daher auch sein 18-bändiges Hauptwerk.

Die Ordnung der Welt

Ibn Sinas philosophischer Leitstern war Aristoteles (384–322 v. Chr.), und wie dieser gab er sich nur mit einem Denksystem zufrieden, das alles erklärt. Ibn Sina gilt heute als der bedeutendste Philosoph des arabischen Ostens, ähnlich wie Averroes als der des arabischen Westens, und war schon zu Lebzeiten ein anerkannter Gelehrter. Ibn Sina wollte alles erklären, indem er danach strebte, die Wissenschaften in ein der Welt im Ganzen entsprechendes Ordnungsschema zu bringen. Er unterteilte die Welt in zehn Sphären, denen wiederum die verschiedenen Phänomene zugeordnet sind. So ordnete er etwa den fünf „äußeren Sinnen" Sehen, Hören, Riechen, Schmecken und Tastgefühl fünf „innere" zu: die Fähigkeit, äußere Sinneseindrücke zu ordnen, sie im Gedächtnis zu speichern, von ihnen zu abstrahieren, sie zu beurteilen und sich ihrer wieder zu erinnern.

Lehrer der Scholastiker

Die Philosophie Ibn Sinas ist der Versuch einer Synthese der aristotelischen Philosophie und der mohammedanischen Religion. Damit ist er einer der Hauptvertreter einer arabischen Scholastik, die der christlichen Scholastik vorausgeht. Beiden ist die Bemühung um die Einheit von Vernunft und Glauben gemein. Die gründliche Erforschung der Welt und ihrer Phänomene auf der Grundlage des antiken griechischen Denkens haben die europäischen Philosophen der Scholastik übernommen, jedoch von der islamischen auf die christliche Theologie übertragen. Ibn Sina war ausgebildeter islamischer Rechtsgelehrter (Faqih), die europäischen Scholastiker zumeist Mönche. Beide versuchten sie, ihren Glauben mit einem vorreligiösen Weltbild in Einklang zu bringen. So überlegte Ibn Sina etwa, ob die im Koran verheißenen leiblichen Paradiesfreuden vielleicht nur für gewöhnliche Fromme gedacht seien, während auf die Weisen die vollkommene, rein geistige Erlösung warte. In der europäischen Scholastik diskutierte man dafür, ob eine leibliche Auferstehung dazu führe, dass alle Menschen einen vollkommenen Körper erhielten.

Heikle Fragen

Lange vor der christlichen Scholastik beschäftigte sich Avicenna mit dem Problem der Universalien. In diesem Streit wird diskutiert, ob es Allgemeinbegriffe, so genannte Universalien, wie etwa die Begriffe „Mensch", „Zahl" oder „Relation", wirklich gebe oder ob diese nur begriffliche Konstruktionen seien.

Die Einheit von Glaube und Vernunft ist schon seit frühesten Tagen das erklärte Ziel der christlichen Philosophie. Die apologetischen Kirchenväter des 2. Jahrhunderts versuchten sich an einer vernünftigen Rechtfertigung (griech. apologia) des absoluten Glaubens, den Jesus forderte. Aurelius Augustinus (354–430) bekräftigte: niemand müsse einfach glauben, ohne irgendwelche Beweise. Der Benediktinermönch Anselm von Canterbury war fest in dieser Tradition verwurzelt. So wundert es nicht, dass Anselm mehr wollte als den Glauben. Er wollte Gewissheit. Er nahm sich vor, die Existenz Gottes zu beweisen.

> **Scholastik** *Anselm von Canterbury ist einer der ersten Vertreter der Scholastik (nach lat. schola, Schule). Die Scholastik ist die Hauptströmung der mittelalterlichen Kirchenphilosophie und bemüht sich darum, die christliche Offenbarung mit den Mitteln der Wissenschaft zu einem rationalen Gedankengebäude auszubauen. Wichtige Vertreter sind neben Anselm Albertus Magnus (um 1200–1280) und dessen Schüler Thomas von Aquin.*

Es muss ihn einfach geben

Als einer der ersten christlichen Gelehrten beruft Anselm sich in seiner Gotteslehre nicht vornehmlich auf die Heilige Schrift oder die kirchliche Überlieferung, sondern auf die Vernunft. Laut Anselm ist unsere Erkenntnis eine direkte Wirkung der göttlichen Wahrheit. Sein Argument für die Existenz Gottes beginnt deshalb mit unserer Vorstellung von Gott. Wir denken ihn uns als ein höchstes Wesen, das alles weiß und alles vermag, wie es der Beiname „Allmächtiger" ausdrückt. Gott sei, so Anselm in seiner Schrift „Proslogion" (1077), derjenige, „über dem nichts Größeres gedacht werden kann". Als höchstes Wesen sei Gott nicht anders als vollkommen vorstellbar. Zur Vollkommenheit gehöre aber auch die Existenz, denn was es nicht gebe, sei nicht vollkommen. Also müsse Gott existieren.

1089 sollte Anselm die Nachfolge des schwer erkrankten Erzbischofs von Canterbury übernehmen. Er zögerte und ließ sich erst bei einem Besuch an dessen Krankenbett überreden. Szene der Amtsübernahme in James Doyles „The Chronicle of England" (1864).

Die Suche geht weiter

Anselm hat mit diesem sogenannten „ontologischen" Gottesbeweis (nach griech. to on, das Seiende) eine Flut an Reaktionen ausgelöst. Während Thomas von Aquin (um 1225–1274) Anselm widersprach, griffen Bonaventura (1221–1274), Descartes (1596–1650) und Leibniz (1646–1716) seine Überlegungen auf und führten sie weiter. Auf Anselms ontologischen Gottesbeweis folgten viele weitere Versuche, die Existenz Gottes zu untermauern. Zu den bekanntesten gehören der psychologische und der kosmologische Gottesbeweis. Der psychologische Gottesbeweis (nach griech. psyche, Seele) besagt, wir könnten uns Gott nicht vorstellen, wenn er nicht existiere. Der kosmologische Gottesbeweis (nach griech. kosmos, Weltganzes) dagegen schließt von der Schöpfung auf den Schöpfer. Die Welt sei zu schön, zu geheimnisvoll oder zu zweckmäßig, als dass sie von selbst entstanden oder schon immer da gewesen sein könnte. Also muss es einen Schöpfer geben. Allerdings haben sich nicht alle überzeugen lassen. Ein knappes Jahrtausend nach Anselm kam Immanuel Kant (1724–1804) als vorsitzender Richter am „Gerichtshof der Vernunft" zum Urteil, die Existenz Gottes sei aus prinzipiellen Gründen unbeweisbar. Womöglich entzieht eine mystische Erfahrung wie der Glaube an Gott sich letztlich dem Zugriff der Logik.

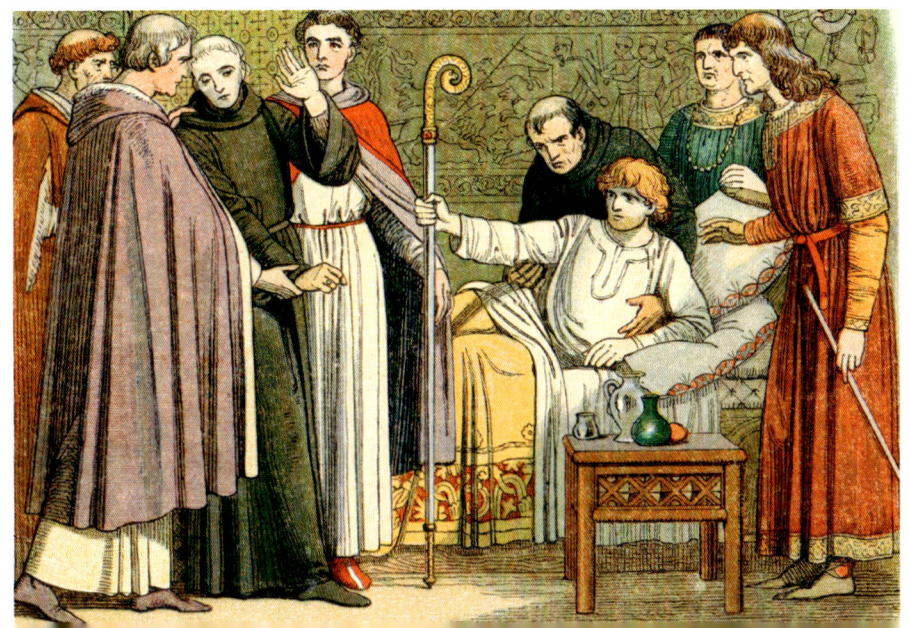

Habe ich die Liebe nicht, so bin ich nichts

Pierre Abaillard (1079–1142)

Der rumänische Denker Émil Cioran (1911–1995) glaubte, das Leben der Philosophen sei ihre wahre Lehre. Er begeisterte sich für Friedrich Nietzsches missglückte Liebe zu Lou Andreas-Salomé, und Ludwig Wittgensteins ebenso kurzes wie unglückliches Leben nannte er ein „Meisterwerk". Das Leben des Priesters und Philosophen Pierre Abaillard (auch: Peter Abaelard) wäre ein Leben nach Ciorans Geschmack gewesen. Als Sohn eines Ritters geboren, verzichtete Abaillard auf sein Erbe, um sich ganz der Philosophie zu widmen. Trotzdem war Abaillards Leben reich an dramatischen Wendungen. Vor allem die lange und wechselvolle Geschichte seiner Liebe zu seiner jungen Schülerin Héloïse überschattet beinahe sein philosophisches Vermächtnis. Dabei nimmt Abaillard als Vermittler zwischen den verfeindeten Lagern der Realisten und der Nominalisten im sogenannten Universalienstreit eine wichtige ideengeschichtliche Stellung ein.

> 📖 **Abaillard und Héloïse** *Abaillard verdankt seine Bekanntheit nicht nur seiner Vermittlung im Universalienstreit, sondern auch der Beziehung zu seiner Schülerin Héloïse. Er zeugte ein Kind mit ihr und heiratete sie als Zugeständnis an ihren Vormund, versuchte wegen seiner kirchlichen Laufbahn aber, die Ehe geheim zu halten. Héloïse ging ins Kloster, um Abaillard vor übler Nachrede zu schützen. Ihr Vormund deutete diesen Schritt als Versuch Abaillards, Héloïse abzuschieben. Aus Rache ließ er Abaillard überfallen und kastrieren, woraufhin sich dieser seinerseits ins Kloster zurückzog. Noch mehrmals versuchten die beiden vergeblich, einander näher zu kommen. Ihre Sehnsucht hat sich erst im Tod erfüllt. Seit 1817 sind sie gemeinsam auf dem Pariser Friedhof Père-Lachaise bestattet.*

Das Gute

Zu Abaillards Zeit beherrschte der Streit um das Wesen allgemeiner Begriffe die philosophische Debatte: das Universalienproblem. Gelehrte stritten darüber, was etwa „das Gute" sei. Abaillards Lehrer Roscelin vertrat die Ansicht, nur die Einzeldinge seien wirklich, in diesem Fall also etwa gute Taten und gute Menschen. „Das Gute" dagegen sei nichts weiter als eine Bezeichnung für die Gesamtheit dieser Einzeldinge. Diese Sichtweise ist als Nominalismus bekannt geworden (nach lat. nomen, Name). Wilhelm von Champeaux dagegen hielt die Allgemeinbegriffe für „reale Substanzen". „Das Gute" sei nicht nur ein Sammelbegriff für gute Dinge, sondern selbst ein Ding, dessen Wesen es zu ergründen gelte. Diese an Platon anknüpfende Position wird Realismus genannt (nach lat. realis, auf einen Gegenstand bezogen, wirklich). Lange Zeit galt im Geiste der klassischen Logik: Nominalismus oder Realismus; ein Drittes gibt es nicht (lat. tertium non datur). Wenn die Nominalisten recht haben, liegen die Realisten falsch und umgekehrt. Abaillards Pionierleistung: Er fand eine Zwischenposition.

Die Wahrheit in den Dingen

Allgemeinbegriffe haben, so Abaillard, zwar keine von den Einzeldingen unabhängige Existenz, sind aber auch nicht bloße Namen, sondern entstehen aus dem Denken. Insbesondere ein von sinnlicher Wahrnehmung unabhängiger Begriff wie „das Gute" sei weder selbst ein Ding („vor den Dingen") noch ein nachträglicher Sammelbegriff („nach den Dingen"). Vielmehr liege seine Wahrheit, so Abaillard, „in den Dingen". Abaillards Auffassung hat unter anderem Johannes Duns Scotus (um 1266–1308) beeinflusst, Abaillard selbst aber nicht vor einer Verurteilung wegen Ketzerei bewahrt.

Auf dem Pariser Friedhof Père-Lachaise befindet sich das Grabmal der beiden Liebenden Abaillard und Héloïse über ihrer gemeinsamen Urne. Ihre tragische Liebesgeschichte inspirierte zahlreiche Künstler zu einer literarischen, musikalischen oder filmischen Umsetzung des Stoffs, darunter den englischen Dichter Alexander Pope, den französischen Philosophen Jean-Jacques Rousseau, die deutsche Schriftstellerin Luise Rinser und den US-amerikanischen Regisseur Spike Jonze.

Die Wirkung des mittelalterlichen Philosophen und Dominikanermönchs Albertus Magnus (lat. „der Große") reicht weit über seine Zeit hinaus. So betete Papst Johannes Paul II. (1920–2005) im November 1980 an Alberts Grab zu Gott: „Du hast ihn durch die Gabe der Unterscheidung in einzigartiger Weise dazu befähigt, dem Irrtum zu wehren, die Wahrheit aber zu vertiefen und unter den Menschen auszubreiten. Dadurch hast du ihn zum Lehrer der Kirche und aller Menschen bestellt." Wegen seiner umfassenden Gelehrsamkeit trug Albertus Magnus auch den Beinamen doctor universalis.

Im Schatten seiner Schüler

Zwischenzeitlich überstrahlte aber der Ruhm seiner Schüler den des großen Gelehrten Albertus Magnus. In seiner Enzyklika „Aeterni Patris" (lat.: „des ewigen Vaters") von 1879 erklärte nämlich Papst Leo XIII. (1810–1903) Thomas von Aquin (um 1225–1274) zum „Herrn und Meister aller Lehrer". Viele seiner Erkenntnisse verdankt Thomas jedoch Albertus Magnus. Er wurde für Thomas von Aquin an der Kölner Ordenshochschule der Dominikaner Mentor und Lehrer. Um 1200 im schwäbischen Lauingen geboren, begann Albert seine Ausbildung im Kölner Dominikanerkonvent und lehrte ab 1243 an der Pariser Sorbonne. Während seiner Jahre in Paris studierte er die Werke des Aristoteles (384–322 v. Chr.) und begann, was Thomas von Aquin vollendete: die Zusammenführung von griechischer Philosophie und scholastischer Theologie. Zuvor war die Lehre des Aristoteles in der christlichen Scholastik wegen ihres heidnischen Ursprungs umstritten. Albert wurde somit zum Begründer des christlichen Aristotelismus. Niemand nahm den Auftrag der frühen Kirchenväter, Glaube

In der „Göttlichen Komödie" (um 1320) beschreibt Dante seine von der mittelalterlichen Philosophie inspirierte Vision des Lebens nach dem Tode. Albertus Magnus hat darin als Lehrer Thomas von Aquins einen prominenten Auftritt. In der Decke des Dante-Saals im römischen Casino Massimo hielt Philipp Veit (1793–1877) in seinem Fresko „Das Empyreum und Gestalten aus den acht Himmeln des Paradieses" (1820/24) den Sonnenhimmel u. a. mit Dante und Beatrice, Thomas von Aquin, Petrus Lombardus und Albertus Magnus fest.

und Vernunft zu versöhnen, so ernst wie er. Nach Albertus Magnus sind die Einzeldinge zunächst im Geiste Gottes und werden durch Gott erschaffen. Der Mensch als Vernunftwesen ist in seinem Handeln nicht vorherbestimmt, sondern völlig frei. Erkenntnis könne nur aus dem Zusammenspiel von intuitiver Wahrnehmung und rationalem Denken entstehen, so Albert. Das menschliche Denken könne jedoch die christliche Offenbarung nicht widerlegen.

Hang zur Mystik

Doch neben seiner von Aristoteles geprägten rationalen hatte Albert auch eine mystische Ader, die in klösterlichen Ritualen – wie etwa dem stillen Gebet – wurzelt. Gott habe zwar seine Spuren in der Schöpfung hinterlassen, entziehe sich aber unserer Vernunft, schreibt Albert in seiner „Summe über die wunderbare Erkenntnis Gottes" (lat. Summa de mirabili scientia Dei). Die Vernunft könne Gott nur berühren, aber nicht erfassen. Diese Vorstellung war Alberts berühmtem Schüler Thomas von Aquin fremd, hatte aber starken Einfluss auf Meister Johann Eckhart (1260–1327), der den Zugang zu Gott eher in mystischer Verschmelzung als in Begriffen und Argumenten suchte.

Der Fürst der Philosophen und die Kardinaltugenden

Thomas von Aquin (um 1225 – 1274)

Er lehrte in Paris, Rom, Bologna und Neapel. Als Boten und Vermittler des hochgeschätzten Aristoteles (384 – 322 v. Chr.) hieß die Kirche Thomas von Aquin überall mit offenen Armen. In Anlehnung an Petrus, den Fürsten der Apostel (lat. princeps apostolorum), nannte man ihn auch den Fürsten der Philosophen (lat. princeps philosophorum). Bald war er nur noch „der Philosoph", ein Ehrentitel, mit dem außer ihm nur Aristoteles belegt wurde. Der Dominikanermönch kommentierte sowohl die Bibel als auch die Schriften antiker Philosophen, vor allem die seines Vorbilds Aristoteles, darunter unter anderem die aristotelische Logik, Physik, Metaphysik, Ethik und Politik. 1879 erklärte Papst Leo XIII. (1810 – 1903) Thomas von Aquin zum „Herrn und Meister aller Kirchenlehrer" und festigte damit seinen Ruhm für alle Zeiten.

Der kosmologische Gottesbeweis

Thomas von Aquin gehört zu den Hauptvertretern der Scholastik und wird in der katholischen Kirche als Heiliger verehrt. Als Theologe kritisierte er den ontologischen Gottesbeweis, den Anselm von Canterbury formuliert hatte. Thomas setzte dem ontologischen seinen kosmologischen Gottesbeweis entgegen, in dem er vom Werden und Vergehen in der Welt und der Existenz des Universums auf eine Ursache außerhalb dieses Universums schloss. Nichts könne Ursache und Wirkung seiner selbst sein, also benötige das Universum eine äußere Ursache. Diese Ursache aller Dinge, die selbst auf keine äußere Ursache zurückzuführen ist, identifiziert Thomas als den von Aristoteles beschriebenen „unbewegten Beweger" und setzt diesen mit dem christlichen Gott gleich.

Glaube, Liebe, Hoffnung

Thomas widmete sich aber auch praktischen Belangen, darunter der Frage, welchen Anforderungen ein im christlichen Sinne gutes Leben genügen müsse. In der Überlieferung stieß er auf die vier von Platon (427 – 347 v. Chr.) geprägten antiken Tugenden: Weisheit, Tapferkeit, Besonnenheit und Gerechtigkeit. Thomas fügte ihnen drei weitere hinzu: Glaube, Liebe und Hoffnung. Damit greift er auf den eifrigsten Missionar und schärfsten Denker der frühen Christenheit zurück, den Apostel Paulus. Der sang der Gemeinde in Korinth das Hohelied der Liebe: „Glaube, Hoffnung, Liebe, diese drei; am größten aber unter diesen ist die Liebe." Nimmt man die vier platonischen und die drei paulinischen Tugenden zusammen, ergeben sich die sieben sogenannten Kardinaltugenden. Die Bezeichnung leitet sich vom lateinischen cardinalis (wichtig) ab, das wiederum vom Wort für Türangel (lat. cardo) stammt. Im Mittelalter wurden die Kardinaltugenden deswegen symbolisch auch als Angeln des Kirchenportals dargestellt.

Detail aus: Benozzo Gozzoli (1420 – 1497), „Der Triumph des heiligen Thomas von Aquin über Averroes", um 1440, Tempera auf Holz, Musée du Louvre, Paris. Thomas wird auf dem Gemälde von Aristoteles und Platon flankiert, auf dem Boden vor ihm liegt der arabische Gelehrte Averroes (1126 – 1198). 1270 verfasste Thomas die Schrift „Über die Einheit des Intellekts gegen die Averroisten" und wurde zum erbitterten Gegner Averroes' und seiner Anhänger. Averroisten stellten die intellektuelle Betätigung an erste Stelle und wurden deshalb der Gotteslästerung bezichtigt.

Thomas' Kritik

Thomas von Aquin gelingt in seiner Philosophie eine Synthese von antiker Philosophie und Theologie. Die Vernunft lässt er dabei auch in Fragen des Glaubens als Erkenntnisinstrument ausdrücklich zu. Thomas' Hauptwerk, die „Summa Theologica" (um 1266), in dem er rationale Gründe für die Existenz Gottes anführt, ist ebenso umfangreich wie vielseitig. Unter anderem versammelt er darin einige seiner umstrittenen Gottesbeweise, die an Anselm von Canterbury (1033 – 1109) anknüpfen. Thomas kritisiert den ontologischen Gottesbeweis, indem er einwendet, dass aus dem Verständnis des Begriffs Gottes als desjenigen, worüber hinaus nichts Größeres gedacht werden kann, nicht unmittelbar die Existenz Gottes folge. Gottes Sein könne keine Folge unvollkommener menschlicher Vorstellungen sein.

Die Mystik: Erkenntnis als Erfahrung

Meister Eckhart (1260–1327)

In der Offenbarung des Johannes heißt es, dass Gott nach dem Jüngsten Gericht bei den Menschen wohnen wird. Wo aber findet man ihn bis zu diesem Tag? Der Dominikanermönch und Ordensverwalter Johann Eckhart, den wir heute als Meister Eckhart kennen, glaubte wie einige der griechischen Naturphilosophen, Gott sei überall, und war mit Augustinus einer Meinung, die Selbstversenkung sei der Königsweg zu Gott.

Der Blick nach innen

Der Kirchenvater Augustinus (354–430) war der Ansicht, Gott habe in uns, seinen Geschöpfen, seine Spuren hinterlassen, und nur der Blick nach innen bringe uns auf Gottes Fährte. In seiner religionsphilosophischen Schrift „Von der wahren Religion" schreibt Augustinus: „Geh nicht nach draußen. Zieh dich in dich selbst zurück. Die Wahrheit wohnt im Inneren." Meister Eckhart hat diesen Rat des Kirchenvaters sehr ernst genommen. Der Allmächtige erfülle die ganze Welt, wenn er auch nicht sichtbar sei. Um ihn zu erkennen, müsse man deshalb sein inneres Auge, seine Seele, auf ihn richten. Allerdings reicht nach Meister Eckhart die reine Besinnung nicht aus. Erst wenn tugendhaftes Leben, wohltätiges Wirken und göttliche Gnade hinzukommen, erreicht man die „mystische Einheit" mit dem „reinen Sein", das mit Gott identisch ist.

Gefühl und Geheimnis

Gott ist überall, aber nicht zu sehen? Das klingt nach einem großen Geheimnis, und genauso haben es die Mystiker, zu dessen bedeutendsten Vertretern Meister Eckhart gehört, auch empfunden. Mystische Schriften kann man nicht wie normale Texte lesen, analysieren und verstehen. Erkenntnis im Geiste Meister Eckharts setzt die Ablösung von Wissen und Vernunft voraus. Der Schlüssel zu seiner Lehre sei die Versenkung in kontemplative Gebete und die Liebe zu Gott. Ein mystischer Text lässt sich ebenso wenig zusammenfassen wie eine Symphonie, ein Gemälde oder ein Gedicht. Mystisches Gedankengut hat deshalb die Dichtung ebenso sehr wie die Philosophie beeinflusst.

Der Acker des Herrn

Meister Eckhart war ein angesehenes Mitglied des Dominikanerordens und wirkte in Paris, Straßburg und Köln, wo er auch starb. Er hatte gelehrt, die Trennung von Gott und Welt sei eine Illusion, und für diese Einsicht sehr provokante Worte gefunden: „Gott ist nicht gut, ich bin besser als Gott. Gott ist nicht weise, ich bin weiser als er. Alles, was du da über deinen Gott denkst und sagst, bist du mehr selber als er." In der katholischen Kirche stießen solche Zuspitzungen Meister Eckharts auf Ablehnung. So wurde ein Großteil seiner Lehren von Papst Johannes XXII. (um 1245–1334) in dessen Bulle „Auf dem Acker des Herrn" (1329) als Irrglaube verurteilt.

> **Mystik** *Die Mystik ist die Suche nach dem Erleben einer höheren Wirklichkeit und das Berichten darüber. Christliche Mystiker streben die Einswerdung mit Gott an und übertragen damit neoplatonisches Gedankengut auf das Christentum. Die höchste Erkenntnis Gottes könne immer nur eine Annäherung sein, ein vorübergehendes Verschmelzen im Heiligen Geist. Dies geschehe durch die Selbstentäußerung und das momentane Aufgehen in Gott. Wer erkennen wolle, müsse den eigenen Willen aufgeben und in sich den Willen Gottes wirken lassen. Mittels der Vernunft könne weder die Wahrheit der Welt noch das Wesen Gottes erfasst werden.*

Die Predigerkirche und das Predigerkloster in Erfurt sind wohl heute die einzigen noch erhaltenen Orte in Europa, an denen Meister Eckhart lebte und wirkte. Er trat hier als Novize ins Dominikanerkloster ein, studierte in Erfurt und wurde zum Priester geweiht. In der Predigerkirche soll er auch seine berühmten „Reden der Unterweisung" gehalten haben, in denen er u. a. forderte: „Richte dein Augenmerk auf dich selbst, und wo du dich findest, da lass ab von dir. Das ist das Allerbeste."

Die Trennung von Philosophie und Theologie

Johannes Duns Scotus (um 1266–1308)

Heute unterscheiden wir wie selbstverständlich zwischen Theologie und Philosophie, zwischen Glauben und Vernunft. Ihren sprachlichen Wurzeln nach ist die Philosophie (griech.: Weisheitsliebe) wesentlich breiter angelegt als die Theologie (griech.: Lehre von Gott). Tatsächlich aber waren abendländische Philosophie und christliche Theologie jahrhundertelang zwei Aspekte desselben Erkenntnisstrebens. Erst mit der Philosophie des Johannes Duns Scotus im Hochmittelalter beginnen Philosophie und Theologie getrennte Wege zu gehen.

Unterschiede nehmen Form an

Als ältere Schwester der Theologie bestimmte die Philosophie fast ein Jahrtausend lang das Nachdenken des Menschen über sich selbst. Erst als der christliche Kaiser Justinian I. 529 die von Platon gegründete Akademie auflöste, gewann die Theologie an Einfluss. Von der Antike bis ins frühe Mittelalter kannte man nur eine einzige Fachrichtung, die mal als Philosophie, mal als Theologie bezeichnet wurde. Doch der Franziskanermönch Duns Scotus gelangte zu der Erkenntnis, dass es im abendländischen Denken nicht nur unterschiedliche Lehrmeinungen, sondern auch zwei grundverschiedene Denkansätze gebe: Während die Philosophen die Welt aus sich selbst heraus zu erklären versuchen, sehen die Theologen überall in der Welt das göttliche Wirken. Damit führte er eine scharfe und grundsätzliche Unterscheidung der beiden Disziplinen ein: die Philosophie als Wissenschaft von der Welt und die Theologie als Wissenschaft von Gott. Zu seinem differenzierten Urteil haben nicht zuletzt Scotus' weite Reisen und seine Begegnungen mit den führenden Gelehrten seiner Zeit beigetragen. Duns Scotus lehrte in Oxford, Cambridge, Paris und schließlich in Köln, wo er auch begraben ist.

Wendepunkt des Denkens

Duns Scotus hatte beträchtlichen Einfluss auf die Theologie des Mittelalters. Zu seinen bedeutendsten Anhängern zählt William von Ockham, der wie Scotus dem Franziskanerorden angehörte. Mit seiner Trennung von Philosophie und Theologie leitete Scotus eine geistige Wende ein, ohne je ein einziges systematisches Buch geschrieben zu haben. Anders als etwa Thomas von Aquin (um 1225–1274) hat Duns Scotus nie ein theologisches Grundlagenwerk, eine „Summa Theologiae", verfasst. Inhaltlich schlägt Scotus sich in seinen Schriften interessanterweise auf die Seite der Philosophen. Er behauptet nämlich, Gott sei der Vernunft ohne übernatürliche Offenbarung zugänglich, wenn auch nur auf indirektem Weg. Wir erkennen Gott, indem wir von den beobachteten Wirkungen, der Schöpfung, auf die Ursache, den Schöpfer, schließen. Dennoch bewertete Duns Scotus den Zugang zu Gott durch den Glauben höher als die vernünftige Erkenntnis Gottes.

Der aufgrund seiner Scharfsinnigkeit auch mit dem Beinamen „Doctor Subtilis" geehrte Duns Scotus im Gespräch mit seinem Zeitgenossen Albertus Magnus, Gemälde des Bologneser Künstlers Amico Aspertini (1470–1552), Pinacoteca Civica, Como.

Ockhams Rasiermesser und der Nominalismus

William von Ockham (um 1285 – 1350)

In seinem Dialog „Protagoras" wirft Platon (427–347 v. Chr.) die Frage auf, warum man zum Arzt gehen soll, wo doch Ärzte ihren Patienten häufig so große Schmerzen bereiten, indem sie „brennen und schneiden". Seine Antwort: Ein guter Arzt amputiere nur kranke Körperteile und brenne nur böse Geschwüre aus, und das auch nur zum Wohl des Patienten. Die Schmerzen müsse der Patient zugunsten der Gesundheit in Kauf nehmen. Ganz ähnlich beschreiben mittelalterliche Zeugen das philosophische Handwerk des Franziskanermönchs William von Ockham, den seine Zeitgenossen wegen seiner Überlegenheit im Streitgespräch ehrfürchtig den „Unbesiegbaren" nannten. Ockham übte seine Kunst nicht am Körper und dessen Wucherungen aus, sondern am Geist und dessen überflüssigen Annahmen. Sein Credo: „Je einfacher, desto besser".

Das Prinzip des sogenannten Ockham'schen Rasiermessers fordert, alle Annahmen aufzugeben, die zur Beschreibung eines Sachverhalts nicht unbedingt erforderlich sind. Einfache Theorien sind leichter zu überprüfen und nötigenfalls auch leichter zu widerlegen als schwierige Konstrukte. Die einfachste Erklärung muss zwar nicht immer die richtige sein, aber sie beschleunigt den Erkenntnisfortschritt.

Ockham und der Universalienstreit

Ideengeschichtlich wichtiger ist Ockhams Beitrag zum sogenannten Universalienstreit. Es geht dabei um die Frage, ob ein Begriff wie zum Beispiel „das Gute" nur ein von Menschen eingeführter Sammelbegriff für viele, einander ähnliche Erfahrungen, in diesem Beispiel mit guten Menschen und Taten, oder ob es nicht vielmehr etwas von der Erfahrung Unabhängiges ist. „Das Gute" wäre dann mehr als die Summe seiner Teile, sozusagen ein eigenes „Ding". Letztere Position, der auf Platon zurückgehende Realismus, der den abstrakten Dingen eine unabhängige Realität zubilligt, wurde auch von führenden Vertretern der christlichen Scholastik übernommen. Viele Scholastiker verzichten auf die Verankerung allgemeiner Begriffe in der Naturbeobachtung und leiten die Begriffe stattdessen aus höheren Glaubens- und Lehrsätzen ab.

Einem breiten Publikum wurden William von Ockham und seine Welt durch Umberto Ecos (*1932) Roman „Der Name der Rose" und Jean-Jacques Annauds gleichnamigen Film von 1986 bekannt. Ockham ist die historische Vorlage für Ecos Helden William von Baskerville. Sean Connery spielt den Franziskanerpater als strengen, aber jovialen Sherlock Holmes des Mittelalters. Wie ein zweiter Vater kümmert er sich um seinen jungen Schützling Adson und klärt nebenher noch ein Verbrechen auf. Bei Baskervilles Ermittlungen geht es um das verlorene zweite Buch der „Poetik" des Aristoteles, das sich mit der Komödie beschäftigt.

Nominalismus gegen Realismus

Ockham war auch in dieser Sache dem Prinzip des Rasiermessers treu. Er entschied sich für die einfachere Annahme, „das Gute" sei tatsächlich nur ein Oberbegriff, ein Name sozusagen, für viele Erfahrungen. „Das Gute" fügt der Welt nichts hinzu, sondern erleichtert nur deren Beschreibung. Allein das Einzelne ist wirklich, das Allgemeine existiert nur in den Köpfen der Menschen und muss aus dem Einzelnen erklärt werden. Nicht die Allgemeinbegriffe existieren vor den Einzelbegriffen, noch nicht einmal im Geiste Gottes, sondern das Einzelne geht dem Allgemeinen voraus. Damit war Ockham im Mittelalter der wichtigste Vertreter und Erneuerer des zuvor von der Kirche verworfenen sogenannten Nominalismus (nach lat. nomen, Name), der die Scholastik in ihren Grundfesten erschütterte. Ockham beschleunigte damit die von Duns Scotus begonnene Trennung von Philosophie und Theologie.

Der lange Weg zur Freiheit

Johannes Buridanus (um 1295–1358)

Johannes Buridanus war ein französischer Physiker, scholastischer Philosoph und Anhänger William von Ockhams (um 1285–1350). Sein besonderes Interesse galt der Auslegung der aristotelischen Schriften. Berühmt wurde er durch seine Auseinandersetzung mit dem für die Ethik grundlegenden Problem der Willensfreiheit.

Wille und Intellekt

In Buridanus' Kommentar zur Nikomachischen Ethik des Aristoteles (384–322 v. Chr.) geht es um das Verhältnis des Willens zum Intellekt und die Natur der menschlichen Freiheit. Darin vermittelt er zwischen den beiden dominanten handlungstheoretischen Strömungen seiner Zeit. Die sogenannten Intellektualisten um Thomas von Aquin (um 1225–1274) ordneten mit Aristoteles den Willen dem Intellekt und die Freiheit der Erkenntnis unter. Die Voluntaristen Duns Scotus (um 1266–1308) und William von Ockham (um 1285–1350) gingen davon aus, allein der Wille befähige den Menschen zu autonomem Handeln. Buridan argumentiert mit den Intellektualisten, dass das Glück des Menschen eher im intellektuellen Akt der Erkenntnis Gottes bestehe als im Willensakt der Entscheidung für Gott und sein Gesetz. Wie die Voluntaristen betont er jedoch die Rolle des Willens als selbstbestimmte Antriebskraft. In seinem Kommentar zur Psychologie (griech. peri psyches) des Aristoteles baut Buridan seine Überlegungen zum Zusammenspiel von Intellekt und Willen zu einer eigenen Seelenlehre aus. Die Seele und sogar die Vernunft des Menschen sei wie der Körper stofflich und sterblich. Buridan beschreibt den menschlichen Intellekt als Funktion des Körpers, während die Mehrheit der Scholastiker den Intellekt wie Platon als unsterblichen und göttlichen Seelenteil verstand. Buridans materialistische Seelenlehre hat viele Denker des späten Mittelalters beeinflusst; ihre Spuren finden sich noch zweihundert Jahre nach Buridan in den Schriften des italienischen Philosophen Pietro Pomponazzi (1462–1525).

Der hungrige Esel

Nicht zuletzt wegen seiner Betonung der irdischen Natur der menschlichen Seele wird Buridanus auch das das Gleichnis vom hungrigen Esel („Buridans Esel") zugeschrieben: Der Esel sitzt in der Mitte zwischen zwei gleich großen Heuhaufen. Wegen der identischen Anreize wird er sich für keinen der Haufen entscheiden können und verhungern. Das Problem findet sich schon bei Aristoteles, der eine ähnliche Geschichte über einen Hund erzählt. Beide Versionen zielen nicht auf das Tierreich, sondern auf den Menschen und gehen davon aus, bei genauer Kenntnis der Ausgangsbedingungen unseres Handelns ließe sich unsere Entscheidung vorausberechnen. Menschen wären nichts weiter als Maschinen, die auf äußere Reize reagieren und in ihrem Verhalten festgelegten Mustern folgen. Buridanus löste das Dilemma, indem er den menschlichen Willen vom blinden Begehren der Tiere unterschied. Der Wille des Menschen ist laut Buridan nicht bloß kreatürliches Begehren, sondern selbst von intellektueller Qualität.

> **Determinismus** *Buridanus wird der handlungstheoretischen Schule des gemäßigten Determinismus zugerechnet. Deterministen (zu lat. determinare, bestimmen) leugnen die Freiheit des menschlichen Willens und behaupten, unser Handeln sei vor- bzw. fremdbestimmt. In jüngster Zeit haben Hirnforscher wie Wolf Singer (*1943) die Debatte um diese Frage neu entfacht. Weil unser Verhalten sich durch bioelektrische Vorgänge im Gehirn ankündige, bevor es uns als Entscheidung bewusst werde, seien wir nicht die Urheber unseres Handelns, so die Folgerung Singers.*

Der Mensch als Esel. Nicht nur in der Philosophie, sondern auch in der Literatur spielt der Esel eine wichtige Rolle als Repräsentant des menschlichen Verhaltens. So wird in William Shakespeares „Sommernachtstraum" die Verwandlung des Menschen in einen Esel durch den Elfen Puck am armen Nicolas Bottom vollzogen. Er schafft es in dieser Gestalt, seine Angebetete zu bezirzen. Johann Heinrich Füssli (1741–1825), „Titania und Bottom" (um 1790), Öl auf Leinwand, Tate Gallery, London.

Fotografie einer Statue des Heiligen in der Bibliothek des Cusanusstifts. 1458 gründete der heilige Nikolaus von Kues in seiner Heimatstadt Bernkastel-Kues das Cusanusstift, eine klösterliche Wohnanlage für mittellose Männer. Bis heute wird das St.-Nikolaus-Hospital als Altenheim genutzt. Die Bibliothek des Stifts besitzt eine bedeutende Sammlung mittelalterlicher Handschriften – darunter auch die des Cusanus.

Der spätmittelalterliche Philosoph und Theologe Nikolaus Cusanus erwählte den alttestamentarischen Patriarchen Abraham zur Symbolfigur für das Verhältnis zwischen Gott und Mensch. Seine Theologie entfaltet Cusanus daher anhand der Untersuchung der Prüfung, die Gott Abraham auferlegt. Gott versprach dem greisen Abraham einen Sohn. Abraham glaubte ihm nicht, aber Gott hielt Wort. Doch kaum war Isaak geboren, forderte Gott ihn zurück: „Nimm Deinen Sohn, deinen einzigen, den du lieb hast, den Isaak, und gehe hin ins Land Moria und opfere ihn. Da bepackte Abraham am anderen Morgen in der Frühe seinen Esel und nahm seine beiden Knechte und seinen Sohn Isaak mit sich." (Genesis 22, 2-3). Für Abraham wird es die Schicksalsreise seines Lebens, und dass Gott das Opfer im letzten Augenblick verhindert, nimmt seiner Forderung nichts von ihrem Schrecken. Abraham steht auf verlorenem Posten – danach womöglich mehr noch als zuvor –, denn an die Stelle der schrecklichen Pflicht tritt die Leere.

Universelle Einheit

Der Theologe Nikolaus Cusanus fand für Abrahams Opfergang und ähnliche göttliche Prüfungen eine radikale Erklärung. Cusanus glaubte – wie Heraklit (um 544 – 483 v. Chr.) – an die Einheit der Gegensätze und behauptete, Gott sei alles auf einmal: heiß und kalt, weich und hart, gnädig und grausam. Gott sei zwar allmächtig, allwissend und unendlich, aber auch in allen irdischen Dingen enthalten. Diese Doppelnatur Gottes sei der menschlichen Vernunft unzugänglich. Die einzige adäquate Erkenntnis Gottes ist laut Cusanus deshalb das Eingeständnis, dass Gott sich dem Zugriff der Vernunft entzieht. Der Mensch in seiner Unzulänglichkeit kann Gott nicht begreifen; dies wiederum führt erst zur wahren Erkenntnis Gottes.

Überwindung der Vernunft

So wie Abraham kein gemeinsames Maß mit der Menschheit hat, so hat der Mensch kein gemeinsames Maß mit Gott – bis auf den Glauben. Indem Abraham demütig glaubte, was ihm unmöglich erschien, überwand er die Grenzen der Vernunft.

Nikolaus Cusanus steht mit seinen naturwissenschaftlichen Erkenntnissen wie von der Unendlichkeit des Alls, von der Sonne als Zentrum des Universums oder von der Relativität der Maße an der Schwelle zur Neuzeit. Aber so sehr er die Vernunft liebte, so sehr fürchtete er die Anmaßung, Gottes unergründliche Wege mittels der Vernunft ergründen zu wollen. Dieses bedingungslose Bekenntnis fand Anklang in Rom. Geboren in Kues an der Mosel, wurde Cusanus 1450 Bischof von Brixen in Tirol und kam 1458 als Kardinal nach Rom. Er hat die Ewige Stadt nur noch einmal verlassen, um in sein Bistum zurückzukehren, starb aber auf dem Weg dorthin.

Das Handwerk der Herrschaft

Niccolò Machiavelli (1469–1527)

Mit Heraklit und Epikur führt Niccolò Machiavelli die Hitparade der am meisten missverstandenen Philosophen an. In seinem Hauptwerk „Der Fürst" (ital. „Il Principe", um 1513) gibt er allerlei Ratschläge zum Erlangen und Erhalten politischer Macht. Seine Empfehlungen allerdings beruhen auf der von Kritikern gerne unterschlagenen Annahme, dass eine stabile Regierung wünschenswert sei. Ohne das Verständnis dieser Annahme und ihrer Hintergründe liest sich „Der Fürst" mit Kapitelüberschriften wie „Vom Erwerb einer Herrschaft durch Verbrechen" in der Tat sehr kaltblütig.

Kluge Imperative

Erst rund 250 Jahre nach dem Erscheinen des „Fürsten" wird Immanuel Kant (1724–1804) eine begriffliche Unterscheidung einführen, die bei der Auseinandersetzung mit Machiavellis Lehre ungemein hilft. Kant unterscheidet zwischen hypothetischen und kategorischen Geboten. Kategorische Gebote gelten bedingungslos, also unter allen Umständen, wie das von Kant formulierte moralische Gesetz. Hypothetische Gebote dagegen sind Verhaltensregeln der Form „Wenn Du A erreichen willst, so musst Du B tun." Die Empfehlung „B" gilt dabei nur, wenn wir die Bedingung „A" akzeptieren. Kant nennt solche Gebote auch „Imperative der Klugheit". Machiavellis „Der Fürst" nun untersteht insgesamt einer solchen Klugheitsregel. Sie könnte lauten: „Wenn Du ein stabiles Staatswesen errichten und erhalten willst, handle so wie hier beschrieben."

Dabei geht dieses bedingte Gebot mit einer sehr pessimistischen Diagnose einher: „Von den Menschen kann man im Allgemeinen sagen, dass sie undankbar, wankelmütig, verlogen, heuchlerisch, ängstlich und raffgierig sind." Um trotzdem die Ordnung zu wahren, werden viele Maßnahmen nötig, die für sich selbst genommen nicht wertvoll sind, sondern ihren Wert erst aus ihrer Beförderung eines stabilen Staatswesens beziehen. Um der Ordnung willen gehört auch die Gewalt ins politische Repertoire des „Fürsten". Damit ist Machiavelli ein Ahne der Utilitaristen, wenn er auch nicht wie diese ausdrücklich das größtmögliche Glück der größtmöglichen Zahl, sondern die Stabilität des Gemeinwesens zum obersten Zweck (politischen) Handelns erklärt. Er ist der Auffassung, Ungerechtigkeit sei besser als Unordnung, denn von der Unordnung sei es nur ein kleiner Schritt zu Mord und Plünderung. Verständlich wird diese Einstellung aus der politischen Situation Italiens zu Lebzeiten Machiavellis. Das zerfallende System einst mächtiger Stadtstaaten wie Venedig und Neapel führte zu instabilen Verhältnissen und ständigen bewaffneten Auseinandersetzungen mit massenhaftem Blutvergießen. So kam Machiavelli zu einem ähnlichen Schluss wie die Bremer Stadtmusikanten: Etwas Besseres als den Tod finden wir unter (fast) jeder Regierung.

Porträtgemälde von Niccolò Machiavelli (Mitte 16. Jahrhundert) von Santi di Tito (um 1536–1603), Öl auf Leinwand, Palazzo Vecchio, Florenz. Machiavelli gehörte dem sogenannten Rat der Zehn der Republik Florenz an und war für einige Zeit sogar sein Vorsitzender. Im italienischen Originalnamen erkennt man das Motto des Regierungsgremiums: „Dieci di pace e di libertà" (Zehn von Frieden und Freiheit).

Anhänger in allen politischen Lagern

Die Belege für seine Empfehlungen bezieht Machiavelli eher aus der politischen Geschichte als aus der Philosophie. So ist der „Fürst" von den Mächtigen auch eifriger gelesen und heißer geliebt worden als von den Philosophen. Zu Machiavellis Anhängern zählte Frankreichs Sonnenkönig Ludwig XIV. (1638–1715) ebenso wie der englische Republikaner Oliver Cromwell (1599–1658), Napoleon (1769–1821) ebenso wie Mussolini (1883–1945).

„E s ist gar nicht leicht zu sagen, wo ich eigentlich zu Hause bin." So beginnen die 1977 erschienenen Erinnerungen Joseph Ratzingers (*1927). Ähnlich dürfte auch sein spätmittelalterlicher Priesterkollege Erasmus von Rotterdam empfunden haben. Selbst für einen vielseitig interessierten Gelehrten war seine Reiselust beträchtlich. Als uneheliches Kind eines Priesters in Rotterdam geboren und im nahen Kloster Steyn selbst zum Priester geweiht, verbrachte Erasmus seine Studienjahre in Paris. In den Folgejahren führten ihn seine Reisen zu längeren Aufenthalten nach Italien, England, Deutschland und in die Schweiz. Seine Rastlosigkeit war Programm: Er war vom wiederbelebten Platonismus bis zum Christentum in allen wesentlichen Geistesströmungen seiner Zeit zu Hause und trat überall für religiöse Toleranz ein. Damit wurde er einerseits zum Wegbereiter der Reformation, stand aber andererseits bis zuletzt über den Parteien und mochte sich mit der harten Linie Roms ebenso wenig anfreunden wie mit dem radikalem Gegenkurs vieler Reformatoren.

Das Neue Testament

Erasmus' Nähe zum Gedankengut der Reformation kommt nicht von ungefähr. Er war vor allem Sprachkundler und Bibelwissenschaftler, und die Reformation erklärte die Heilige Schrift neben dem Glauben, der Gnade und dem Erlöser zu einer der vier Säulen der Kirche. Das Christentum hatte sich im Mittelalter durch heidnische Volksfrömmigkeit und eine Flut päpstlicher Erlasse weit von den Lehren der Bibel entfernt. Die Reformatoren forderten eine Rückbesinnung auf die Bibel als wichtigsten Bezugspunkt des christlichen Glaubens, wie sie in Martin Luthers (1483–1546) Motto „Nur die Schrift!" (lat. sola scriptura) zum Ausdruck kommt. Erasmus' Lebensaufgabe war eine sorgfältige Sichtung der griechischsprachigen Teile der Bibel und ihrer Quellen, die er ins geläufigere Latein übersetzte und neu herausgab. In Anlehnung an den Titel dieser Neuausgabe (lat. novum testamentum) sind diese Schriften seither als „Neues Testament" bekannt. Sie dienten Luther später als Vorlage für seine Übersetzung der Bibel ins Deutsche.

> 📖 **Reformation** *Anfang des 16. Jahrhunderts forderten kritische Geister wie Martin Luther, Philipp Melanchthon (1497–1560), Ulrich Zwingli (1484–1531) und Johann Calvin (1509–1564) eine Rückbesinnung auf die Wurzeln der Kirche, eine Reformation (zu lat. reformatio, Rückformung). Einer ihrer wichtigsten Auslöser war der von Rom betriebene Ablasshandel, d. h. die Vergebung der Sünden gegen Geld. Auf die Reformation geht die bis heute fortdauernde Spaltung der Christen in Katholiken und Protestanten zurück.*

„Porträt des Erasmus" (1523, Öl auf Holz, Musée du Louvre, Paris) des deutschen Malers Hans Holbein des Jüngeren (um 1497–1543). Holbein zählt zu den einflussreichen Renaissancemalern nördlich der Alpen. Viele hochgestellte Persönlichkeiten haben sich von ihm porträtieren lassen, darunter der Philosoph Thomas Morus, der englische König Heinrich VIII. und die meisten seiner zahlreichen Ehefrauen, ebenso wie den Staatsmann Thomas Cromwell. Mit Erasmus von Rotterdam verband den Maler eine innige Freundschaft; zahlreiche Porträts des Philosophen sind bis heute erhalten.

Später Frieden in fremder Erde

In seinem Bemühen um Toleranz hat Erasmus viele Rückschläge hinnehmen müssen. So wurde der englische Kardinal John Fisher (1469–1535), der Erasmus nach Cambridge eingeladen hatte, später von Heinrich VIII. (1491–1547) hingerichtet. Fisher hatte unter Berufung auf die Heilige Schrift am Anspruch des Königs auf das Amt des Oberhaupts der Kirche gezweifelt. Erasmus selbst zerstritt sich mit vielen Reformatoren von Martin Luther bis Ulrich von Hutten (1488–1523), weil er sich ihrer radikalen Opposition zum Papst nicht anschließen mochte. Immerhin hat der weitgereiste Erasmus zuletzt doch noch ein Zuhause gefunden, wenn auch fern der holländischen Heimat. Wegen seiner Verdienste um die Reformation wurde er 1536 im seit 1529 protestantischen Basler Münster beigesetzt.

Kopernikanische Wende: Die Sonne rückt ins Zentrum

Nikolaus Kopernikus (1473–1543)

Ursprünglich bezeichnet der Begriff „Kopernikanische Wende" die Abkehr vom geozentrischen Weltbild, also von der Vorstellung, dass die Erde im Zentrum der Welt steht. Im 16. Jahrhundert leitete der Pole Nikolaus Kopernikus die nach ihm benannte Wende ein. Neueste Beobachtungen ließen ihn vermuten, in Wahrheit stehe die Sonne im Zentrum der Welt oder zumindest des Sonnensystems. Wenig später machte der italienische Mathematiker, Physiker und Astronom Galileo Galilei (1564–1842) sich das kopernikanische Modell zu eigen. Weil es den Lehren der Kirche widersprach, wurde er 1633 von der Inquisition zum Widerruf gezwungen und zu lebenslanger Kerkerhaft verurteilt. Endgültig bestätigt wurde das heliozentrische Weltbild durch den englischen Physiker Isaac Newton (1642–1727).

Kants kopernikanische Wende

Immanuel Kants (1724–1804) kritische Erkenntnislehre war für die Philosophie ähnlich revolutionär wie die Abkehr vom Geozentrismus für die Kosmologie und wird deswegen auch als Kopernikanische Wende der Philosophie oder der Metaphysik bezeichnet. Kants „Kritik der reinen Vernunft" (1781) wendet sich gegen das hergebrachte Modell menschlicher Erkenntnis, wie es sich in der bildlichen Formulierung „äußere Eindrücke" spiegelt: Die Welt hinterlässt im weichen Wachs des Geistes ihren Eindruck. Die Welt ist also die Ursache unserer Erkenntnis, so wie der Siegelring den Abdruck im Siegelwachs verursacht.

Kein leeres Blatt

Kant hält dagegen, dass wir der Welt keineswegs als unbeschriebene Blätter ausgesetzt sind. Vielmehr bringen wir, so Kant, zweierlei Vorprägung mit. Die Anschauungsformen Raum und Zeit sowie Verstandeskategorien wie das Prinzip von Ursache und Wirkung formen unsere Eindrücke mindestens ebenso sehr wie die Außenwelt. Selbst wenn wir wollten, könnten wir uns Ereignisse nicht außerhalb der Zeit und Gegenstände nicht außerhalb des Raumes vorstellen. Zudem haben wir den unwiderstehlichen Drang, zwischen lediglich zeitlich aufeinander folgenden Ereignissen ursächliche Zusammenhänge herzustellen. Wir dürfen daher nicht hoffen, unsere Erkenntnis sei ein unverfälschtes Abbild einer wie auch immer gearteten „Wirklichkeit". Den Bezug zu Kopernikus stellte Kant in seiner kritischen Erkenntnistheorie übrigens höchstpersönlich her: „Es ist hiermit ebenso wie mit den ersten Gedanken des Copernicus bewandt, der, nachdem es mit der Erklärung der Himmelsbewegung nicht gut fortgehen wollte, wenn er annahm, das ganze Sternenheer drehe sich um den Zuschauer, versuchte, ob es nicht besser gelingen möchte, wenn er den Zuschauer sich drehen und die Sterne in Ruhe ließe."

Darstellung des Kopernikanischen Systems in Andreas Cellarius' (um 1596–1665) „Harmonia Macrocosmica" (1660), einem der bis heute bedeutendsten Werke der Astronomie. Die Karte zeigt den Erdenlauf um die Sonne und dessen Einfluss auf Tages- und Jahreszeiten.

Utopia: Ein Ort, der keiner ist

Thomas Morus (1478–1535)

Utopisch nennen wir umgangssprachlich einen Wunsch, eine Forderung oder Vorstellung, deren Erfüllung zwar denkbar ist, jedoch in weiter Ferne liegt oder sogar ganz unmöglich erscheint, wie etwa die einer Welt ohne Armut, Krankheit oder Unrecht. Politische und gesellschaftliche Utopien gibt es schon seit der Antike. Der Philosoph Thomas Morus jedoch war der erste, der seine Zukunftsvision „Utopie" nannte und damit Wort und Begriff prägte.

Was wäre, wenn?

Mit vollem Titel heißt das ursprünglich in lateinischer Sprache abgefasste Hauptwerk Thomas Morus' „Von der besten Staatsverfassung und von der neuen Insel Utopia" (1516). Der Name der Insel leitet sich aus dem Griechischen ab und bezeichnet einen Ort, den es nicht gibt (aus griech. ou, nicht, und topos, Ort). Ausgehend von seiner Kritik am Werteverfall seiner Zeit beschreibt Morus diesen Nicht-Ort als friedliche und weitgehend sorglose Gesellschaft. Weil Morus das Privateigentum und den Kampf um den eigenen Besitz für die Quelle aller Verbrechen hält, sind seine „Utopier" eigentumslos; alle Güter gehören dem Staat. Die Insulaner haben das Streben nach Besitz überwunden und leben im Einklang miteinander und mit der Natur. Die Erziehung der Jugend obliegt Priestern. Zu den zentralen Dogmen des utopischen Lehrplans gehören der Glaube an Gott und an die Unsterblichkeit der Seele; ansonsten herrscht religiöse Toleranz. Dieser ideale Staat ähnelt in vielem dem von Philosophenkönigen regierten Gemeinwesen, das Platon (427–347 v. Chr.) in seinem Dialog „Politeia" umreißt und auf das Morus sich ausdrücklich bezieht. Die „Politeia" gilt als das Urbild aller philosophischen Utopien.

Streit mit dem König

Morus entwarf seine Vorstellung der Insel Utopia als Gegenentwurf zu seiner Gegenwart, die von sozialer Ungleichheit, Kriminalität und Abkehr vom Christentum geprägt war. Mitverantwortlich für die desolate Situation im damaligen England war sein Herrscher Heinrich VIII. (1491–1547). Weil Thomas Morus die Religion für eine der Säulen der Gesellschaft hielt, sprach er sich gegen die nochmalige Heirat des geschiedenen englischen Königs und gegen dessen Ansprüche auf die Rolle des Oberhaupts der Kirche aus. Heinrich ließ Thomas Morus dafür hinrichten. In der katholischen Kirche wird Morus daher als Märtyrer und Heiliger verehrt.

> 📖 **Dystopie** *Der Gegenbegriff zur meist positiv besetzten Utopie ist die Dystopie (zu griech. dys, schlecht, und topos, Ort). Eine Dystopie ist ein gesellschaftliches Schreckensbild und übt als solches Kritik an gegenwärtigen politischen Zuständen oder Entwicklungen. Zu den bekanntesten Beispielen gehört der Überwachungsstaat, den George Orwell (1903–1950) in seinem 1949 erschienenen Roman „1984" beschreibt.*

Der Frontispiz der Basler Erstausgabe von Thomas Morus' „Utopia" (1518) zeigt die imaginäre Insel Utopia, wie der Autor sie beschrieben hat: Als Rahmenhandlung dient ein Gespräch mit dem Segelmann Raphael Hythlodacus (unten links), der auf einer Reise mit Amerigo Vespucci die Insel Utopia entdeckt haben soll. Im Hintergrund liegt die Insel mit ihrer Hauptstadt Amaurotum, die auffällige Bezüge zu London aufweist. Der Holzstich stammt von Ambrosius Holbein (um 1494–1519, Sohn Hans Holbein d. Ä. und Bruder Hans Holbein d. J.).

Der Zweifler in der Turmstube
Michel de Montaigne (1533–1592)

„Alles Unglück der Menschen rührt daher, dass sie nicht ruhig in ihrem Zimmer bleiben können", schrieb Blaise Pascal (1623–1662). Der Philosoph und Essayist Michel de Montaigne, der starb, bevor Pascal geboren wurde, hätte seinen Worten sicher zugestimmt. Sein Zimmer war ein Turmzimmer, das er sich als Bibliothek und Studierstube eingerichtet hatte: „Hier verbringe ich die meisten Tage meines Lebens und die meisten Stunden der Tage", schrieb Montaigne, der einer in den Adel erhobenen Kaufmannsfamilie entstammte. Er wurde als Michel Eyquem Seigneur de Montaigne im Schloss Montaigne geboren, in dem er auch starb. Die Jahre dazwischen gehörten der Philosophie.

Humanist und Skeptiker

Montaignes Hauptwerk sind seine „Essais". Im Zentrum dieser Texte steht der Mensch; im Einzelnen handeln sie von Staat und Politik, Liebe und Eifersucht, Tugend und Tapferkeit, Bildung und Erziehung, Wissen und Zweifel, Leben und Tod. Der Tod erscheint in Montaignes Schriften als Bedingung und Teil unseres Lebens, das Leben wiederum als Vorbereitung auf den Tod. Die zweite feste Größe in Montaignes Betrachtungen ist der Zweifel am eigenen Wissen. Ausgehend

> 📖 **Essay** Der Essay, zu deutsch „Versuch", ist eine knappe, formal offene Abhandlung über gesellschaftliche oder kulturelle Themen, der es mehr auf geistreiche Details und subjektive Erfahrungen als auf systematische Argumentation und Allgemeingültigkeit ankommt. In diesem „Selbststudium" wird eine breit gefächerte Thematik aus verschiedenen Perspektiven belichtet. Der neben Montaigne berühmteste philosophische Essayist war der Engländer Francis Bacon (1561–1626).

von seiner Vorstellung vom Menschen als fehlerbehaftetem Wesen, bezweifelte Montaigne die Möglichkeit, zu sicherer Erkenntnis zu gelangen. Seine Skepsis steht in der von Pyrrhon von Elis (um 360–270 v. Chr.) begründeten Tradition des systematischen Zweifels und gipfelt in der programmatischen Frage „Was weiß ich?", nach der in Frankreich eine moderne Lehrbuchreihe benannt ist.

Kontinuität in der Veränderlichkeit

Die Lehren eines Kopernikus oder Galilei hätten die Erkenntnisse früherer Gelehrter wie Ptolemäus und Aristoteles widerlegt. Montaigne fragt: Wie könne man also sicher sein, dass die heutige Wissenschaft nicht auch irrt? Schließlich könne man auch nicht mit Sicherheit sagen, ob uns unsere Wahrnehmungen täuschen. Seine Zweifel am überkommenen Wissen führt Montaigne auf das individuelle Subjekt als Ausgangspunkt des Denkens zurück; nicht einmal die Vernunft lässt er als Kontrollinstanz gelten. Einziges Mittel gegen den Irrtum sei der Rückgriff auf die eigene Erfahrung bei gleichzeitiger Beweglichkeit des Denkens. Um die Bewegungen des eigenen Denkens und die zunehmende Verfeinerung seiner Erkenntnis in seinen Schriften abzubilden, hat er auch seine Essays immer wieder überarbeitet.

Mit seiner kritischen Betrachtung der etablierten Dogmen, der wissenschaftlichen und geistigen Autoritäten und der überlieferten Bildungswerte geriet Montaigne nicht nur in Opposition zur katholischen Kirche, die seine Werke zensierte, sondern er legte auch den Grundstein für die spätere Aufklärung und beeinflusste maßgeblich das Denken anderer Philosophen wie René Descartes (1596–1650), Voltaire (1694–1778) und Friedrich Nietzsche (1844–1900).

LES
ESSAIS
DE MICHEL
SEIGNEUR
DE MONTAIGNE.
DONNEZ SUR LES PLUS ANCIENNES ET LES PLUS CORRECTES
Editions : Augmentez de plusieurs Lettres de l'Auteur ; & où les Passages Grecs,
Latins & Italiens, sont traduits plus fidélement, & citez plus exactement
que dans aucune des précedentes.
Avec des NOTES, & de nouvelles TABLES DES MATIERES
beaucoup plus utiles que celles qui avoient paru jusqu'ici.
Par PIERRE COSTE.
NOUVELLE EDITION,
plus ample & plus correcte que la derniere de Londres.
TOME PREMIER.
A PARIS,
PAR LA SOCIETÉ.
M. DCC. XXV.
AVEC PRIVILEGE DU ROI.

Titelblatt zu Montaignes „Essais", Pariser Ausgabe von 1725, Biblioteca de Catalunya, Barcelona. Die scheinbar willkürlich zusammengewürfelten Essays des französischen Philosophen beschäftigen sich mit den unterschiedlichsten Themen, eines ihrer wichtigsten Anliegen ist jedoch die Pädagogik. Erstaunlich aktuell schlägt Montaigne darin eine Reform des Schulsystems vor.

Weltverbesserung durch Wissenschaft

Francis Bacon (1561–1626)

„Die Menschen fürchten den Tod wie die Kinder die Dunkelheit", beginnt der Philosoph und Staatsmann Sir Francis Bacon seinen Essay „Über den Tod", in dem er seine Leser von der Grundlosigkeit dieser Furcht überzeugen will. Sie beruhe nur auf der Schwarzmalerei der Kirche, die den Tod fälschlicherweise als schmerzhafte Trennung von Körper und Seele darstelle. So schrecklich der Tod mit seinen Tränen und Krämpfen oft auch aussehe, so harmlos sei die Sache selbst. Tatsächlich sei der Tod nicht weniger natürlich als die Geburt. Solche Argumente zeugen von Bacons unerschütterlichem Optimismus und seinem Glauben an die Macht nüchterner Überlegung. Er war der festen Überzeugung, dass, wenn wir nur unseren Irrglauben und unsere Vorurteile überwinden, alles gut werde.

Philosoph und Naturwissenschaftler

Bacon war nicht nur Philosoph und Naturwissenschaftler in einer Person, sondern auch einer der ersten Wissenschaftstheoretiker. Als solcher beschäftigte er sich nicht nur mit den Inhalten, sondern vor allem mit den Methoden wissenschaftlicher Erkenntnis und deren Weiterentwicklung. Bei allem Respekt für die griechische Philosophie distanzierte er sich von der philosophischen Tradition, neue Erkenntnisse deduktiv aus bestehenden Lehrsätzen abzuleiten, und forderte stattdessen ein induktiv-experimentelles Vorgehen. Wenn die Wissenschaft neue Entdeckungen machen wolle, müsse sie sich von den Dogmen und Konventionen der Kirche und der antiken Philosophie unabhängig machen. Andernfalls werde sie nur bereits Bekanntes reproduzieren, so Bacon. Der Forscher solle zudem vorurteilsfrei und unbeeinflusst von eigenen Erwartungen und Affekten urteilen. Wenn es dem Menschen gelinge, diese Einflussfaktoren auszuschalten, sei es ihm durchaus möglich, das objektive Wesen der Dinge zu erfassen.

Wissen ist Macht

Zur Überwindung menschlicher Vorurteile setzt Bacon auf die Erfahrung als passive Beobachtung und als aktives Experiment, mit dessen Hilfe der Mensch gezielte Fragen an die Natur stelle. Die Erkenntnis müsse von der einzelnen Beobachtung zur Formulierung allgemeiner Gesetze fortschreiten. Das Verständnis der Naturgesetze werde den Menschen so zur Verbesserung seines Lebens durch Erfindungen befähigen. Bacons philosophisches Motto lautet: „Der Mensch vermag so viel zu tun, wie er versteht." Anders formuliert: Wissen ist Macht. Vornehmste Aufgabe der Wissenschaft sei die Naturbeherrschung und die zweckmäßige Gestaltung der Zivilisation. Wegen seiner Betonung der Erfahrung (griech. empeiria)

als Erkenntnisinstrument gilt Francis Bacon als Stammvater des philosophischen Empirismus. Sein Vertrauen auf die Heilkraft des Wissens macht ihn außerdem zum Geistesbruder der Pragmatisten, die wie er von der Philosophie eine Vereinfachung und Verbesserung des Lebens erwarten.

Anonymes Porträt, Francis Bacon darstellend, um 1731, Öl auf Leinwand, National Portrait Gallery, London. Bacon wird in seiner Amtsrobe dargestellt, die er in seiner Position als Lordkanzler von England trug. Diese hohe Stellung wurde ihm jedoch 1621 in einem Amtsenthebungsverfahren wegen Missbrauchs des Staatssiegels wieder aberkannt. So widmete er sich während seines restlichen Lebens philosophischen Fragestellungen.

Der Staat als Ungeheuer
Thomas Hobbes (1588–1679)

Warum sollten viele Menschen sich einer Regierung unterwerfen, die nur aus wenigen Personen besteht? Der englische Philosoph Thomas Hobbes hatte darauf eine ganz einfache Antwort: Der Mensch ist schlecht, und wenn man ihn sich selbst überlässt, kommt es früher oder später zu blutigen Auseinandersetzungen. Hobbes war nicht nur einer der vielseitigsten Gelehrten, sondern auch einer der größten Pessimisten seiner Zeit. Als Mittel gegen Unsicherheit und Krieg befürwortete er eine „gerechte" Diktatur.

Der künstliche Mensch

In Anlehnung an Thomas Morus (1478–1535), dessen „Utopia" rund 150 Jahre zuvor erschienen war, erweckte Thomas Hobbes seine Vorstellung vom idealen Staat in seiner Schrift „Leviathan" (1651) zum Leben. Der Leviathan ist ein „künstlicher Mensch" an der Spitze des Staates, dessen Glieder die Staatsbürger sind und der dem gesetzlosen Naturzustand der Menschen regelnd entgegensteht. Der Titel seines Werkes ist der Bibel entlehnt; Das Alte Testament beschreibt den Leviathan als ein von Gott geschaffenes drachenähnliches Ungeheuer, das erst am jüngsten Tag wieder vernichtet werden wird. Hobbes' Auffassung von einem gesetzlosen Naturzustand der Gesellschaft ist von dem zwischen 1642 und 1649 wütenden englischen Bürgerkrieg geprägt. In diesem Naturzustand der Menschheit könne jeder die Herrschaft beanspruchen. Um den Krieg aller gegen alle zu beenden, benötige man eine Staatsordnung, die seinem Volk Sicherheit und Schutz bietet. An der Spitze dieses Staates stehe eine Regierung oder, was Thomas Hobbes bevorzugte, ein einzelner Monarch. Dieser regiere mit absoluter Macht und stehe somit über dem Gesetz. Ein guter Herrscher werde jedoch seine Macht nicht missbrauchen und seiner Verpflichtung, sein Volk zu schützen, stets nachkommen. Eine Auflehnung des regierten Volkes sei nur dann gerechtfertigt, wenn es sein Leben verteidigen müsse. Dem Leviathan stehe es als alleinigem Oberhaupt des Staates frei, seinen Bürgern nach eigenem Gutdünken zu gebieten und sie bei Ungehorsam auch zu bestrafen, da sie ihre individuellen Rechte an den Staat abgetreten hätten, der ihnen keine Rechenschaft schulde.

Das berühmte Titelbild zu Hobbes' „Leviathan" (1651), ein Kupferstich des böhmischen Künstlers Wenzel Hollar (1607–1677), zeigt im oberen Drittel einen Herrscher, dessen Körper aus vielen Menschen besteht. Diese Darstellung verweist direkt auf Hobbes' Text, in dem er den Leviathan metaphorisch als künstlichen Menschen beschreibt, dessen Glieder die Staatsbürger sind. Links und rechts der Titelformulierung finden sich Symbole weltlicher und kirchlicher Gewalt. In der Kopfzeile folgt dann ein Vers aus dem Buch Hiob 41, 24: „Auf Erden gibt es seinesgleichen nicht."

> 📖 **Absolutismus** *Hobbes Staatstheorie ist eine Theorie des politischen Absolutismus. Darunter versteht man ein Regime unbeschränkter politischer Herrschaft einer kleinen Gruppe oder eines einzelnen, wie es Thomas Hobbes in seinem Werk „Leviathan" beschreibt. Historisch wird der Begriff vor allem mit dem französischen „Sonnenkönig" Ludwig XIV. (1638–1715) und seinem Ausspruch „Der Staat bin ich!" in Verbindung gebracht.*

Das Problem der Machtgier

Hobbes verschweigt allerdings ein zentrales Problem: In der politischen Praxis nimmt der Staat als Regierung Gestalt an. Regierungen aber bestehen aus Menschen, und Menschen sind anfällig für die Verlockungen der Macht. Der Aufklärer Montesquieu (um 1689–1755) war in dieser Frage misstrauischer und entwickelte deshalb als Mittel gegen die Tyrannei die Gewaltenteilung, die sich beispielsweise in der amerikanischen Verfassung als System gegenseitiger Kontrolle der Staatsorgane wiederfindet („checks and balances"). Den Leviathan des Thomas Hobbes hingegen verweist niemand in seine Schranken.

Unter Wölfen: Thomas Hobbes und das Naturrecht

Thomas Hobbes (1588–1679)

Im Laufe der Geschichte entbrannten immer wieder heftige Diskussionen, inwieweit der Staat zum Schutz der Bürger und des Gemeinwesens die Privatsphäre des Einzelnen verletzen und seine Freiheiten einschränken darf. Insbesondere die Gegner der Monarchie problematisierten das Recht des Herrschers, in das Leben der Untertanen einzugreifen. Die seinerzeit wohl extremste Position zur Frage nach dem Geltungsgrund von Recht und Gesetz formulierte der englische Universalgelehrte Thomas Hobbes.

Positives Recht und Naturrecht

Rechtsphilosophen unterscheiden zwei Geltungsweisen von Gesetzen und Normen: positives Recht und Naturrecht. Positives Recht (nach lat. positum, gesetzt) gilt durch allgemeine Übereinkunft oder höheren Erlass. Indem wir das Bürgerrecht eines Staates in Anspruch nehmen, akzeptieren wir stillschweigend auch sein Recht, Regeln aufzustellen und notfalls deren Einhaltung zu erzwingen. In Form von Steuern fordert der Staat von seinen Bürgern Abgaben, und in Form von Strafen schränkt er zuweilen sogar deren Freiheit ein. Im Gegenzug gewährt er Schutz vor Feinden und Hilfe in der Not. Naturrecht dagegen hat seinen Geltungsgrund jenseits von Gesetzesbüchern und Parlamentsbeschlüssen – es gilt sozusagen „von Natur". Für „Natur" hat man dabei zu verschiedenen Zeiten verschiedene Autoritäten eingesetzt, die festlegen, was recht und was unrecht ist – vom gebietenden Gott des Alten Testaments bis hin zum moralischen Instinkt.

Der Krieg aller gegen alle

Der englische Philosoph Thomas Hobbes prägte mit seiner Lehre vom kriegerischen Naturzustand die Staatstheorie bis in unsere Tage maßgeblich. Alles positive, nur „gesetzte" Recht sei willkürlich, und das Naturrecht eine Erfindung derer, die über das Leben ihrer Mitmenschen bestimmen wollen. Wenn es überhaupt ein Naturrecht gebe, dann nur in der allgemeinsten Form eines Rechts aller auf alles. Daraus aber folge ein beständiger Krieg aller gegen alle. Der Mensch sei von Natur aus nicht zum Leben in Gesellschaft geeignet, so Hobbes. In Bezug auf seine Mitmenschen sei der Mensch nicht besser als ein wildes Tier: „Der Mensch ist dem Menschen ein Wolf" (lat. homo homini lupus), wie es Hobbes in Abwandlung eines Zitats des römischen Dichters Plautus formuliert.

Andererseits war Hobbes als Vertrauter des Königs und Zeuge des englischen Bürgerkriegs realistisch genug, um die Notwendigkeit einer gesetzten Gesellschaftsordnung anzuerkennen. Sie sei das einzige Mittel gegen den Krieg aller gegen alle. Als Philosoph hegt er allerdings keine Illusionen über den Geltungsgrund einer solchen Ordnung. Ihr Inhalt ist beliebig, und sie gilt nicht aus prinzipiellen, sondern aus rein praktischen Gründen. In „De Homine" heißt es: „Wie immer die Gesetze sind, immer hat es als Tugend gegolten, dagegen nicht zu verstoßen."

> **Recht und Gerechtigkeit** *Thomas Hobbes spricht mit der Beliebigkeit erlassener Gesetze ein zentrales Problem der Geltung positiven Rechts an. Was, wenn die Gesetze selbst unrecht sind? Diese Frage ist die Lebensfrage des modernen Rechtsphilosophen Gustav Radbruch (1878–1949). Prinzipiell, so Radbruch, sei jedes Recht besser als kein Recht. Wenn das positive Recht aber vom Gesetzgeber, wie etwa im Nationalsozialismus, missbraucht wird, steht der Richter vor einem inneren Konflikt. In einer solchen Ausnahmesituation könne es notwendig werden, gegen das Gesetz und für die Gerechtigkeit zu entscheiden.*

Nachkolorierter Crayonstich, Thomas Hobbes darstellend, von Jean Charles François (1717–1769) nach Jean-Baptiste Pierre (1713–1789). Von Thomas Hobbes wird erzählt, dass er, der Sohn einer einfachen Familie vom Land, bereits mit vier Jahren schreiben und rechnen konnte. Sein Studium an der Oxford University begann er 1602 – mit nur 14 Jahren.

Ich denke, also bin ich

René Descartes (1596–1650)

Pierre Louis Dumesnil (1698–1781) hält auf seinem Ölgemälde (Musée National, Versailles) den Besuch Descartes' am Hof von Christina von Schweden (1626–1689) fest. Der Philosoph folgte 1649 ihrem Ruf nach Schweden, starb dort aber nach nur einem Jahr.

Der Weg zum Wissen ist der Zweifel, wenn man dem französischen Mathematiker und Philosophen René Descartes glaubt. Wie, so fragt er, kann ich mir sicher sein, dass Sinnestäuschungen nicht die Regel, sondern eine seltene Ausnahme sind? Wie kann ich mit Gewissheit Traum von Wirklichkeit unterscheiden? Wer sagt mir, dass nicht auch die Wirklichkeit nur ein Gaukelspiel ist? Was wäre, wenn „ein ebenso böser wie listiger Geist all sein Bestreben darauf richtet, mich zu täuschen?"

Prinzipieller Zweifel

In seinen „Meditationen" (1641) zieht Descartes Schritt für Schritt alles in Zweifel, bis zuletzt nur noch der Zweifel selbst übrig bleibt: Ich bin nichts weiter als ein „denkendes, zweifelndes Ding". In seinem „Discours" (1637) und in den „Principia Philosophiae" (1644) bringt Descartes diese Einsicht auf die vielzitierte Formel „Ich denke, also bin ich" (lat. Ego cogito, ergo sum). Diesen Satz stellt Descartes nicht mehr zur Disposition, denn er genügt dem von ihm im Zuge der Meditationen entwickelten Gewissheitskriterium: Was einer auch bei kritischer Prüfung im natürlichen Licht der Vernunft „klar und deutlich" erkenne, müsse die Wahrheit sein. Diese denkende Selbstvergewisserung erklärt Descartes zum Fundament, auf dem er die Philosophie neu errichten will. Die Erkenntnistheorie erklärte er deswegen zur „ersten Philosophie".

Prüfung bestanden

Was aber, wenn ein trüber und verwirrter Geist sich auf die Klarheit und Deutlichkeit seiner Wahnvorstellungen beruft? Descartes glaubt fest daran, dass solche Wahnvorstellungen sich durch zweifelnde Prüfung ausräumen lassen. So weist seine Meditation in doppelter Hinsicht auf sich selbst zurück: Wirklich gründliches Nachdenken übersteht unbeschadet allein das Denken selbst, und als Prüfstein sicherer Erkenntnis bleibt zuletzt nur die Erkenntnis übrig. Trotz dieser Schwäche hat Descartes mit der Radikalität seines Zweifels und dem schönen Sinnbild vom „natürlichen Licht" (lat. lumen naturale) der Philosophie neues Vertrauen in die Kraft der Vernunft geschenkt. So wurde er zum Mitbegründer des philosophischen Rationalismus (nach lat. ratio, Vernunft), für den die menschliche Vernunft das einzig verlässliche Erkenntnisinstrument ist.

Durch Zweifel zu sicherem Wissen *Der systematische Zweifel hat in der Philosophie lange Tradition. Der prominenteste Zweifler der Antike war der griechische Skeptiker (nach griech. skepsis, Zweifel) Pyrrhon (360–270 v. Chr.), der aus Misstrauen gegenüber den Sinnen völlige Urteilsenthaltung forderte. Die radikalste Form des philosophischen Zweifels ist der Solipsismus (nach lat. solus ipse, nur das Selbst), wie ihn zum Beispiel George Berkeley (1685–1753) vertreten hat. Berkeley leugnete, dass eine von Wahrnehmen und Denken unabhängige Außenwelt existiert. Im Solipsismus zieht sich das erkennende Subjekt auf sich selbst zurück. Wo vieles war, soll eines werden. Wo Welt war, soll nur noch Ich sein. Anders als für Pyrrhon und Berkeley ist der Zweifel für René Descartes aber nicht die Endstation des Denkens, sondern nur eine Art unumgänglicher Umsteigebahnhof auf der Reise zum sicheren Wissen.*

DISCOURS
DE LA METHODE

Pour bien conduire ſa raiſon, & chercher
la verité dans les ſciences.

PLUS

LA DIOPTRIQVE.

LES METEORES.

ET

LA GEOMETRIE.

Qui ſont des eſſais de cete METHODE.

A LEYDE

De l'Imprimerie de IAN MAIRE.

CIƆIƆC XXXVII.

Auec Priuilege.

Pascals Wette: Das Spiel des Lebens

Blaise Pascal (1623 – 1662)

Als Mathematiker, Physiker und Philosoph verband Blaise Pascal Vernunft und Glauben, Naturwissenschaft und Metaphysik. Dank seiner methodischen Vorbehaltlosigkeit näherte er sich einer der wohl größten Fragen, der Frage nach der Existenz Gottes, auf geradezu spielerische Weise.

Alles oder nichts

Wenn in der Philosophie gespielt wird, sind die Einsätze hoch. Als Begründer der Wahrscheinlichkeitsrechnung erkor Pascal die Wette zum Spiel der Spiele. Wie viele Vertreter der exakten Wissenschaften von Isaac Newton (1642 – 1727) bis Albert Einstein (1879 – 1955) war auch Pascal ein frommer Mann, aber er stellte seinen Glauben in der „Pascalschen Wette" auf die Probe: Wir können nicht sicher wissen, ob Gott existiert oder nicht, so Pascal. Also sind wir gezwungen, auf eine der beiden Alternativen zu setzen.

Setzen wir auf Gott, gewinnen wir die ewige Seligkeit und verlieren wegen der göttlichen Gebote ein ungezügeltes Leben auf Erden. Setzen wir gegen Gott, gewinnen wir die absolute Freiheit auf Erden und verlieren die ewige Seligkeit. Als Mathematiker hat Pascal beide Möglichkeiten durchgerechnet und ermittelt, dass wir unter allen Umständen besser fahren, wenn wir auf Gottes Existenz wetten. Denn die irdische Freiheit, die wir verlieren, halte nur ein paar Jahrzehnte, die Seligkeit, die wir gewinnen, aber für alle Zeit: „Wenn Ihr gewinnt, so gewinnt Ihr alles, und wenn Ihr verliert, so verliert Ihr nichts." Das gelte sogar dann noch, wenn die Existenz Gottes viel unwahrscheinlicher sein sollte als seine Nichtexistenz, denn die Unendlichkeit der zu gewinnenden Seligkeit mache selbst die geringste Gewinnchance unendlich wertvoll.

Vorläufer des Pragmatismus

Mit seinem nüchternen Kalkül greift Pascal dem Pragmatismus vor, einer philosphischen Richtung, die jede philosophische Annahme nach ihren praktischen Auswirkungen bewertet. Pascal räumt allerdings ein, dass es sich beim Glauben an Gott um eine besondere Form der Annahme handelt, die nicht unserem freien Willen unterliegt. Selbst wer Pascals Argument folgt, wird dadurch nicht automatisch zu einem Gläubigen. Pascal erwidert, wir könnten den Glauben mit seinen äußeren Ritualen wie Gottesdienst und Gebet zumindest praktizieren und darauf hoffen, dass der innere Glaube sich mit der Zeit von selbst einstellt. Pascals Wette beruht auf der Annahme, dass sicheres Wissen über die Existenz Gottes unmöglich ist. In seinen „Gedanken über die Religion" (1669, sieben Jahre nach Pascals Tod, erschienen) erweitert er diese Überlegung zu einer erkenntnistheoretisch gefärbten Anthropologie.

> **Spieltheorie** *Pascal verwendet in seiner Wette ein mathematisches Verfahren, das später unter der Bezeichnung „Spieltheorie" bekannt werden sollte. Diese ist bemüht, die Folgen verschiedener Spielzüge inklusive möglicher Reaktionen der Mitspieler vorauszuberechnen und so die optimale Strategie für eine gegebene Ausgangssituation zu bestimmen.*

Alle Forschung, so Pascal, ende letztlich in Dunkelheit, denn der Mensch kämpfe zwar mittels seiner Vernunft gegen das Unwissen, habe als endliches und unvollkommenes Wesen aber keine Aussicht auf die Erkenntnis der Wahrheit. Die Vollendung des Menschen liege, so Pascal, jenseits seiner selbst. Als Mischwesen aus Wahrheit und Falschheit, Gutem und Schlechten sei der Mensch auf den Glauben an Gott angewiesen.

Nachkolorierte Zeichnung „Feststellung des Druckes der Luft mittels eines großen Barometers durch Pascal in Rouen" (um 1890) von August Dressel. Neben seinen philosophischen Exkursen ist Blaise Pascal vor allem als Naturwissenschaftler bekannt geworden. Aufgrund seiner Experimente zur Gewichtskraft der Atmosphäre, die man lange für masselos gehalten hatte, ist die Maßeinheit des Luftdrucks nach ihm benannt.

Blaise Pascal

Philosophie nach geometrischer Methode
Baruch de Spinoza (1632 – 1677)

Vernunft – das ist so etwas wie ansteckende Gesundheit, schrieb einst der italienische Schriftsteller Alberto Moravia (1907 – 1990). Und tatsächlich: Die Liebe zur Vernunft ging zu Zeiten des Philosophen Baruch de Spinoza in Europa um wie eine gutartige Krankheit. Anfang des 17. Jahrhunderts brach sie zunächst bei René Descartes (1596 – 1650) und Blaise Pascal (1623 – 1662) in Frankreich aus, von wo aus sie nach und nach ganz Europa erfasste. Spinoza lebte wie Descartes im freigeistigen Holland und zeigte von allen Anhängern der Vernunft die stärksten Symptome.

Im Angesicht der Ewigkeit

Seit Descartes war es philosophische Mode, die Methode der Geometrie auf die Philosophie anzuwenden, um über Gott, die Seele und die Freiheit ähnlich sicheres Wissen zu erlangen wie über Punkte, Geraden und Figuren. Spinoza treibt die geometrische Methode in seinem Hauptwerk auf die Spitze und nennt sie sogar im Titel: „Ethik, nach geometrischer Methode dargelegt" (lat. Ethica ordine geometrico demonstrata).

Er versucht darin, philosophische Grundsatzfragen in Definitionen, Axiome und Propositionen zu zerlegen. Seine „Ethik" präsentiert ein abgeschlossenes metaphysisches System. Ausgehend vom Schlüsselbegriff der ewigen, unendlichen und aus sich selbst existierenden Substanz, der das Eine oder Unendliche bezeichnet, das hinter allen Dingen steht und diese in sich begreift, beschäftigt sich Spinoza mit Gott, Natur, Geist und Verstand. Er prägte die unter anderem von Goethe aufgegriffene Formel „im Angesicht der Ewigkeit" (lat. sub specie aeternitatis), womit er die Erkenntnis der unveränderlichen Substanz beschreibt. Im geläufigen Sinne „ethische" Fragen kommen in der „Ethik" nur am Rande vor. Spinoza interessiert sich nicht für „gut" und „böse", sondern ausschließlich für die Frage, wie sich trotz der Allmacht Gottes und der Notwendigkeit seiner Schöpfung menschliche Freiheit denken lässt.

Holzschnitt (19. Jahrhundert) nach dem Den Haager Denkmal Spinozas. Am Sterbeort des Philosophen kann man, neben seinem Denkmal, auch heute noch das Wohnhaus – das „Spinozahuis" – besichtigen. Hier empfing Spinoza zahlreiche Gelehrte, unter anderem auch Gottfried Wilhelm Leibniz, der zu einem großen Bewunderer wurde.

Opposition zur Theologie

Spinozas jüdische Familie war vor der Inquisition aus Portugal nach Holland geflohen. Dort wurde Spinoza seinerseits wegen kritischer Aussagen über zentrale Glaubenslehren unter dem Vorwurf der Ketzerei aus der jüdischen Gemeinde verstoßen; noch lange nach seinem Tod wurden seine Schriften wegen der darin enthaltenen Religionskritik unterdrückt. Die „Ethik" erschien erst 1677 – in Spinozas Todesjahr – in seiner Heimatstadt Amsterdam, und auch das nur durch die Hilfe einflussreicher Freunde. Die Wirkung seines Hauptwerks wurde noch lange durch Widersprüche zur kirchlichen Lehrmeinung in seinem Frühwerk behindert. In seinem 1670 anonym veröffentlichten „Theologisch-politischen Traktat" beschreibt er die Philosophie als eine der Wahrheit verpflichtete Wissenschaft und grenzt sie von der Theologie ab. Die Theologie sei keine Wissenschaft, sondern eine Sammlung praktischer Regeln für ein frommes Leben. Mit dieser provokanten These zog Spinoza sich den Zorn der Autoritäten der katholischen Kirche zu.

> **Rationalismus** *Rationalisten (nach lat. ratio, Vernunft) sehen in der Vernunft das wichtigste Erkenntnisinstrument und in den nur ihr zugänglichen ewigen Ideen die wertvollste Erkenntnis. Im engeren Sinne meint Rationalismus den Versuch, Philosophie als exakte Wissenschaft zu betreiben. Mit ihrer mathematisch-geometrischen Methode wurden Denker wie Descartes und Spinoza zu Vorreitern der Analytischen Philosophie, die sich den Inhalten des Denkens über dessen Formen und Strukturen zu nähern versucht.*

Die Wirkung des englischen Philosophen, Psychologen und Pädagogen John Locke reicht weit über das Feld der Geisteswissenschaften hinaus. Seine politische Philosophie beeinflusste insbesondere die Verfassungen der USA und des revolutionären Frankreich. Lockes Erkenntnistheorie prägt bis heute sowohl die Psychologie als auch das Erziehungswesen.

Wie kommt das Wissen in den Kopf?

Wie kommt neues Wissen in unsere Köpfe? Schon Platon (427 – 347 v. Chr.) stellte sich diese Frage. Seine Antwort lautet: Überhaupt nicht, denn es ist schon darin, wenn wir geboren werden. Wenn es nicht so wäre, würden wir „neue" Erkenntnisse gar nicht als solche erkennen, selbst, wenn wir darüber stolpern oder darauf gestoßen werden. Wenn wir das Gefühl haben, etwas Neues zu lernen oder zu entdecken, erinnern wir uns in Wahrheit nur an das, was unsere Seele schon immer gewusst hat. Die Seele habe, so Platon, vor der Geburt auf einer himmlischen Reise die Ideen geschaut, doch der Körper blockiere die Erinnerung daran, die sich aber durch philosophische Gespräche freilegen lasse.

Selbst lesen macht klug

Der englische Philosoph, Psychologe und Pädagoge John Locke vertrat die Gegenposition zu Platons Wiedererinnerungslehre. Wir kommen, glaubt Locke, ohne angeborene Ideen (engl. innate ideas) zur Welt, als unbeschriebene Blätter. Das Bewusstsein des Neugeborenen sei leer wie ein leerer Tisch (lat. tabula rasa), wie ein weißes Blatt Papier, und werde erst im Laufe des Lebens beschrieben. Nur durch Erfahrung, sei es äußere Wahrnehmung oder Selbstbeobachtung, kommen wir zu Ideen. Dies gelte sowohl für theoretisches Wissen als auch für die Moral. Das Verständnis für die Prinzipien der Geometrie sei uns ebenso wenig angeboren wie ein „moralischer Instinkt". Klug oder unwissend, gut oder böse werden wir erst durch die prägende Kraft unserer Umgebung, durch die Erziehung und alles andere, das wir sehen, hören oder lesen. Weil alle Menschen und Völker verschiedene Erfahrungen machen, unterscheidet sich auch ihr Wissen. Im Umkehrschluss ist die Verschiedenheit der Sprachen, Erkenntnisse und Meinungen ein Argument gegen die angeborenen Ideen. In seinem Hauptwerk, dem „Versuch über den menschlichen Verstand" (engl. „An Essay Concerning Human Understanding", 1690), bringt Locke seine Lehre auf die Formel: „Nichts ist im Verstand, das nicht zuvor in den Sinnen gewesen wäre."

Sensualismus *Wegen seiner Annahme, alle menschliche Erkenntnis entstamme der Sinneswarnehmung, ist Lockes Erkenntnislehre auch als Sensualismus bekannt (nach lat. sensus, Empfindung, Wahrnehmung). Zu den Vorläufern dieser erkenntnistheoretischen Schule gehören im Altertum Epikur (um 341 – 270 v. Chr.) und Aristippos von Kyrene (um 435 – 355 v. Chr.), ein Zeitgenosse des Sokrates. Aristippos behauptete, unsere Erkenntnis beruhe allein auf unseren eigenen Empfindungen. Selbst die Empfindungen anderer Menschen blieben uns letztlich verborgen, selbst, wenn man uns davon erzähle. In der Neuzeit gehört neben Locke der Schotte David Hume (1711 – 1776) zu den wichtigsten Vertretern des Sensualismus.*

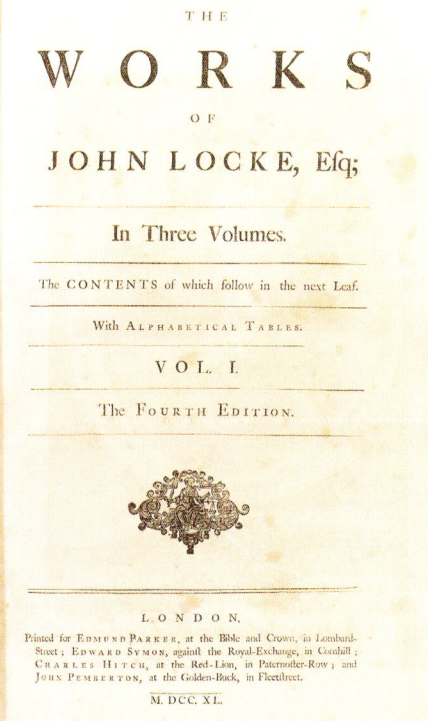

Frontispiz und Titelblatt zu einer Ausgabe von John Lockes Werken, gedruckt in London 1740, Bibliotheque National in Paris. Im Impressum ist zu lesen, dass diese Edition bei vier Londoner Buchhändlern zum Verkauf angeboten wurde.

Von Äpfeln und Planeten

Isaac Newton (1642–1727)

Der englische Physiker und Mathematiker Isaac Newton ist der beste Bürge dafür, dass die Naturwissenschaft aus der Philosophie hervorgegangen ist. Er selbst hat seine Arbeit noch der Naturphilosophie zugerechnet und stellt sich damit in die Tradition, die 2000 Jahre zuvor mit Thales von Milet (um 625–545 v. Chr.) ihren Anfang nahm. Diese Haltung kommt sogar im Titel von Newtons Hauptwerk zum Ausdruck: „Mathematische Prinzipien der Naturphilosophie" („Naturalis Philosophiae Principia Mathematica", 1687). Die Astronomen Nikolaus Kopernikus (1473–1543) und Johannes Kepler (1571–1630) hatten erkannt, dass die Planeten sich auf kreisähnlichen Bahnen um die Sonne bewegen. Aber welche Kraft hält sie auf ihren Wegen? Warum fliegen die Planeten nicht geradewegs ins All hinaus? Diese Fragen hatte Kepler aus Mangel an Beweisen notgedrungen offen lassen müssen.

Newtons Apfel

Zeitgenössischen Legenden zufolge hat ein vom Baum fallender Apfel Newton auf die Spur der gesuchten Kraft, der Gravitation, gebracht. Sollte sich dieselbe Kraft, die den Apfel zu Boden zieht, weit genug in den Raum erstrecken, um den Mond an die Erde zu binden? Sollte von der Sonne womöglich eine ähnliche Kraft ausgehen, welche die Erde und die anderen Planeten um die Sonne kreisen lässt? Newton ist der Frage nachgegangen und fand seine Vermutung bestätigt. Am Himmel wirkt tatsächlich die gleiche Kraft wie auf der Erde. Damit vollendete Newton die von Kopernikus über hundert Jahre zuvor begonnene Abkehr von der Vorstellung, die Erde stehe im Zentrum der Welt. Das heliozentrische Modell mit der Sonne im Mittelpunkt war bestätigt und die „kopernikanische Wende" endgültig vollzogen. 1676 schrieb Isaac Newton in einem Brief an seinen Kollegen Robert Hooke über seine Lebensleistung: „Wenn ich weiter gesehen habe als andere, so nur deshalb, weil ich auf den Schultern von Riesen stehe." Newton zollte damit seinen Vorgängern von Euklid und Archimedes bis zu Galilei und Kepler Respekt.

Wegbereiter der Aufklärung

Newton kam bei seinen Forschungen zu dem Schluss, dass die menschliche Erkenntnis immer nur einen kleinen Teil der ganzen Wahrheit erfassen kann. So seien die physikalischen Kräfte selbst nicht wahrnehmbar, sondern nur ihre Wirkung auf die Dinge. Trotz ihrer kleinschrittigen Entwicklung dränge die wissenschaftliche Erkenntnis Gott immer weiter zurück. Gleichwohl, so Newton, könne nur Gott die Harmonie des Universums erhalten. Insbesondere die für seine Physik grundlegende Vorstellung des absoluten Raumes könne selbst nicht physikalisch, sondern nur theologisch abgesichert werden. Voraussetzung der wissenschaftlichen Welterklärung sei die Annahme eines ewigen und unendlichen Gottes, wie Newton in den „Principia Mathematica" schreibt. Diese Vorstellung beeinflusste zahlreiche Vordenker der Aufklärung, darunter Leibniz und Voltaire, dessen Ehrfurcht vor der Größe des Universums von Newton inspiriert ist.

Die Bronzestatue in der British Library London wurde von Eduardo Paolozzi (1924–2005) nach einem Gemälde von William Blake (1757–1827) entworfen. Der Dichter und Maler stellte Newton tief in seine Forschung versunken dar.

Die beste aller möglichen Welten

Gottfried Wilhelm Leibniz (1646–1716)

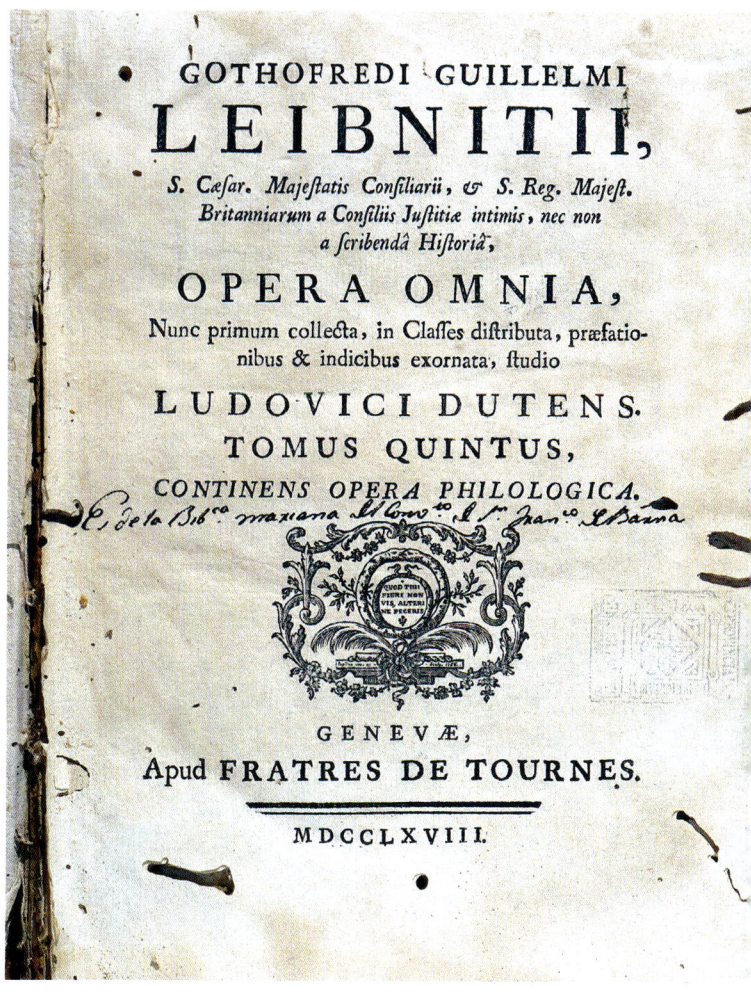

G äbe es den Begriff des Universalgelehrten nicht schon, für Gottfried Wilhelm Leibniz müsste man ihn erfinden. Im Laufe seines bewegten Lebens, das ihn als Diplomat unter anderem nach Paris und London führte, hat er sich mit Themen aus allen Bereichen der Geistes- und Naturwissenschaft befasst, darunter Physik, Mathematik, Geschichtsschreibung und Philosophie. Aber eine Frage beschäftigte ihn mehr als jede andere: die Frage nach der Gerechtigkeit Gottes. Wenn Gott ein „gerechter Richter" ist, wie es in Psalm 7 heißt, wie kann er dann das Böse zulassen?

Von Gott gewolltes Leid?

Zumindest müsste ein gütiger, allwissender und allmächtiger Gott, wie ihn sich etwa das Christentum vorstellt, das Leid der Unschuldigen verhindern. Aber oft treffen Naturkatastrophen und menschliche Grausamkeit auch Kinder, die noch gar nicht schuldig geworden sein können. Deshalb schrieb der französische Philosoph Pierre Bayle (1647–1706) in seinem „Historischen Wörterbuch" (1697), das irdische Leid sei nicht mit der Vorstellung eines gerechten Gottes und der Glaube folglich nicht mit der Vernunft vereinbar. Leibniz war anderer Meinung und enwickelte seine Antwort auf Bayle in Gesprächen mit der Kurfürstin und späteren Königin Sophie Charlotte von Preußen, die Leibniz 1700 zum Präsidenten der Berlin-Brandenburgischen Societät der Wissenschaften berufen hatte. Leibniz widersprach Bayle zunächst brieflich. Wenig später erschien seine Abhandlung „Über die Güte Gottes, die Freiheit des Menschen und den Ursprung des Übels" (1705), die er Sophie Charlotte widmete.

Das Labyrinth der Freiheit

In seiner Schrift behandelt Leibniz die grundsätzliche Frage, wie Gottes Allmacht und Allwissenheit mit der Freiheit des Menschen vereinbar sei, eine Frage, die Leibniz selbst als „Labyrinth" bezeichnet. Wenn Gott alles menschliche Handeln immer zum Guten wendete, hätte der Mensch selbst keine Freiheit mehr. Um diesen Widerspruch aufzulösen, argumentiert Leibniz, dass wir uns als frei erleben, obwohl Gott unsere Entscheidungen vorherbestimme und unser Verhalten voraussehe. Das Erlebnis der Willensfreiheit setze aber die Möglichkeit des Bösen voraus, denn wer sich nicht gegen das Gute entscheiden könne, sei auch nicht frei. Trotz aller daraus entstehenden Ungerechtigkeit kommt Leibniz deshalb zu dem Schluss, Gott habe sein Möglichstes gegeben. Wir leben, so Leibniz, in der „besten aller möglichen Welten", in der alles möglich ist, das Böse eingeschlossen. Gott habe das Gute gewollt, das Böse aber nur zugelassen. Zudem sei das Böse in unserer Welt angesichts der Unermesslichkeit des Universums vernachlässigbar.

Titelblatt zu einer Gesamtausgabe von Leibniz' Werken, gedruckt in Genf 1768, Bibliothek der Universität Barcelona. Leibniz' schriftlichen Hinterlassenschaften wurde im Jahr 2007 eine besondere Ehre zuteil: Sein Briefwechsel wurde in die Liste des Weltdokumentenerbes der UNESCO aufgenommen und befindet sich dort in prominenter Gesellschaft u. a. der Gutenbergbibel, des Teppichs von Bayeux und der Logbücher des James Cook.

Theodizee *Mit dem Begriff der „Theodizee" (nach griech. theos, Gott, und dike, Recht) bezeichnet Leibniz die Gerechtigkeit Gottes gegenüber der Schöpfung, insbesondere gegenüber den Menschen. Schon der griechische Philosoph Epikur (um 341–270 v. Chr.) fragte, warum Gott das Übel in der Welt nicht aufhebt: Kann er nicht oder will er nicht? Wenn Gott als Schöpfer allmächtig und gütig ist, wie kommt dann das Böse überhaupt in die Welt? Die Frage lässt sich bis in das Alte Testament zurückverfolgen. Als Gott den frommen Hiob scheinbar grundlos den Versuchungen des Teufels preisgibt, frägt Hiobs Gefährte Bildad: „Wird wohl Gott das Recht verdrehen und der Allmächtige die Gerechtigkeit?"*

Keine (absolute) Gewalt für niemanden!

Montesquieu (um 1689–1755)

Anicet Charles Gabriel Lemonnier (1743–1824), „Lesung einer Tragödie von Voltaire im Salon der Madame Geoffrin" (um 1814, Öl auf Leinwand). Neben Montesquieu am äußersten rechten Bildrand befinden sich unter den Dargestellten Denis Diderot, Jean-Jacques Rousseau, Francois Malherbe, Jean d'Alembert und René-Antoine Réaumur.

Montesquieus Hauptinteresse galt nicht der Ethik, sondern der politischen Philosophie, ausgehend von der Staatstheorie der alten Römer. Der Vergleich zwischen der römischen Republik und dem französischen Absolutismus seiner Zeit machte aus dem adeligen Gelehrten, Schriftsteller und Bildungsreisenden einen der wichtigsten politischen Denker der Aufklärung. Beide Systeme sah er durch die Gefahr der Machtgier und der Willkür der Herrschenden bedroht.

Dieses Problems war sich schon eine Generation davor der britische Philosoph John Locke (1632–1704) bewusst, als er, ausgehend vom seinerzeit schwelenden Konflikt zwischen Krone und Parlament, eine Lösung für die Frage der idealen Machtverteilung im Staat suchte. In seinen „Zwei Abhandlungen über die Regierung" (1690) schlug er daher vor, die Gewalt nicht nur auf einzelne Personen zu verteilen, sondern die Gesetzgebung von der Ausführung dieser Gesetze zu trennen. Montesquieu entwickelte diesen Gedanken weiter. Er hielt dazu drei getrennte Instanzen für notwendig: diejenige, die Gesetze erlässt (Legislative), diejenige, die sie ausführt (Exekutive), und schließlich diejenige, die darüber zu urteilen hat, ob Gesetze eingehalten oder verletzt werden (Judikative). Diese Trennung wurde 1787 in der Verfassung der USA zum ersten Mal umgesetzt und wird heute in beinahe jedem modernen Staat durch das Parlament, die Regierung und die Gerichte verkörpert.

Freiheit für die Tugend

Montesquieu hielt nichts davon, die Menschen zu erziehen. Die Erfahrung lehre, so der Philosoph, dass jeder Mensch, der Macht besitze, dazu neige, sie zu missbrauchen. Also brauche es intelligente staatliche Strukturen, um einen Machtmissbrauch zu verhindern. Dann, so war Montesquieu überzeugt, würde sich auch die Tugend der einzelnen Bürger frei entfalten.

Andere Länder, andere Gesetze

Montesquieu hat sich in seinem Hauptwerk „Vom Geist der Gesetze" (1748) nicht nur mit der Gewaltenteilung beschäftigt, sondern auch mit einer vernünftigen staatlichen Verfassung. Dabei widmete er sich, anders als die meisten Philosophen vor ihm, nicht der politischen Theorie und dem Wesen der Gerechtigkeit, sondern der praktischen Frage, wie ein Staat zu guten Gesetzen kommt. Er kommt zu dem Schluss, dass verschiedene Voraussetzungen in Bereichen wie Größe, Wirtschafts- und Sozialstrukturen, Religion oder Tradition auch verschiedene Lösungen sinnvoll machen. Montesquieu ging dabei so konkret vor, dass viele ihn weniger als Philosophen, sondern vielmehr als Staatsrechtler einstufen.

> **Die Angst vor dem Pöbel** *In jungen Jahren war Montesquieu, der selbst zum Adel gehörte, überzeugter Republikaner, später bevorzugte er die Idee einer konstitutionellen Monarchie. Zudem schlug er vor, die Legislative nochmals aufzuspalten, und zwar in ein adeliges Oberhaus und ein Parlament der Volksvertreter, wie dies in England seit dem Jahr 1343 bis heute und in ähnlicher Form mit Kongress und Senat auch in den USA der Fall ist. Auf diese Weise, so hoffte er, würden die Vertreter des Bürgertums eine Tyrannei der Oberschicht, die Adeligen aber eine „Pöbelherrschaft" verhindern.*

E r verlieh dem Menschengeist starke Impulse, er bereitete uns auf die Freiheit vor, wurde Voltaire (eigentlich François Marie Arouet) auf den Sarg geschrieben. Geistesgeschichtlich bezeichnen die Franzosen das 18. Jahrhundert als das Jahrhundert Voltaires. Er gilt als einer der bedeutendsten Köpfe der Aufklärung. Die Ideen der Aufklärung hat er in seinem literarischen Werk verbreitet. Zeitlebens bekämpfte er die Gegner der Aufklärung, vor allem die konservativen klerikalen Kreise.

Ein elitärer Freigeist

Voltaire war in erster Linie Schriftsteller. Ursprünglich kam er auf Betreiben seines Vaters nach Paris, um als Anwalt zu arbeiten, machte jedoch stattdessen mit witzigen und oft auch hinterhältig ironischen Gedichten auf sich aufmerksam. Er verkehrte in adeligen Salons, schließlich auch bei Hof, wurde von der Geliebten des Königs, der Marquise de Pompadour (1721–1764), protegiert, fiel aber auch immer wieder in Ungnade und musste fliehen, weil seine bissigen Texte den hohen Herrschaften zu weit gingen. Sein Lieblingsgegner war die Kirche. Dabei war er kein Atheist. Er glaubte an Gott, hielt die Vorstellung von einem himmlischen Strafgericht sogar für notwendig, um die Menschen vom Bösen abzuhalten, fand aber religiösen Fanatismus weit schlimmer als Gottlosigkeit. Den Herrschenden stand er jedoch nicht ganz so kritisch gegenüber. Zwar hatte ein Aufenthalt in England sein politisches Bewusstsein geweckt und ihn John Locke (1632–1704) schätzen gelehrt, aber trotzdem blieb er ein treuer Anhänger der Monarchie. Von Volksbildung hielt er wenig und meinte sogar, es sei sinnlos, künftigen Bauern Lesen und Schreiben beizubringen. Eine Besserung der Zustände erhoffte er sich vor allem von aufgeklärten Monarchen. Den jungen Friedrich II.

von Preußen (1712–1786), mit dem er ab 1736 in brieflichem und persönlichem Kontakt stand, beeinflusste er sehr. Ebenso verkehrte er brieflich mit der Zarin Katharina II. (1729–1796), die er geradezu verehrte, wobei er geflissentlich die konservativen Seiten ihrer Regentschaft sowie die Verschärfung der Leibeigenschaft übersah.

Der Kämpfer gegen das Infame

„Écrasez l'infâme!" („Zermalmt das Niederträchtige!") war ein Schlachtruf, den Voltaire ständig benutzte. Niederträchtigkeiten bekämpfte er vehement. So trat er zwar nicht für soziale Revolutionen ein, aber durchaus für den Schutz aller Menschen vor Ungerechtigkeit und Willkür. So führte er regelrechte Kampagnen gegen Justizskandale und erreichte oft zumindest eine verspätete Ehrenrettung der Opfer und Schadensersatz für deren Familien.

> **Das Erdbeben von Lissabon** *1755 kostete ein gewaltiges Erdbeben in Lissabon mehr als 100 000 Menschen das Leben. Die Katastrophe erschütterte das Weltbild vieler Theologen und Philosophen, darunter auch das Voltaires. Man fragte sich, wie ein solches Ereignis – das im Gegensatz zum Krieg nicht durch menschliche Bosheit entstanden war – mit einem guten Gott oder einer vernünftigen Ordnung der Dinge zu vereinbaren sei. In seinem „Gedicht über das Erdbeben von Lissabon" verhöhnt Voltaire deswegen die von Gottfried Wilhelm Leibniz (1646–1716) vertretene Theorie von der „besten aller möglichen Welten".*

Nach anfänglicher Freundschaft zerstritten sich Friedrich der Große und Voltaire aufgrund politischer Meinungsverschiedenheit. Tuschfeder- und Acrylzeichnung der beiden „Gegner" beim Schachspiel mit ungewöhnlichen Figuren von Rainer Ehrt (*1960)

Der Empirismus
David Hume (1711–1776)

David Hume in einem Stich aus dem 18. Jahrhundert nach einem Porträtgemälde von Allan Ramsay (1713–1784). Der schottische Maler schuf ein ebensolches Porträt des französischen Philosophen Jean-Jacques Rousseau. Hume und Rousseau, einst in Freundschaft verbunden, zerstritten sich über verschiedene politische und philosophische Auffassungen. Als Hume erfuhr, dass Rousseau an seiner Autobiografie saß, sagte er: „Ich glaube nicht, dass irgend jemand sich selbst schlechter kennt als Rousseau."

Der schottische Philosoph David Hume war einer der einflussreichsten Vertreter der Aufklärung und der philosophischen Strömung des Empirismus. Seine Erkenntnistheorie war von entscheidender Bedeutung für die zeitgenössische und spätere Philosophie der Aufklärung und des Idealismus. Hume hat sich auf die erste und unmittelbarste menschliche Erkenntnisquelle besonnen, die sinnliche Wahrnehmung. In den Sinnen nehme alle Erkenntnis ihren Anfang. So ist nach Hume nichts im Verstand, was zuvor nicht durch die Sinne gegangen ist. Wir überlasten die Vernunft, so Hume, wenn wir sie wie unsere Sinne als eigene und unmittelbare Erkenntnisquelle zu verwenden versuchen.

der sinnlichen Wahrnehmung zurückführen lassen. Alle Erkenntnis hat nach Hume ihren Ausgangspunkt in der Wahrnehmung. Wir fügen ihr mittels der Vernunft nichts hinzu, sondern stellen nur Verbindungen her. Zur Frage, ob eine Welt außerhalb unserer sinnlichen Wahrnehmung existiere, bemerkt Hume, dass nur die Wahrnehmung gewiss ist und der Mensch aus der Beobachtung lediglich indirekt auf eine Außenwelt schließt. Hume schlägt sich mit dieser Ansicht im Universalienstreit auf die Seite des Aristoteles (384–322 v. Chr.), für den die Erfahrung (griech. empeiria) vor den Begriffen steht. Deshalb hat man Humes Lehre auch als Empirismus bezeichnet.

Woher kommen die Vorstellungen?

Diese Beschränkung gelte sogar für Dinge und Begriffe, die auf den ersten Blick in der Welt unserer Wahrnehmung gar keine Entsprechung haben wie beispielsweise Fantasien und Träume. Selbst unsere Vorstellungen von Gott oder der Unsterblichkeit haben wir laut Hume nicht allein mittels der Vernunft aus verborgenen Quellen geschöpft. Die Idee von Gott etwa entstehe, indem wir die an unseren Mitmenschen beobachteten guten Eigenschaften ins Unermessliche steigern, und Unsterblichkeit sei nichts anderes als ein in unserer Vorstellung unendlich ausgedehntes Leben. Hume geht sogar so weit, alle Theorien abzulehnen, die sich nicht auf die Basis

Von Hume zu Popper

Hume knüpft zwar an die weit zurückliegende Erkenntnistheorie des Aristoteles an, ist aber zugleich Vorbote der modernen Forderung, alle Erkenntnis auf Beobachtungen zu gründen und durch Experimente, also Beobachtungen unter kontrollierten Bedingungen, zu überprüfen. Mögen die Philosophen auch bis heute über die Zuverlässigkeit und Belastbarkeit unserer Sinne streiten, für die Naturwissenschaft hat sich diese Methode ohne Zweifel als sehr produktiv erwiesen. Im 20. Jahrhundert hat der Philosoph und Wissenschaftstheoretiker Karl Popper (1902–1994) Humes Empirismus zum sogenannten „Kritischen Rationalismus" weiter entwickelt.

Das zeitgenössische Gemälde eines unbekannten Künstlers zeigt eine Allegorie auf die Ideale der Französischen Revolution. Im Medaillon wird Rousseau porträtiert. Eine Säule links symbolisiert die „égalité", der Baum die „liberté". Neben Voltaire gilt Rousseau als einer der wichtigsten philosophischen Wegbereiter der Französischen Revolution, wenngleich beide den Umsturz von 1789 nicht mehr erlebten.

Dieser Gedanke war nicht neu. Bereits Rousseaus Vorgänger Thomas Hobbes (1588–1679) und John Locke (1632–1704) vertraten ähnliche staatsphilosophische Ansätze. In gewisser Weise trat Rousseau sogar hinter die konkreten und leichter umsetzbaren Vorstellungen Lockes zurück. Denn er schrieb, dass die Menschen in einem Staat nur dann ihre Freiheit nicht verlören, wenn die Herrschaft einem „Generalwillen" aller folge. Diese undurchsichtige Größe der „volonté générale" sollten später sowohl die französischen Revolutionäre als auch die russischen Bolschewisten dazu missbrauchen, sich zu Vertretern des „Volkswillens" zu erklären.

Die Wirkung Rousseaus

Kann ein Staat, wie Rousseau ihn konzipiert, überhaupt verwirklicht werden? Dass dies in einem großen Land mit einer langen Vorgeschichte wie Frankreich möglich sei, glaubte selbst Rousseau nicht. Mit dem Entwurf seines Staatskonzepts hatte er eher kleine, noch „junge" Staaten im Sinn. Der immer wieder beklagten mangelnden praktischen Umsetzbarkeit seines Staatskonzepts zutrotz hatte Rousseau eine immense Wirkung auf das Europa des späten 18. Jahrhunderts. Mit seinem leidenschaftlichen Eintreten für die Freiheit des Einzelnen, seiner vehementen Sozialkritik und seinem Plädoyer für die Legitimität von natürlichen Instinkten inspirierte er nicht nur die Französische Revolution, sondern auch den beginnenden bürgerlichen Widerstand, der neben dem Impuls der Aufklärung auch das Feuer des „Sturm und Drang" brauchte.

Der Staatsmann Maximilien de Robespierre (1758–1794), der die Französische Revolution endgültig im blutigen Terror versinken ließ, hat ihn ebenso verehrt wie der deutsche Philosoph Immanuel Kant (1724–1804). Sein Gegner Voltaire (1694–1778) hielt Jean-Jacques Rousseau dagegen für einen Menschen fernab von jeglicher Moral. Rousseau entlarvte den Mythos der Aufklärung, wonach Vernunft alles sei und sich ein Staatsgebilde von klugen Köpfen am Reißbrett entwerfen und dann dem Volk auferlegen lasse. Er verstand, dass die Menschen auch in der vernünftigsten Staatsform zu Untertanen werden, wenn der Staat ein anonymes Gebilde ist, dessen Legitimität sie nicht selbst anerkennen. Mit seinem Konzept der „volonté générale" forderte Rousseau eine faktische und emotionale Beteiligung aller an der Herrschaft.

Was ist der „allgemeine Wille"?

Eines der Hauptwerke Rousseaus ist der „Gesellschaftsvertrag" („Du contract social", 1762). Darin vertritt er die Vorstellung, dass Herrschaftsgewalt nur durch den Willen der Beteiligten, lieber in einer geordneten Gesellschaft als in Anarchie zu leben, legitimiert werde. Der Staat solle so beschaffen sein, als hätten seine Bürger zuvor einen Vertrag zur Steigerung des gemeinsamen Nutzens miteinander geschlossen.

> **Berühmte erste Worte** *„Der Mensch ist frei geboren und liegt doch überall in Ketten." Mit diesen vielzitierten Worten beginnt Rousseaus „Gesellschaftsvertrag". Nicht minder berühmt ist die Einleitung zum zweiten Teil seines „Diskurs über die Ungleichheit": „Der erste, der ein Stück Land einzäunte, sich in den Sinn kommen ließ, zu sagen: dieses ist meins, und einfältige Leute antraf, die es ihm glaubten, der war der wahre Stifter der bürgerlichen Gesellschaft." Und auch das Motto seiner für die Pädagogik einflussreichen Schrift „Émile" ist sprichwörtlich geworden: „Alles, was aus den Händen des Schöpfers kommt, ist gut; alles entartet unter den Händen der Menschen."*

Der „Alleszermalmer" der Philosophie

Immanuel Kant (1724–1804)

Der Aufklärer Moses Mendelssohn (1729–1786) nannte Immanuel Kant halb ablehnend, halb bewundernd den „Alleszermalmer" der Metaphysik. Mendelssohn bezog sich damit auf Kants Aussage, die Vernunft habe sich in der Vergangenheit in „Dunkelheit und Widersprüche" verstrickt, und nur eine kritische Bestandsaufnahme könne den Weg frei machen für sicheres Wissen. Dank der Radikalität seiner Kritik ist Kant seit über 200 Jahren für viele Lehrmeister und Lieblingsgegner in einer Person. Schon zu Lebzeiten genoss er den Ruf eines „Weltweisen". Dabei lebte Kant in Königsberg, am nordöstlichen Rand Europas, weitab von den Hauptschauplätzen der neuzeitlichen Philosophie. Worauf also gründet sich Kants großes Ansehen? Er beendete die wilden Spekulationen der christlichen Philosophie des Mittelalters über Gott und seine Engel, zeigte aber Verständnis für solche „Irrwege". Die Vernunft gerate nämlich „ohne ihre Schuld" in Verlegenheit und werde „durch Fragen belästigt, die sie nicht abweisen kann, die sie aber auch nicht beantworten kann". Die Vernunft werde von einer hartnäckigen Neugier geplagt, die sich gerade auf das richte, wovon sie am wenigsten wissen könne: die Natur Gottes, die Freiheit des Willens und die Unsterblichkeit der Seele.

Gefährliche Verstrickungen

Ein Beispiel für die Verstrickungen, die daraus erwachsen, ist die „Antinomie der Freiheit", die Kant in der „Kritik der reinen Vernunft" beschreibt. Wie kann es sein, fragt Kant, dass die Welt als lückenlose Kette von Ursachen und Wirkungen erscheint, der Mensch sich aber in seinem Handeln als frei erlebt? Zum einen scheint in der Welt nichts ohne Ursache zu passieren, und auch jede Ursache ist ihrerseits nur die Wirkung einer anderen Ursache. Zum anderen hat der Mensch das Gefühl, ohne jede äußere Ursache zu denken und zu handeln. Kant fragt deshalb: Wenn die Geschichte der Welt eine einzige lange Folge notwendiger Wirkungen ist, ist dann mein Eindruck, durch mein Handeln ihren Lauf zu beeinflussen, eine Illusion? Und auch die nächste gefährliche Frage ist nicht weit: Wer nämlich steht am Anfang der Kette? Solche Fragen kann der menschliche Geist Kant zufolge nicht auflösen, weil er die Welt nur durch die ihm eigenen „Linsen" kennt: Raum, Zeit und eben jenes Prinzip von Ursache und Wirkung.

> **Die vier Fragen** *Im Zuge seiner radikalen Kritik hat Kant die gesamte Philosophie neu geordnet und vier grundsätzliche Fragen formuliert, die er den Teilgebieten der Philosophie als Überschriften zuordnet. Die vier Fragen lauten „Was kann ich wissen?", „Was soll ich tun?", „Was darf ich hoffen?" und „Was ist der Mensch?" Sie werden von Erkenntnistheorie, Ethik, Religionslehre und Anthropologie beantwortet. Kants besondere Aufmerksamkeit galt den ersten beiden Fragen, mit denen er sich in der „Kritik der reinen Vernunft" und der „Kritik der praktischen Vernunft" beschäftigt.*

Kants Transzendentalphilosophie

Gegen die unheilvolle Neugier der Vernunft hilft laut Kant nur eine Kombination aus systematischer Aufklärung über die Ursachen des Irrtums und lebenslanger Selbstbeschränkung. Nur im vollen Bewusstsein der Grenzen der Vernunft haben wir nach Kant eine Chance auf gesicherte Erkenntnis – im Rahmen unserer Möglichkeiten. Zunächst müsse deshalb die Vernunft selbst vor Gericht gestellt und auf ihre Kompetenzen geprüft werden. Dieses Gerichtsverfahren, das Kant als Transzendentalphilosophie bezeichnet, steht im Mittelpunkt von Kants „Kritik der reinen Vernunft".

Der Philosoph in einer Gravur des 18. Jahrhunderts. Es ist kein Zufall, dass Kant mit der Hand auf eine Ringsonnenuhr zeigt. Neben seinen philosophischen Studien entwickelte betätigte er sich auch als Naturwissenschaftler, so z. B. in seiner 1755 erschienenen Schrift „Allgemeine Naturgeschichte und Theorie des Himmels". Die darin entwickelten Überlegungen zur Entstehung des Sonnensystems sind als „Kant-Laplace'sche Theorie" in die Geschichte der Astronomie eingegangen.

Der kategorische Imperativ

Immanuel Kant (1724 – 1804)

Das Gewissen ist die volkstümliche Stimme der Moral, und lange haben es auch die Philosophen zur Richtschnur des menschlichen Handelns erhoben. Sokrates berief sich in seiner Verteidigungsrede ebenso auf das Gewissen wie Abaillard in seiner „Ethica", und Shaftesbury erklärte in seiner „Untersuchung über die Tugend" den moral sense zum Maßstab des Guten. Gewissen, Scham und Reue sind sichere Anzeichen, dass meine Handlungen wirklich meine sind, aber lassen sich aus ihrem Auftreten auch allgemeine Regeln ableiten? Immanuel Kant war auf der Suche nach einem Handlungsmaßstab, der von der inneren Stimme des Einzelnen, aber auch von den jeweils geltenden Gesetzen unabhängig ist. Im Zentrum seiner Moralphilosophie steht die Frage „Was soll ich tun?"

Das bedingungslose Gebot

Kants Antwort in der „Kritik der praktischen Vernunft" (1781) lautet: „Handle so, dass die Maxime deines Willens jederzeit zugleich als Prinzip einer allgemeinen Gesetzgebung gelten könne." Diese Formel bezeichnet Kant als „kategorischen Imperativ", als bedingungsloses Gebot, das unabhängig von den Umständen gilt. Kant liegt an der Verallgemeinerbarkeit unserer Maximen, an einem „bloß formalen" Gesetz, um die Moral gegen den Wandel der Sitten und Gesinnungen zu wappnen. Unmoralische Maximen führen, so Kant, zu Widersprüchen und entkräften sich selbst. Wer zum Beispiel ein Versprechen bricht, untergrabe damit den Begriff des Versprechens.

Aber eine solch rein formale Moral hat eine Schwachstelle: Was, wenn ich mir ohne Schwierigkeiten eine Gesellschaft ohne Versprechen vorstellen kann und die Leichtgläubigkeit meiner Mitmenschen ausnutze, so lange es geht? Reicht ein „bloß formaler" Imperativ gegen solche Arglist aus, ohne dass man konkrete Werte hinzuzieht, wie sie in den Geboten des Alten Testaments oder in der Bergpredigt formuliert werden? Um dieses Leck zu stopfen, hat Kant dem Imperativ in der „Grundlegung zur Metaphysik der Sitten" (1785) einige ergänzende Formulierungen beigegeben. Die wichtigste davon lautet: „Handle so, dass du die Menschheit jederzeit zugleich als Zweck, niemals bloß als Mittel brauchest." Jeder Mensch sei als vernünftiges Wesen ein „Zweck an sich selbst". Daher dürfe niemand einen anderen Menschen leichtfertig gefährden

Altersporträt, Immanuel Kant darstellend, aus dem Jahr 1789, Farbdruck nach einer Zeichnung von Hans Veit Friedrich Schnorr von Carolsfeld (1764 – 1841).

oder in seiner Freiheit einschränken, um ein Ziel zu erreichen, das außerhalb der Person des anderen liegt, etwa zur eigenen Bereicherung.

Kants Kritiker

Kant ist aus zwei Richtungen angegriffen worden. Die einen, darunter Arthur Schopenhauer (1788 – 1860), werfen ihm vor, sein formaler Imperativ reiche als Grundlage der Moral nicht aus. Die anderen beklagen, dass er die moralische Strenge zu weit treibe. Denn guten Taten, die uns ohne Überwindung innerer Widerstände gelingen, spricht Kant den moralischen Wert ab. Eine wirklich tugendhafte Handlung haben ihren Grund allein im „Respekt vor dem Gesetz". Zu den Kritikern dieser These gehörte der Philosophiestudent Friedrich Schiller (1759 – 1805), der 1797 unter dem Titel „Gewissensskrupel" schrieb: „Gerne dien ich den Freunden, doch tu ich es leider mit Neigung, und so wurmt es mich oft, dass ich nicht tugendhaft bin."

> 📖 **Das moralische Gesetz** *Im Herzen war der kritische Königsberger ein moralischer Schwärmer. So enthält seine „Kritik der praktischen Vernunft" eine Lobrede auf die Pflicht und schließt mit den Worten: „Zwei Dinge erfüllen das Gemüt mit immer neuer Bewunderung und Ehrfurcht: Der bestirnte Himmel über mir, und das moralische Gesetz in mir."*

Vom Wert des gesunden Menschenverstandes
Thomas Paine (1737–1809)

Wenn man sich heute auf den „gesunden Menschenverstand" beruft, so geschieht dies meist im Zusammenhang mit Alltagsphänomenen, die man meint, mithilfe der Geisteskraft eines durchschnittlich vernunftbegabten Menschen lösen zu können. Seinen Ursprung hat der gesunde Menschenverstand – auf Englisch treffender „Common Sense" – in den Schriften des britischen Staatsmanns Thomas Paine. Populär wurde der Begriff „Common Sense" durch eine gleichnamige Streitschrift aus dem Jahr 1776 über ein politisches Problem: die Unabhängigkeit der jungen amerikanischen Kolonien von Großbritannien. Der Geschäftsmann und Zeitungsverleger Thomas Paine schreibt darin: „Ich biete nichts als einfache Fakten, klare Argumente und gesunden Menschenverstand". Paine verstand es, die entscheidenden Punkte seiner Schrift tatsächlich so klar und allgemein verständlich vorzubringen, was „Common Sense" zu einem absoluten Bestseller im Amerika des 18. Jahrhunderts machte, der amerikanischen Unabhängigkeitsbewegung zu großer Popularität verhalf und gleichzeitig einen neuen philosophischen Begriff prägte.

Für und wider den „Common Sense"

John Locke (1632–1704) war einer der ersten, die mit dem „Common Sense" argumentierten. Ihm zufolge solle man lieber einen Widerspruch in Kauf nehmen, anstatt Dinge, „die auf der Hand liegen", zu bezweifeln. Ansonsten gerate man in Gefahr, ein zwar widerspruchsfreies Gedankensystem zu konstruieren, das aber mit der Wirklichkeit nichts mehr zu tun habe. Etwas später erhob die sogenannte Schottische Schule um Thomas Reid (1710–1796) und den Kantianer Thomas Brown (1778–1820) den „Common Sense" sogar zur Basis jeder Philosophie. Er wandte sich damit gegen die sogenannten Skeptizisten, die auch Descartes' Erkenntnis „Ich denke, also bin ich" nicht gelten ließen und bestritten, dass es überhaupt irgendeine gesicherte Erkenntnis gibt.

> 📖 **Menschenrechte für alle** *Für Paine als Aufklärer bedeutete das Festhalten am gesunden Menschenverstand auch ein entschiedenes Eintreten für die Grundrechte Freiheit, Gleichheit, Menschlichkeit und soziale Gerechtigkeit. So war er z. B. einer der frühesten Gegner der Sklaverei in den Vereinigten Staaten. In „Agrar-Gerechtigkeit" (1795/96) forderte er ein Mindesteinkommen für alle, in „Das Zeitalter der Vernunft" (1795) verwarf er alle existierenden Religionen und erklärte: „Ich glaube an einen Gott. (...) Ich glaube an die Gleichheit der Menschen, und ich glaube, dass religiöse Pflichten darin bestehen, Gerechtigkeit und Barmherzigkeit zu üben und unsere Mitgeschöpfe glücklich zu machen."*

Die Philosophie der Masse

In der Philosophie wird der Begriff „Common sense" oft synonym mit dem verwendet, was man gemeinhin als „gesunden Menschenverstand" bezeichnet. Im Gegensatz zum Ausdruck „gesunder Menschenverstand" beschreibt die Bezeichnung „Common Sense" jedoch bei Paine kein angeborenes Erkenntnisinstrument, sondern vielmehr einen gesellschaftlichen Konsens über das allgemeine Verständnis von gut und böse, richtig und falsch. Zu den wichtigsten Vertretern des zur Gesellschaftstheorie erweiterten Common Sense gehört der Aufklärer, Schriftsteller und Erfinder Benjamin Franklin (1706–1790). Als einer der Führer der amerikanischen Unabhängigkeitserklärung und Unterzeichner des Versailler Friedensvertrags von 1783 machte Franklin den Common Sense zu einer Art „Philosophie der Masse".

Thomas Paine (links unten) gilt als einer der Gründerväter der Vereinigten Staaten von Amerika. Neben ihm gehören zu den sogenannten „Founding Fathers" das Universalgenie Benjamin Franklin (links oben), der erste Präsident der USA George Washington (Mitte), der erste Vize- und spätere Präsident John Adams (rechts oben) und der Verfasser der Unabhängigkeitserklärung und dritte Präsident Thomas Jefferson (rechts unten).

Die faszinierende Welt der Sprachen und Kulturen

Johann Gottfried Herder (1744 – 1803)

Prägt die jeweilige Muttersprache eines Menschen sein Vorstellungsvermögen und Denken? Durchaus, fand Johann Gottfried Herder. Mehr noch: Unser Denken werde schon dadurch geprägt, dass wir überhaupt eine Sprache erlernen.

Die Schatzkammer der Literatur

Herder hat in seiner Jugend bei Immanuel Kant (1724 – 1804) in Königsberg studiert und fand, dass der ansonsten durchaus bewunderte Meister diesen Aspekt in seinen Überlegungen vernachlässige. Durch die Sprache, so Herder, werde der Mensch bereits im Zuge der Wahrnehmung „metaschematisiert". Andererseits aber sei überhaupt kein Denken möglich, ohne den Dingen einen Namen zuzuordnen. Die Prägung durch die Sprache sei also notwendig. Ohne Sprache könnte innerhalb einer Gemeinschaft nur ein äußerst begrenzter Erfahrungsschatz weitergegeben werden, nämlich das, was sich im persönlichen Kontakt demonstrieren lässt. Nur durch Sprache sei somit das Entstehen von Kultur möglich.

Als Dichter war Herder fasziniert von der „emotionalen Schatzkammer", die er in den sprachlichen Überlieferungen verschiedener Kulturen fand. Als einer der ersten nahm er Literatur als den Ausdruck einer bestimmten Zeit und einer bestimmten Kultur wahr und fragte bei der Beurteilung nach den Umständen, in denen literarische Werke entstanden. Auf diese Weise kam er zu der Überzeugung, dass alle Kulturen und damit auch alle Nationen den gleichen Wert besitzen, und betrachtete die Übertragung der eigenen Kultur in scheinbar weniger zivilisierte Länder als „tolerante Unterjochung". Jedes Volk, so Herder, müsse seinen eigenen Weg des kulturellen Fortschritts finden.

Vom Wert der Gefühle

Im Gegensatz zu seinem Lehrer Kant war Herder kein Philosoph, der ein geordnetes, streng durchdachtes Gedankengebäude hinterließ. Das lag auch daran, dass er einige Dinge einfach nicht zur Disposition stellen mochte. Zum einen war er fest davon überzeugt, dass die Welt von Gott gelenkt wird und jegliche Entwicklung letztendlich zum Guten strebt. Humanität war für ihn fraglos der höchste Wert. Zum anderen stieß ihn die „Verkopftheit" der Aufklärer ab. In seinen späten Jahren nannte er Kants „Kritik der reinen Vernunft" gar eine „öde Wüste voller anmaßender Hirngeburten". Seiner Meinung nach sind Vernunft und menschliche Emotionen untrennbar miteinander verknüpft und die Emotionen damit Teil des Denkens und der Erkenntnis. Die Emotionalität war für ihn wesentlich dafür verantwortlich, dass jeder seine Vernunft auf eine persönliche, individuelle Art gebrauchte.

Nachkolorierter Holzschnitt (1879) für die Zeitschrift „Das Buch für alle", nach einer Zeichnung von Heinrich Merte (1838 – 1917), „Ein Abend in der Gartenlaube am Goethe'schen Hause in Weimar". Weimar gehörte zur Zeit Herders zu den kulturellen Zentren Europas; oft fanden Treffen der Dichter und politischen Größen in Goethes Haus am Frauenplan statt. Von links: Christoph Martin Wieland, Friedrich Schiller, Großherzog Carl August von Sachsen-Weimar-Eisenach, Johann Gottfried Herder, Johann Wolfgang von Goethe.

Dies gelte für Einzelpersonen ebenso wie für Nationen. Herders personenhafter Volksbegriff, insbesondere seine Vorstellung von den Völkern als natürlichen Einheiten mit einer Volksseele, wurde später von den Nationalsozialisten zu Propagandazwecken missbraucht.

Streiter für die Freiheit

Johann Gottlieb Fichte (1762 – 1814)

Ich mag nicht bloß denken, ich will handeln … Mein Stolz ist der, meinen Platz in der Menschheit durch Taten zu bezahlen, beschloss der aus einfachen Verhältnissen stammende Johann Gottlieb Fichte bereits als Zwanzigjähriger. 1790 stieß er auf die Schriften Immanuel Kants (1724 – 1804). Zuvor war Fichte davon ausgegangen, dass das Schicksal des Menschen vorherbestimmt – determiniert – sei. Kant jedoch vertrat die Überzeugung, dass der Mensch einen freien Willen hat. Auf Fichte wirkte das wie eine Art Erweckungserlebnis und war zugleich der Beweggrund, sein Leben der Philosophie zu widmen.

Das Ich als absolute Bezugsgröße

Fichte reiste nach Königsberg, suchte die Bekanntschaft Kants und konnte ihn schließlich als Förderer gewinnen. Aber der große Königsberger war Fichte letztendlich doch nicht radikal genug. Im Glauben, Kants Lehre fortzuführen, warf Fichte einen der zentralen Lehrsätze Kants über Bord. Kant unterschied zwischen den „Dingen an sich" – wie sie objektiv existieren – und den „Phänomenen", d. h. den subjektiven Wahrnehmungen, die der Einzelne von ihnen hat. Fichte erklärte die „Dinge an sich" für irrelevant. Entscheidend sei nur die eigene Wahrnehmung. Für Fichte war das ein Akt der Befreiung. Er war der Meinung, man müsse sich entscheiden: Entweder könne man als Dogmatiker glauben, die äußeren Dinge besäßen absolute Realität, deren Produkt dann auch das menschliche Bewusstsein sei. Oder man entscheide sich für den Idealismus und setze sich selbst über die Dinge, was bedeutet, dass diese ihrerseits vom menschlichen Bewusstsein abhängen. Einen Mittelweg gab es für ihn nicht.

Das Bewusstsein bestimmt das Sein

Während später Karl Marx (1818 – 1883) erklärte, das Sein bestimme das Bewusstsein – also die Lebensumstände das Denken –, war Fichte vom genauen Gegenteil überzeugt. Nur wer Erkenntnis als stetige, konsequente Tat ansehe, die das eigene „Ich" als Ausgangspunkt setzt und sich dann auf ein selbst definiertes „Nicht-Ich", also das Äußere, richte, könne wirklich autonom handeln. Da das Ich reine Tätigkeit sei, müsse es sich das Äußere setzen, damit es daran tätig werden könne. Fichte war der Meinung, dass es auf dem umgekehrten Weg, also von außen nach innen, keine Erklärung für das Bewusstsein gäbe. Wenn man aber die Dinge vom Denken herleite, könne man zwar nicht auf die Dinge selbst, jedoch auf unsere Vorstellung von den Dingen schließen.

> **Der deutsche Idealismus** *Johann Gottlieb Fichte ist mit Friedrich Wilhelm Joseph Schelling (1775 – 1854) und Georg Wilhelm Friedrich Hegel (1770 – 1831) einer der Hauptvertreter des Deutschen Idealismus. Seine Vertreter waren überzeugt, die Ideen und nicht die „Dinge an sich" seien entscheidend für die Erkenntnis. Idealistisch waren sie jedoch auch im heutigen Sinne des Wortes, da sie glaubten, dass diese „Ideen" zwangläufig zur Entscheidung für ein „sittliches und vernünftiges" Leben führen müssten.*

1791 lud Immanuel Kant seinen Bewunderer Fichte zu einem Besuch nach Königsberg ein. Zeitlebens verbanden die Philosophen ihre Gedanken zur Wissenschaftslehre. Holzschnitt des 19. Jahrhunderts.

„Versuch auf den Parnass zu gelangen", kolorierter Titelkupfer zu Garlieb Merkels Zeitschrift „Ansichten der Literatur und Kunst unsres Zeitalters", I. Heft, 1803. Ab 1803 fing der Dramatiker August von Kotzebue an, sein Publikum gegen die Bewegung der Romantiker aufzuwiegeln. In zahlreichen Zeitschriften wetterte er gegen die romantischen Ideale. Die Karikatur zeigt den Zug romantischer Schriftsteller – angeführt von August Wilhelm Schlegel, gefolgt von Friedrich Schleiermacher und Wilhelm von Schütz, auf den Schultern seiner eigenen Figur, des gestiefelten Katers, Ludwig Tieck, auf Stelzen Novalis, August Ferdinand Bernhardi, auf dem Kopf stehend Friedrich Schlegel, Ernst August Klingemann, Sophie Bernhardi, Friedrich Wilhelm Joseph Schelling, die Herausgeber der Zeitschrift Apollon, mit Peitsche Garlieb Merkel selbst.

Was ist Religion? Religion, sagt Friedrich Schleiermacher, ist das Bewusstsein des Menschen für die Unendlichkeit. Und dieses Gefühl existiert. Es ist bei dem einen Menschen stärker, bei dem anderen schwächer ausgeprägt, es äußert sich in den verschiedenen Glaubensrichtungen und persönlichen Vorstellungen, und es werden die unterschiedlichsten Konsequenzen daraus gezogen. Aber dieses Gefühl ist eine Tatsache, die jenseits von Vernunft und Emotionen im Menschen angelegt ist und ernst genommen werden sollte – auch deshalb, weil das Bewusstsein für das Unendliche nicht einfach verschwindet, auch wenn konkrete Religionen an Bedeutung verlieren. Religion, so Schleiermacher weiter, hat zunächst einmal nichts mit Theologie zu tun. Denn das Bewusstsein des Unendlichen entstehe unabhängig davon, wie viel jemand über eine bestimmte Konfession weiß. Es hat auch nicht grundsätzlich etwas mit Moral zu tun, denn aus einem religiösen Gefühl heraus können sowohl die besten als auch die schrecklichsten Taten verübt werden. Das Bewusstsein für das Unendliche ist nach Schleiermacher ein Gefühl der „schlechthinnigen Abhängigkeit" von dieser Unendlichkeit – etwas Existenzielles also.

Aufklärer und Liberaler

Schleiermacher selbst war protestantischer Priester und zu seiner Zeit der beliebteste Prediger von Berlin. Der Philosoph Wilhelm Dilthey (1833 – 1911) nennt ihn die „Mitte aller Bestrebungen seiner Generation". Schleiermacher vereinte aufgeklärtes Denken mit der romantischen Wertschätzung der Gefühle. Er trat für politischen Liberalismus, einen demokratischen Staat, ein gutes Bildungssystem und moderne Pädagogik ein. Von ihm gingen beispielsweise entscheidende Impulse für die Gründung der Berliner Universität aus. Naturwissenschaftlicher Fortschritt und religiöse Gefühle waren für ihn gleichermaßen wichtig. Ebenso die Kunst, die er als die Entfaltung größtmöglicher individueller Freiheit ansah.

Der Versöhner

Manche Philosophen werfen ihm vor, sich der „Meta-Ebene" der Philosophie verweigert zu haben. Während sich rings um ihn die Vertreter des Deutschen Idealismus gedanklich mit dem Reich der absoluten Ideen auseinandersetzten, war der Dreh- und Angelpunkt von Schleiermachers Überlegungen der konkrete Mensch. Da es keinen „absoluten Geist" und keine „absolute Natur" gäbe, sondern der Mensch eine untrennbare Verbindung aus Geist und Körper sei, brauche man auch nicht über das Absolute zu spekulieren, so Schleiermacher. Er war er bemüht, scheinbar widerstrebende Prinzipien zu versöhnen, anstatt sie zum Problem werden zu lassen. Nicht einmal die Unmöglichkeit absoluter Erkenntnis schmälerte seinen Optimismus.

Der Dialektiker

Georg Wilhelm Friedrich Hegel (1770 – 1831)

Hegel machte es sich selbst und damit auch seinen Lesern nicht leicht. Denn schon den Begriff „Phänomenologie", der sonst für die „Lehre von den Erscheinungen" steht, gebraucht er in einer eigentümlichen Spezialbedeutung. Hegel lehnt sich damit gegen den Ordnungswahn seiner Kollegen auf. Er will die Philosophie nicht als „Gewürzkrämerladen" mit säuberlich beschrifteten Büchsen, sondern als revolutionäre Kraft verstanden wissen.

Eine neue Ära

Hegel steht deshalb nicht nur zeitlich am Ende der Aufklärung. Mit ihm beginnt eine neue Epoche der Philosophie, die nicht mehr alleine der Vernunft verpflichtet ist. Mit Hegel neigt sich der lange, helle Tag der Aufklärung dem Abend zu. Erst in der Dämmerung, so sagte Hegel selbst, entfalten die Eulen der Minerva ihren Flug. Die Eulen der Minerva, der römischen Göttin der Weisheit, sind dabei sozusagen die Wappentiere der Philosophie. Mit ihrem Flug beginnt die lange Nacht der dialektischen Erkenntnis. Hegel beschäftigte sich bevorzugt mit den grundlegenden Fragen der Philosophie. Unter anderem nahm er sich vor, Gottes Schicksal vor der Erschaffung der Welt zu erforschen. Seine Beschreibung des Staates als „erscheinender Gott" sollte die Religion mit der Politik versöhnen, und als Begründer der modernen Ästhetik wollte Hegel das Geheimnis der Schönheit im Kunsterlebnis ergründen. Sein größtes Projekt war jedoch die Darstellung der Weltgeschichte aus der Perspektive des „absoluten Geistes". Überhaupt geht Hegels Neugier trotz Immanuel Kants (1724 – 1804) ausdrücklicher Warnung in allen Bereichen des Denkens auf das Absolute.

Hegel'sche Dialektik

Erkenntnisfortschritt ist laut Hegel ein kontinuierlicher Prozess der Aufhebung von Gegensätzen und Widersprüchen. These und Antithese, so Hegel, gehen eine Synthese ein, in der der Widerspruch aufgehoben ist. Die Synthese wird wiederum auf der nächsthöheren Stufe des Denkens zum Teil eines neuen Widerspruchs. Die Synthese aus Sein und Nichts ist beispielsweise das Werden, das den Gegensatz aufhebt, indem es das Ineinanderübergehen von Nichts und Sein ausdrückt. Die Antithese des Werdens wiederum ist das Dasein.

René Magritte (1898 – 1967), „Hegels Ferien" (1958), Öl auf Leinwand, Privatsammlung. Der Malerphilosoph René Magritte war ein großer Bewunderer Hegels und chiffrierte in diesem Gemälde dessen Dialektik. Zu sehen sind Regenschirm und Wasserglas. Versinnbildlicht werden hier die beiden gegensätzlichen Tätigkeiten, die Menschen mit Wasser verbinden: Es wird aufgefangen und abgestoßen, genutzt und gefürchtet.

> **Dunkelheit des Ausdrucks** *Die Unzugänglichkeit der Philosophie Hegels rührt größtenteils von seiner eigenwilligen Terminologie her. So beschreibt er den Prozess der Entwicklung des Geistes als Synthese von An-sich-Sein der Logik und Anders-Sein der Naturphilosophie zum An-und-für-sich-sein der Philosophie des Geistes.*

Aufwärtsbewegung der Geschichte

Ein anderes Beispiel: Stößt das Bewusstsein auf das Bewusstsein des anderen, entsteht Selbstbewusstsein. Dieses ist wiederum entweder selbstständig als Herr oder abhängig als Knecht. Die Synthese dieser zwei Prinzipien ist die Freiheit. Als aufstrebende Denkbewegung spiegelt die Dialektik (griech. ursprünglich „Gesprächskunst") die Aufwärtsbewegung der Geschichte als „Fortschritt im Bewusstsein der Freiheit". Ausgehend von einem einzigen freien Herrscher – beispielsweise einem Pharao, einem König oder einem Kaiser –, entwickle sich der Gegensatz zwischen freien und unfreien Bürgern bis zur Überwindung des Ungleichgewichts in der Freiheit aller Menschen. Als Beispiel nennt Hegel den Kampf gegen die Sklaverei, wie er selbst schon in der Antike ausgetragen wurde.

Die Weltseele zu Pferde

Georg Wilhelm Friedrich Hegel (1770–1831)

Als frischgebackener Professor erlebte Hegel 1806 in Jena den Einzug der französischen Truppen. In seiner Begeisterung für die Revolution erkannte Hegel in deren Anführer Napoleon (1769–1821) die „Weltseele zu Pferde". Allerdings wandte der absolute Geist sich gegen seinen Erfinder. Die französischen Besatzer vertrieben Hegel aus Jena. Er musste seine Professur aufgeben und floh nach Bayern, wo er Redakteur der „Bamberger Zeitung" wurde.

Der Einfluss Schillers

Als Student hatte Georg W. F. Hegel sich intensiv mit den Schriften Friedrich Schillers (1759–1805) beschäftigt, der zu dieser Zeit als Historiker in Jena lehrte. Schiller konzentriert sich in seiner Theorie der Universalgeschichte auf Ereignisse, „welche auf die heutige Gestalt der Welt einen wesentlichen Einfluss haben". Er verspricht sich davon Erkenntnisse für die Gegenwart und sogar für die Zukunft. Auch lehrt die Universalgeschichte Schiller zufolge Demut gegenüber den vergangenen Errungenschaften und Gleichmut gegenüber dem Schicksal. Für den Universalhistoriker sei die Welt eine Bühne und ihr Lauf ein Schauspiel, das lange vor seinem eigenen Auftritt begonnen habe und erst lange nach seinem Abgang enden werde.

Der absolute Geist

1806 wird Hegel wie Schiller Professor in Jena, wo er seine „Phänomenologie des Geistes" ausarbeitet. In der Allgemeinen Jenaer Literatur-Zeitung wirbt Hegel mit einer Anzeige für die „Phänomenologie": „Sie fasst die verschiedenen Gestalten des Geistes als Stationen des Weges in sich, durch welchen er reines Wissen oder absoluter Geist wird." Zu diesen Stationen zählen Wahrnehmung, Bewusstsein, Selbstbewusstsein und Vernunft. Der Weltgeist durchläuft diese aufeinander aufbauenden Zustände, bis er schließlich die überindividuelle Form absoluten Wissens annimmt und so zu sich

Porträtgemälde Hegels (um 1831) von Jakob Schlesinger (1792–1855), Öl auf Leinwand, Staatliche Museen, Berlin. Das kurz vor Hegels Tod entstandene Altersporträt wurde von Maria, der Ehefrau Hegels, als „trefflich gelungen" beschrieben. In seinen „Vorlesungen über die Ästhetik" deutete Hegel selbst die Kunst als geschichtliche Manifestation des absoluten Geistes.

selbst zurückkehrt. In den Vorlesungen, die er 1822 und 1823 in Berlin hält, beschreibt Hegel die Weltgeschichte als Geschichte des Fortschritts mit dem sich entäußernden „Weltgeist" als Hauptfigur. In diesem Prozess spielen die miteinander ringenden Volksgeister eine ebenso wichtige Rolle wie einzelne „welthistorische" Individuen vom Schlage Alexanders des Großen. Zwar verfolgten vordergründig alle Menschen ihre eigenen Interessen, mittels einer „List der Vernunft" spanne der Weltgeist die Menschen und Völker jedoch für seine eigenen Zwecke ein. In der Erkenntnis, dass der menschliche Geist letztlich mit dem Weltgeist identisch ist, und in der wachsenden Verbreitung vernünftiger Staatsverfassungen in der Welt erkennt Hegel Anzeichen des „Fortschritts im Bewusstsein der Freiheit". Als Bewusstseinsphilosoph beeinflusste Hegel Edmund Husserl (1859–1938), Martin Heidegger (1889–1976) und Jean-Paul Sartre (1905–1980). Der wichtigste Erbe der Geschichtsphilosophie Georg Wilhelm Friedrich Hegels ist jedoch der Mitbegründer des Kommunismus, Karl Marx (1818–1883).

> **Zuschauer im Welttheater** *Hegel weitete mit dem Ausbruch der französischen Revolution seine Studien von der Geschichte auf deren Philosophie aus. Wo die Geschichtsschreibung Vergangenes beschreibt und seine Auswirkungen auf die Gegenwart analysiert, tritt die Geschichtsphilosophie gleichsam aus der Zeit heraus. Wie Schiller versteht Hegel die Geschichte als Theaterstück, behandelt sie aber, als stünde er nicht wie alle anderen auf der Bühne der Geschichte, sondern als säße er als Einziger im Publikum. Ausgehend von der Revolution betreibt Hegel Geschichtsphilosophie als Wissenschaft vom Fortschritt durch bahnbrechende Veränderungen.*

Der backenbärtige Buddha

Arthur Schopenhauer (1788–1860)

In der Frage der Erlösung des Menschen von den Leiden des irdischen Lebens bauen die großen Religionsgemeinschaften zum Großteil auf höhere Mächte: Die Juden erwarten das Kommen des Messias, die Christen hoffen auf die Wiederkehr Christi als Erlöser, und schiitische Muslime warten auf die Rückkehr des verborgenen Imams Muhammad al-Mahdi. Anders Arthur Schopenhauer: Zwar teilt er die religiöse Sichtweise vom irdischen Leben als Jammertal. Aber keine verborgene Macht könne uns vom Leiden erlösen. Aus der Beschwerlichkeit des Lebens gibt es nach Schopenhauer keinen Ausweg. Wer lebt, der leidet. Schopenhauer glaubt, dass wir das Leiden nur überwinden können, wenn wir den übermächtigen Willen zum individuellen Leben verneinen und ins allgemeine Nichtsein eingehen. Die irdische Annäherung an das Nichtsein ist für Schopenhauer das Mitleid, denn es überschreitet die Vereinzelung. Indem man mit einem anderen leide, sprenge man die Grenze des Ichs und nähere sich dem Nichtsein in Gestalt des anderen. Das Mitleid, das sich nicht auf unsere Mitmenschen beschränkt, sondern auf alle fühlenden Kreaturen erstreckt, erklärt Schopenhauer zum Fundament der Moral.

Zwischen Wille und Vorstellung

In seinem Hauptwerk „Die Welt als Wille und Vorstellung" verneint Schopenhauer jede von der Wahrnehmung unabhängige Wirklichkeit. Die Welt existiere nur im menschlichen Bewusstsein, also nur als reine Vorstellung. Die Wahrheit jenseits aller Wahrnehmung – Kants „Ding an sich" – können wir zwar nicht erkennen, aber in uns erfahren, und zwar als Wille, der nicht nur Triebkraft unseres eigenen Handelns, sondern zugleich die Ursache aller Dinge ist. In der Natur erscheint er als Wille zum Leben und zur Fortpflanzung. Ziel der Philosophie ist es laut Schopenhauer, das Ich als Täuschung zu erkennen und dadurch zuletzt den Willen selbst aufzuheben. Bis dahin wird das Handeln durch einen Zustand des Mangels bestimmt, der sich auf Dauer nicht befriedigen lässt. Ein Ausweg bietet sich nur in Momenten, in denen der Mensch den blinden Willen überwindet, in Kunst, Mitleid mit Mensch und Tier und Askese als Negation des Triebhaften.

📖 **Schopenhauers Schreibtisch** *Schopenhauers philosophisches Vermächtnis ist die Lehre vom Übergang ins Nichtsein als Ausweg aus dem irdischen Leiden. Aber auch in seinem weltlichen Testament versteckte er einen Verweis auf diese Lehre. Man möge nach seinem Tod seinen Schreibtisch sorgfältig durchsuchen, auseinandernehmen und schließlich so zersägen, dass kein Brett ganz bleibe. „Erst auf diese Weise wird sich finden, was von höchster Wichtigkeit ist", schrieb er. Man leistete seinen Anweisungen Folge und fand – nichts.*

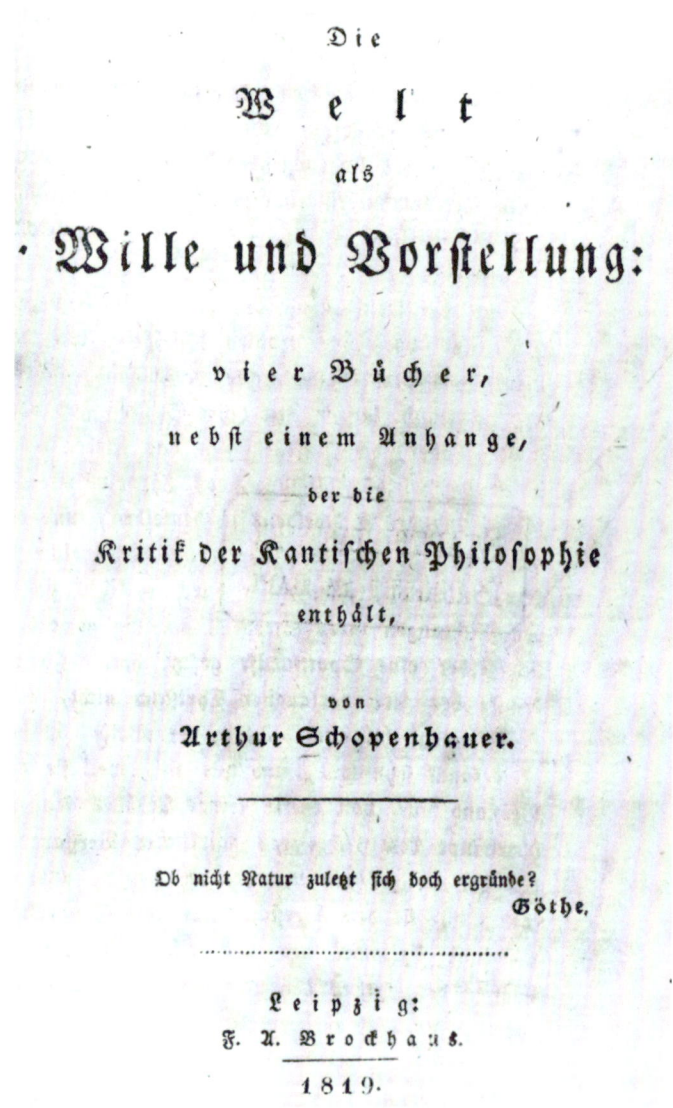

Die

Welt

als

Wille und Vorstellung:

vier Bücher,

nebst einem Anhange,

der die

Kritik der Kantischen Philosophie

enthält,

von

Arthur Schopenhauer.

Ob nicht Natur zuletzt sich doch ergründe?
Göthe.

Leipzig:
F. A. Brockhaus.
1819.

Titelbild von Schopenhausers Hauptwerk „Die Welt als Wille und Vorstellung" (1819).

Leben ist Leiden

Schopenhauers rettendes „Nichtsein" ähnelt dem buddhistischen Nirwana. Dort erlischt die Seele nach buddhistischer Vorstellung am Ende eines langen Kreislaufs aus Leben, Tod und Wiedergeburt. Weil die Seele während dieses Kreislaufs sowohl Tier- als auch Menschengestalt annehmen kann, lehrte Buddha (563–483 v. Chr.) das Mitgefühl mit allen Lebewesen. Insgesamt lesen sich die vier „edlen Wahrheiten" Buddhas wie eine Kurzfassung der Philosophie Schopenhauers: „Alles Leben ist Leiden. Ursache des Leids ist die Begierde. Mit dem Ende der Begierde endet auch das Leid. Wir überwinden die Begierde, indem wir den Pfad der Erleuchtung beschreiten." Schopenhauer sah in dieser Lehre einen Gegenentwurf zum westlichen Individualismus und wurde zum Wegbereiter des Buddhismus in Europa.

In dieser Fotografie Johann Schäfers von 1859 zeigt sich für viele Forscher das wahre Gesicht Schopenhauers: Auch wenn zahlreiche lustige Anekdoten über ihn – und seinen Pudel – im Umlauf sind, galt er doch als eher mürrischer Zeitgenosse. Seine Äußerungen über Frauen waren oftmals herablassend („Heiraten heißt, mit verbundenen Augen in einen Sack greifen und hoffen, dass man einen Aal aus einem Haufen Schlangen herausfinde"); die menschliche Existenz war für ihn ohnehin „eine Art Fehler".

Vater der Soziologie – Priester des „Großen Seins"

Auguste Comte (1798 – 1857)

Der junge französische Lehrer und Privatgelehrte Auguste Comte forderte 1822, die Philosophie müsse sich wie die Naturwissenschaft dem „Positiven" (zu lat. positum, gegeben) zuwenden, also dem Gegebenen, Tatsächlichen, Sicheren und Zweifellosen. Die Philosophie müsse „Tatsachenwissenschaft" werden; alles andere sei Träumerei. Mit dieser radikalen Forderung begründete er den philosophischen Positivismus.

Sozialen Gesetzen auf der Spur

Comte war im Frankreich Napoleons aufgewachsen und hatte danach ein Land erlebt, das immer wieder von Nöten und Umstürzen heimgesucht wurde. Er sah ganz Europa in einer schweren Krise, die sich seiner Meinung nach nur durch eine „soziale Physik" überwinden ließ. Die Philosophie dürfe nicht länger über Unbeweisbares spekulieren, sondern solle soziale und politische Gesetzmäßigkeiten aufspüren – so wie die Physik immer neuen physikalischen Prozessen auf die Spur komme. So hoffte Comte, die Entwicklung der Gesellschaft schließlich voraussagen und steuern zu können. Er hielt sowohl eine „science politique" wie auch eine „science sociologique" für nötig. Damit gab Comte der künftigen Wissenschaft „Soziologie" ihren Namen.

Lithografie, Auguste Comte darstellend, Musée Carnavalet, Paris. Comte setzte sich für die Emanzipation der Frauen ein. Allerdings sah er die Frau dennoch vor allem in ihrer Rolle als Mutter und Hausfrau.

Anbetung der Humanität

Die Soziologie als Wissenschaft hat Comte zwar gefordert, begründet wurde sie aber vor allem durch Émile Durkheim (1858–1917) und Max Weber (1864–1920). Denn Comte benutzte seinen Denkansatz nicht für wissenschaftliche Forschungen, sondern für den Entwurf einer nicht im strengen Sinn wissenschaftlich fundierten Staatsutopie.

Comte glaubte sowohl an den technischen Fortschritt wie auch dessen segensreiche Wirkung auf die Menschheit. Er sah eine von Experten aus Wissenschaft, Industrie, Wirtschaft und Finanzwesen geführte Gesellschaft vor sich, in der dank guter Lebensbedingungen und vernünftiger Gesetzgebung Frieden und Altruismus herrschen. Er hoffte, dass „alle Denkenden zu einer einzigen Weltanschauung konvergieren, dass dadurch eine neue spirituelle Macht entstehen wird, die dazu in der Lage sein wird, den Klerus zu ersetzen und Europa durch Erziehung neu zu gestalten". Später baute Comte den Positivismus zu einer Religion aus, mit Riten, die denen der katholischen Kirche ähnelten. Alle Menschen sind in diesem System in ein „vernünftiges", aber durchaus als diktatorisch zu bezeichnendes System eingebunden. „Sakramente", die bestimmte Lebensereignisse feiern, und eine Anbetung der „Humanité" (auch „Grand-être", also „Großes Sein" genannt), sollten die emotionalen und spirituellen Bedürfnisse erfüllen. Obwohl er selbst nicht als Wissenschaftler auftrat, setzte sich seine Forderung nach einer eigenständigen soziologischen Wissenschaft in der Folgezeit durch.

Das größtmögliche Maß an Glück – Der Utilitarismus

John Stuart Mill (1806–1873)

Bertha Newcombe zeigt in ihrem Gemälde von 1866 (Fawcett Library, London) die Begegnung Mills mit den Frauenrechtlerinnen Elizabeth Garrett Anderson (links) und Sarah Emily Davies (Mitte).

Nur vom Nutzen wird die Welt regiert, lässt Friedrich Schiller (1759–1805) den Grafen Terzky in „Wallensteins Tod" (1799) sagen. Der Utilitarismus hat diese Parole in den Rang eines moralischen Prinzips erhoben. In diesem Geist erklärte der englische Philosoph Jeremy Bentham (1748–1832) „das größte Glück der größtmöglichen Zahl" zum Ziel menschlichen Handelns. Benthams Denken hat der Psychologe und Philosoph John Stuart Mill, der Benthams Patensohn war, später in die Form eines regelrechten Manifests gebracht. Es erschien unter dem Titel „Utilitarianism" erstmals 1861 und schon 1869 auch auf deutsch als „Das Nützlichkeitsprinzip". Mill griff die Ideen seines Paten und die seines Vorbilds Auguste Comte (1798–1857) schon früh auf und gründete bereits im Alter von 17 Jahren eine „utilitarische" Gesellschaft.

Für Bentham war das Glück unabhängig von seiner Quelle; berühmt ist sein Ausspruch: „Kegeln ist genau so gut wie Dichtung." Mill hingegen stellt die geistige Erbauung über die körperliche Befriedigung. Bei beiden gelten moralische Werte allerdings nicht bedingungslos, sondern dienen dem Interessensausgleich in einer Gemeinschaft und sollen deren größtmögliches Glück befördern. Nach dem griechischen Wort für Glück, eudaimonia, ist der Utilitarismus deswegen auch als eine Form des Eudaimonismus bekannt geworden.

Die Kehrseite des Nutzens

Gleichwohl bietet der Utilitarismus viele Angriffspunkte für Kritik. Für die einen basiert der Glücksgedanke nur auf egoistischem Streben nach Lustgewinn. Andere fürchten, das Glück der Masse könne in unzumutbarer Weise auf Kosten des Einzelnen gehen: Darf etwa ein Kranker vollständig isoliert oder gar getötet werden, um alle anderen vor Infektion zu schützen? Trotz solcher Zwickmühlen ist der Utilitarismus heute die populärste Antwort auf Kants Frage „Was soll ich tun?". Das mag daran liegen, dass Bentham und Mill ganz ohne höhere, äußere oder innere Begründung ihrer Handlungsanweisungen auszukommen versuchen: ohne Gott, Gesetzbuch oder moralischen Instinkt. Moral soll so praktisch sein wie ein Handwerk, dabei aber zugleich so klar und einleuchtend wie die Mathematik. „Das größte Glück der größtmöglichen Zahl" – daraus spricht gesunder Menschenverstand.

Wirkung gegen Wille

Der Utilitarismus ist das konsequenteste Beispiel einer Erfolgsethik, die das menschliche Handeln ausschließlich nach seinen Wirkungen beurteilt. Der Erfolgsethik steht die Gesinnungsethik gegenüber, für die nur der Wille zählt. Moralische Urteile dürfen sich laut der Gesinnungsethik, wie sie etwa Immanuel Kant (1724–1804) vertritt, nur auf die Absichten unseres Handelns beziehen, weil deren Wirkungen nicht unserer vollständigen Kontrolle unterliegen.

Wie viel Affe steckt im Menschen?

Charles Darwin (1809–1882)

Die Evolutionstheorie Charles Darwins hat nicht nur der Biologie, sondern auch der Philosophie entscheidende Anstöße gegeben. Es geht dabei um unsere Identität, unsere Wurzeln und unser Verhältnis zur Natur: Wer sind wir? Woher kommen wir? Dürfen wir uns die Erde Untertan machen? Lassen sich aus der Lehre Darwins moralische Regeln oder gesellschaftliche Hierarchien ableiten? Und wie viel Tier steckt im Menschen?

Darwins Evolutionstheorie

Darwin selbst hat die Folgen seiner Arbeit wohl kaum abgesehen, als er im Dezember 1831 an Bord des Forschungsschiffs „H.M.S. Beagle" ging. Die Reise führte die „Beagle" nach Südamerika, rund um Kap Horn und im Jahr 1835 schließlich zu den Galapagosinseln. Dort widmete sich Darwin geologischen, botanischen und zoologischen Untersuchungen, besonders dem Studium der Vogelwelt. Ausgehend von seinen Funden

Seit seinen Veröffentlichungen zur Evolutionstheorie musste Darwin es sich unzählige Male gefallen lassen, als Affe karikiert zu werden, hier im französischen Magazin „La Petite Lune". Seine als „Affentheorien" geschmähten Aussagen wurden oft missverstanden, so auch in der Annahme vieler seiner Anhänger, dass der Mensch eine höhere Entwicklungsstufe des Affen sei. Darwin wollte dies jedoch nicht hören: „Sag niemals ‚höher' oder ‚niedriger', denn eine Amöbe ist an ihre Umwelt ebenso gut angepasst wie der Mensch an die seine."

und Aufzeichnungen, entwickelte Darwin die Evolutionstheorie. Seine wichtigste Erkenntnis: Die Tier- und Pflanzenarten, die wir heute in der Welt vorfinden, waren nicht schon immer da. Sie haben sich vielmehr erst mit der Zeit entwickelt und gehen auf wenige gemeinsame Vorfahren zurück.

Darwinismus und Theologie

Die eigentliche Sensation platziert Darwin im letzten Kapitel seiner „Entstehung der Arten" (1868): „In ferner Zukunft sehe ich Raum für weit bedeutendere Forschungen. Sie werden neues Licht auf die Abstammung des Menschen und seine Geschichte werfen." Damit prägte Darwin ein neues Weltbild. Schon mit der Behauptung, die Arten seien nicht unabhängig voneinander als fertige Lebewesen geschaffen worden, begibt Darwin sich in Opposition zur herrschenden Meinung und insbesondere zur Kirche. Was wird aus der Sonderstellung des Menschen als Krone der Schöpfung und Abbild Gottes, wenn die Biologie ihn auf ein Produkt zufälliger Entwicklung reduziert? In der öffentlichen Debatte sind drei grundsätzliche Haltungen erkennbar: die wissenschaftliche Lehrmeinung, die von einer zufälligen Entwicklung der Arten und einem Erdalter von mehreren Milliarden Jahren ausgeht, der sogenannte Kreationismus, der den biblischen Schöpfungsbericht wörtlich nimmt, das Erdalter mit wenigen Jahrtausenden ansetzt und alle Lebewesen zu „fertigen" Geschöpfen Gottes erklärt, und eine als „intelligent design" bekannte Zwischenform. Diese unterscheidet sich von der wissenschaftlichen Lehrmeinung durch die Annahme, die Entwicklung der Arten sei nicht zufällig, sondern folge einem göttlichen Plan, an dessen Ende der Mensch steht. Wie viele andere große Naturwissenschaftler der Neuzeit hat Charles Darwin selbst trotz aller Zweifel die Existenz Gottes nie geleugnet. Wie aber hat er sie mit dem Prinzip des Zufalls in der Natur zusammengebracht? „Die Wege des Herrn sind unergründlich", heißt es schon im Römerbrief. Wer sagt, dass die Evolution nicht einer dieser Wege ist?

> **Sozialdarwinismus** *Ausgehend von den biologischen Theorien Darwins, übertrugen Philosophen wie der Engländer Herbert Spencer (1820–1903) die Theorie des Daseinskampfes auch auf die menschliche Gesellschaft. Darauf aufbauend, entwickelten sich schon zu Darwins Zeiten Theorien über die Herausbildung charakterlich oder moralisch überlegener Personengruppen, einzelner Personen oder Rassen. Darwin selbst distanzierte sich von solchen Ansätzen. Die Entwicklung moralischer Eigenschaften sei mehr durch Vernunft, religiöse und moralische Unterweisung und Lernprozesse bestimmt als durch eine natürliche Auslese.*

Charles Darwin

Auf uns selbst gestellt – Kierkegaard und der Existenzialismus

Søren Kierkegaard (1813–1855)

Edvard Munch (1863–1944), „Der Schrei" (1893), Tempera auf Karton, Munch-Museet, Oslo. Der norwegische Künstler Munch zeigte sich tief beeindruckt von Kierkegaards Existenzialismus. Der Schrei konkretisiert und personifiziert die existenzielle Angst des modernen Menschen, wie sie Kierkegaard in seiner psychologischen Studie „Der Begriff Angst" von 1844 beschrieben hat.

Abraham und die Sinnlosigkeit

Die zentrale Figur in Kierkegaards Philosophie ist jedoch nicht Gott, sondern der biblische Stammvater Abraham. Nachdem Abraham im hohen Alter noch ein Sohn geschenkt wurde, fordert Gott von Abraham unversehens dessen Opferung und hält ihn erst in letzter Sekunde davon ab (1. Buch Mose, Kapitel 22). In dieser unerhörten Prüfung kommen für Kierkegaard die elementaren menschlichen Erfahrungen der Sinnlosigkeit des Daseins, der Willkür des Schicksals und der eigenen Verlorenheit zum Ausdruck. Der geprüfte Abraham ist aus Kierkegaards Sicht der Prototyp des Menschen in seiner Vereinzelung. Von dieser existenziellen Erfahrung müsse, so Kierkegaard, alle Philosophie ausgehen.

Dreistufiger Ausweg

Den Ausweg aus der Vereinzelung beschreibt Kierkegaard als dreistufigen Prozess. Erster Schritt sei die Hinwendung zum Ästhetischen, wie sie laut Kierkegaard Mozarts Don Giovanni als Repräsentant von Sinnlichkeit und Erotik symbolisiert. Der zweite Schritt bestehe in der ethischen Selbstbesinnung des Einzelnen und im Bekenntnis zur absoluten Differenz von Gut und Böse. Als dritten und letzten Schritt der Selbstüberwindung beschreibt Kierkegaard die Aufhebung von Schuld und Reue in der religiösen Überwindung des Ethischen. Damit vollende der Mensch die Ausschöpfung seiner Existenzmöglichkeiten, wie Kierkegaard in „Furcht und Zittern" (1843) am Beispiel Abrahams demonstriert.

Heute bringen die meisten vor allem Jean-Paul Sartre mit dem Existenzialismus in Verbindung, aber seine Wurzeln liegen im 19. Jahrhundert. Die philosophische Auseinandersetzung mit der Vereinzelung des Menschen beginnt bereits mit dem dänischen Philosophen Søren Kierkegaard und seinem Hauptwerk „Entweder-Oder" (1843). Nachdem die Aufklärung die theologischen Spekulationen der Scholastik hinter sich gelassen hatte, besinnt sich die Philosophie auf ihren Urheber zurück: den Menschen. Dieser war von Anfang an Subjekt der Philosophie, aber mit dem Existenzialismus wird er zu ihrem wichtigsten Gegenstand, zu ihrem Objekt. Der Existenzialismus wirft die Philosophie auf den Menschen und sein Leiden zurück, aber es ist eine produktive Beschränkung. Er begreift den Mensch als Mängelwesen, versucht aber aus diesem Zustand selbst Funken der Erkenntnis zu schlagen, anstatt, wie Platon und seine Anhänger mit allen Mitteln an seiner Überwindung zu arbeiten. Obwohl der Existenzialismus die Philosophie vom Himmel zurück auf die Erde holen und den Menschen in ihr Zentrum rücken wollte, kommt bei vielen Existenzialisten am Ende Gott wieder ins Spiel: als Toter, als Prüfer, als Unbekannter, übergroß in seiner Abwesenheit.

> 📖 **Existenzphilosophie** *Kierkegaard gehört neben Friedrich Nietzsche (1844–1900) und Jean-Paul Sartre (1905–1980) zu den wichtigsten Vertretern des Existenzialismus. Die christlich-platonische Tradition, so Nietzsche, verbreite die Irrlehre, der Mensch sei im Kampf gegen seine eigene Unzulänglichkeit auf Schützenhilfe von außen angewiesen. Nietzsche dagegen fordert die Überwindung menschlicher Schwäche aus eigener Kraft. Der Mensch soll ohne fremde Hilfe zum „Übermenschen" werden. Sartre zieht vom menschlichen Leben jede fremde Sinngebung ab, egal, ob religiös, metaphysisch oder politisch. Übrig bleiben nur das nackte Dasein und der Zwang, es selbst mit Sinn zu füllen.*

Ein Gespenst geht um in Europa

Karl Marx (1818–1883)

Kaum ein Philosoph hatte so weitreichenden und anhaltenden Einfluss auf das Leben der Menschen wie der deutsche Philosoph Karl Marx. Sein Name ist auf unabsehbare Zeit dem öffentlichen Gedächtnis eingeschrieben, denn seine Philosophie hat in Denkmälern und Statuen, aber auch in Mauern und Schlagbäumen körperliche Gestalt angenommen. Marx ist von seinem politischen Erbe kaum zu trennen. Wer ist der Denker, dessen Schriften das 20. Jahrhundert so grundlegend veränderten?

Zusammenarbeit mit Engels

In seiner Dissertation von 1841 befasste Marx sich noch mit den Wurzeln der Naturphilosophie bei Demokrit und Epikur. Doch während seines Studiums des Rechts und der Philosophie in Bonn, Berlin und Jena entwickelte sich sein Interesse an sozialen und historischen Themen, nicht zuletzt dank seiner Beschäftigung mit der Geschichtstheorie Hegels. 1845 zog er nach Brüssel, wo er gemeinsam mit Friedrich Engels (1820–1895) 1848 das „Manifest der kommunistischen Partei" verfasste. In diesem kritisieren sie die kapitalistische Gesellschaft und fordern deren Überwindung durch eine revolutionäre Arbeiterklasse. Ziel der Revolution sei die klassenlose Gesellschaft, in der jeder nach seinen Fähigkeiten und Bedürfnissen arbeiten und leben könnte. Im Jahr 1849 floh Marx vor der preußischen Zensur nach London. Hier schrieb er sein „Das Kapital" (1867–1894). Im zentralen Kuppelsaal der alten British Library war bis 1997 noch sein Arbeitsplatz an einem der langen Lesetische zu besichtigen, wo das Mammutwerk entstand. Im „Kapital" kritisiert Marx die kapitalistische Wirtschaftsweise als Herrschaftsverhältnis, das sich mittels Aneignung und Ausbeutung der menschlichen Arbeitskraft reproduziert. Er fordert die Humanisierung der Gesellschaft, die Emanzipation der Massen und das Ende von Ausbeutung, Unterdrückung und Entfremdung.

Der Klassenkampf

Im Zentrum der Kapitalismuskritik von Karl Marx steht der unvereinbare Klassengegensatz zwischen Arbeitern und Bürgern. In seinen Augen besitzt nur die Arbeiterschicht, das Proletariat, die Kraft, eine kommunistische Revolution zum Erfolg zu führen. Da das Proletariat im Kapitalismus ausgebeutet werde, habe diese Klasse auch das größte Interesse an einer Umwälzung. Vor allem die Trennung von Arbeitsleistung und Besitz verurteilte Marx. Während die Last der Produktion auf den Schultern des Arbeiters ruhe, beanspruche der Kapitalist sowohl Eigentum an Fabriken und Maschinen als auch den Ertrag der Arbeit. Von 1864 bis 1866 leitete Marx die von ihm ins Leben gerufene Internationale Arbeiterassoziation (Erste Internationale). Denn anders als die meisten Philosophen wollte er die Gesellschaft seiner Zeit nicht nur verstehen, sondern auch verändern. Im Manifest der Kommunistischen Partei von 1848 warnt er vor der bevorstehenden Umwälzung: „Ein Gespenst geht um in Europa – das Gespenst des Kommunismus."

Posthum wurden zahlreiche private Fotografien der Familie Marx von Karl Marx' Töchtern Laura und Jenny veröffentlicht.

Eine Lanze für die Geisteswissenschaften

Wilhelm Dilthey (1833–1911)

In den Naturwissenschaften lassen sich relativ einfach Regeln für wissenschaftlich exaktes Arbeiten aufstellen. Aber in den Geisteswissenschaften? Ist es überhaupt möglich, über literarische Texte oder das Verhalten von Menschen allgemein verbindliche Aussagen zu machen? Ende des 19. Jahrhunderts wurden all jene, die sich mit Kulturgütern wie Sprache, Literatur, Kunst, Musik, Religion oder Philosophie beschäftigten, mit dem Vorwurf der „Subjektivität" konfrontiert und gerieten gegenüber den aufstrebenden, fortschrittlichen und „objektiven" Naturwissenschaften in Erklärungsnot. Wilhelm Dilthey ist es zu verdanken, dass die Geisteswissenschaften zu einem neuen Selbstverständnis fanden.

> **Die Macht der Statistik** *Schon zu Diltheys Zeiten spielten empirische Methoden wie Messen und Zählen eine Rolle, wenn es um die Erforschung „menschlichen Wollens" ging. Dilthey beklagte sich, dass man sich früher mit der Unsterblichkeit befasst habe, heute dagegen nur noch von Sterblichkeitsziffern die Rede sei. Mit seinem Ansatz wandte sich Dilthey gegen die Tendenz, in den Geisteswissenschaften nur das gelten zu lassen, was empirisch beweisbar ist. Heute spielen besonders in den Sozialwissenschaften quantitative Methoden eine große Rolle, weshalb sich die Sozialwissenschaft als eine der „exaktesten" Geisteswissenschaften versteht.*

Die Kunst des Verstehens

Als einen entscheidenden Unterschied zwischen beiden Bereichen erkannte Dilthey, dass sich Naturwissenschaften immer mit quasi „blinden", unter bestimmten Bedingungen automatisch ablaufenden Prozessen beschäftigen, die objektiv erkennbar sind. Forscher im Bereich der Geisteswissenschaften haben dagegen immer mit Dingen zu tun, die von einzelnen Menschen „gewollt" und deshalb zwangsläufig subjektiv sind. Daher könnten Erkenntnisse in den Geisteswissenschaften nie objektiv und absolut sein, sondern immer nur relativ. Folglich müssten sich die Geisteswissenschaften auch anderer Methoden bedienen als die Naturwissenschaften. Dilthey griff dazu auf die Hermeneutik (Kunst des Verstehens) Friedrich Schleiermachers (1768–1834) zurück und entwickelte sie weiter. Wie Schleiermacher glaubte er, dass man geistige Produkte nur in ihrem Entstehungszusammenhang verstehen kann und ihre Entstehung quasi „nacherleben" muss, aber er wendete dieses Prinzip nicht nur auf Texte, sondern auch auf Kunst, Sprache, Rechtsordnungen, Religionen und geschichtlichen Ereignisse an.

Weltanschauung als Charaktersache

Hinter den einzelnen menschlichen Errungenschaften sah Dilthey aber einen „objektiven Geist" walten. Damit meinte er allerdings keinen metaphysischen „Weltgeist", wie ihn z. B. Georg Wilhelm Friedrich Hegel (1770–1831) beschrieb.

Erklärende Größen, die über das menschliche Leben hinausgehen, kamen bei Dilthey nicht vor, weshalb seine Philosophie auch als „Lebensphilosophie" bezeichnet wird. Dilthey war gleichwohl der Auffassung, dass es durchaus Gesetzmäßigkeiten hinter dem menschlichen Handeln gibt, die sich erkennen lassen und die einzelnen subjektiven Ergebnisse „objektiver" machen. So glaubte er beispielsweise, dass Weltanschauungen größtenteils eine Frage des Charakters seien und dass sich aus der Kenntnis verschiedener Weltanschauungen und Charaktere durchaus erklärende Strukturen ergäben. Überhaupt hatte seine Hermeneutik psychologische Züge, weil er das Wollen, Fühlen und Ahnen für den Ausgangspunkt der menschlichen Kultur hielt.

Aufnahme von Wilhelm Dilthey (Berlin, um 1905) des Hamburger Porträtfotografen Rudolf Dührkoop (1848–1918), Universitätsbibliothek der Humboldt-Universität Berlin. Sein Freund und Bewunderer Hugo von Hofmannsthal (1874–1929) schrieb über Dilthey: „Der Mann hatte ein Auge, das sah im Innern der Erde die Erze gehen in ihren Gängen und übersah nicht das kleinste Fischerboot… Wie lebte nicht in diesen Augen eine geistige Welt und Welten über Welten… Das war Universalität des Geistes."

Philosophischer Pragmatismus: Was soll das nützen?

Charles S. Peirce (1839–1914)

Die Frage nach dem guten Leben ist so alt wie die Philosophie selbst. Was es bedeutet, glücklich zu leben, und wie man das Glück mit dem geringstmöglichen Aufwand erreichen kann, haben Philosophen zu allen Zeiten zu ergründen versucht. Der Pragmatismus (nach griech. pragma, Handlung) fragt bei jeder Theorie und jeder einzelnen Annahme nach ihren praktischen Folgen. Der Begründer des Pragmatismus ist der amerikanische Philosoph Charles Sanders Peirce, der ursprünglich in der Logik und Wissenschaftstheorie zu Hause war. Zunächst stark vom deutschen Philosophen Immanuel Kant (1724–1804) geprägt, dessen „Kritik der reinen Vernunft" er bereits im Jugendalter gelesen hatte, entwickelte er bald eigene philosophische Theorien. Obwohl im Hauptberuf Landvermesser, hielt er an der Harvard-Universität in Cambridge Vorlesungen zur Wissenschaftstheorie, die er 1903 unter dem Titel „Lectures on Pragmatism" veröffentlichte.

Nutzen in der Praxis

Peirce behauptet, die Bedeutung eines Satzes oder eines Begriffes sei nichts anderes als die Summe seiner praktischen Folgen. So schreibt er beispielsweise: „Die Idee, die das Wort Kraft in unserem Verstand auslöst, hat keine andere Aufgabe, als unsere Handlungen zu bestimmen, und diese Handlungen haben keinen anderen Bezug zur Kraft als durch deren Wirkung. Wenn wir also die Wirkungen von Kraft kennen, sind wir mit jeder Tatsache bekannt, die mit Aussagen über die Existenz von Kraft zu verbinden ist, und mehr gibt es nicht zu wissen." Peirce knüpft damit an den mittelalterlichen Philosophen Duns Scotus (um 1266–1308) an, der lehrte, aufgrund der Begrenztheit unseres Verstandes könnten wir die Wahrheit nicht direkt erkennen, sondern seien gezwungen, von ihren Wirkungen auf sie zurückzuschließen. So erkennen wir nach Scotus etwa Gott, indem wir von den beobachteten Wirkungen, der Schöpfung, auf die Ursache, den Schöpfer, schließen.

Pragmatizismus

Mit seiner Bekanntheit wuchs auch die Kritik am Pragmatismus. Als erkenntnistheoretischer Ansatz sei der Pragmatismus zu bequem und wenig produktiv. Peirce nahm seine Theorie gegenüber solchen Angriffen in Schutz, indem er den Pragmatismus als universales Prinzip mit nicht nur wissenschaftlicher, sondern vor allem handlungsleitender Funktion beschrieb. Endziel aller Forschung sei nämlich die „Festlegung von Überzeugungen", dank derer wir erst handlungsfähig werden. Zu Abgrenzung von abweichenden Interpretationen benannte Peirce den Pragmatismus in späten Jahren in Pragmatizismus um, der im 20. Jahrhundert zur Diskurstheorie weiterentwickelt wurde.

Zeitgenössische Heliogravüre der New York Photogravure Company. Der heute in den Medienwissenschaften gebräuchliche Begriff des Ikons wurde maßgeblich durch Peirce geprägt. Er teilte Bildwelten in die Kategorien Ikon, Index und Symbol ein und griff damit bereits Theorien der Semiotiker wie z. B. Roland Barthes vor.

Wahr ist, was uns nützt *Während der Utilitarismus nur moralische Entscheidungen anhand ihres Nutzens beurteilt, dehnt der Pragmatismus dieses Kriterium auf die Wahrheit aus. Pragmatisten nennen nicht nur eine Handlung gut, wenn sie den Nutzen mehrt, und schlecht, wenn sie den Nutzen mindert, sondern auch einen Satz wahr, wenn er nützt, und falsch, wenn er schadet – nach dem amerikanischen Philosophen William James (1842–1910): „Eine Vorstellung ist wahr, solange es für unser Leben nützlich ist, sie zu glauben!" Noch anschaulicher wird der Geist des Pragmatismus in der Version, die der jüngst verstorbene Richard Rorty (1931–2007) vertreten hat. Rorty forderte, eine Annahme genau dann für wahr zu erklären, wenn sie das Glück der Menschen mehre und so die Welt zu einem besseren Ort mache.*

Der Verschwörungstheoretiker

Friedrich Nietzsche (1844–1900)

Bei Nietzsche stehen sprachliche Form und philosophische Funktion in ständiger Wechselwirkung. Er hat einen Großteil seiner Lehre nicht in philosophischen Abhandlungen, sondern in kurzen, in sich geschlossenen Texten entfaltet. Einige seiner Werke sind vollständig aus solchen sogenannten Aphorismen aufgebaut. Nietzsches Vorliebe für diesen kurzen, pointierten Stil ist für seine Lehre nicht ohne Folgen geblieben. Anders als viele seiner berühmten Vorgänger von Aristoteles (384–322 v. Chr.) bis Immanuel Kant (1724–1804) hinterließ Nietzsche kein philosophisches System, das sich in einzelne Teildisziplinen untergliedern ließe. Seine Ideen bilden vielmehr ein Geflecht prägnanter Konzepte, von denen viele in die Alltagssprache eingegangen sind: der „Tod Gottes" beispielsweise, der „Übermensch", die „ewige Wiederkehr" oder auch der „Wille zur Macht".

Philosophie des Körpers

Gleichwohl gibt es bei Nietzsche ein großes, fast alle Schriften durchwirkendes Thema: „die Verschwörung des Menschen gegen seine eigene Zukunft". Nietzsche sieht den Menschen als mit vielen Schwächen beladenes „Mängelwesen", das sich selbst überwinden und aus eigener Kraft zu etwas Neuem, Stärkerem werden müsse. Dieser Entwicklung stehe aber eine Jahrtausende alte Verschwörung im Weg. Die beiden wichtigsten Elemente dieser Verschwörung sind laut Nietzsche die Philosophie Platons und die christliche Moral. Platon (427–347 v. Chr.) habe den Körper und das Diesseits gegenüber der Seele und dem Jenseits herabgesetzt und gebe dem Körper und seinen Begierden die Schuld an Irrtum und Unglück. In ähnlicher Weise habe die Kirche mit der „Sünde" und dem „Bösen" Begriffe geschaffen, die der Unterdrückung des Menschen dienen. Platon bezeichnet den Körper als „Gefängnis der Seele", die Kirche erklärt ihn zur Quelle der Versuchung. Nietzsche dagegen spricht von der „großen Weisheit des Leibes" und erkennt in der Lust eine Quelle der Kraft.

> 📖 **Aphorismus** *In seinen „Unzeitgemäßen Betrachtungen" schrieb Friedrich Nietzsche einst: „Moral zu predigen ist ebenso leicht als Moral zu begründen schwer ist." Einen solchen kurzen, in sich geschlossenen und pointierten Text von besonderer Gedankentiefe bezeichnet man als Aphorismus. Zu den berühmten Aphoristikern zählen neben Nietzsche der Physiker Georg Christoph Lichtenberg (1742–1799), der Aufklärer Michel de Montaigne (1533–1592), der Dichter Oscar Wilde (1854–1900) und der Sprachphilosoph Ludwig Wittgenstein (1889–1951).*

„Alles begann im Bayerischen Wald", soll Nietzsche gesagt haben. Dieser Spruch geht auf eine nach dem Studium unternommene Wanderung auf den Lamberg bei Cham zurück. Nietzsche zählte zeit seines Lebens diese Exkursion mit dem Philologen Erwin Rohde zu seinen prägendsten Erlebnissen.

Moral als Missgunst

Ziel der platonisch-christlichen Verschwörung sei es, den Menschen klein zu halten zugunsten einiger weniger Herrschsüchtiger, die in Wahrheit selbst die Schwächsten sind und sich vor dem entfesselten, leidenschaftlichen Menschen fürchten. Auch Nietzsche selbst war ein Mann starker Leidenschaften. So sehr er die platonischen und christlichen Moralisten hasste, so sehr bewunderte er die lebendige Unabhängigkeit und Schaffenskraft herausragender Individuen wie die des Philosophen Heraklit (um 544–483 v. Chr.) oder des Komponisten Richard Wagner (1813–1883). Die Rede von der „ewigen Wiederkehr" ist eine Bekräftigung seines Programms der Selbstbestimmung: Erst wenn wir das Dasein so sehr bejahen, dass wir bereit sind, jeden einzelnen Moment noch einmal und noch unendliche Male zu erleben, stehen wir ganz und gar auf eigenen Beinen und sind bereit, über uns selbst hinauszuwachsen.

„Ungeheuer ist vieles, doch nichts ungeheurer als der Mensch", heißt es in der „Antigone" des Tragödiendichters Sophokles (um 496 – 405 v. Chr.). Auch in Friedrich Nietzsches Philosophie wimmelt es nur so vor ungeheuren Kreaturen, wenn auch die meisten dem Tierreich entstammen. Allein in „Also sprach Zarathustra" (1883/85) tauchen neben Tauben, Eseln, Schlangen und Pferden auch federlose Vögel, gackernde Hühner, rachsüchtige Taranteln, bissige Nattern, heiße Kröten und bunte Kühe auf, dazu ein goldener Drache namens „Du sollst!" und ein Löwe namens „Ich will!".

Zwischen Tier und Übermensch

Diese große Artenvielfalt ist nicht nur Ausdruck literarischen Gestaltungswillens, sondern sie verweist auch auf das philosophische Geschichtsbild, wie es Nietzsche in der Vorrede zu „Also sprach Zarathustra" formuliert. Der Mensch, heißt es dort im Widerspruch zu Immanuel Kants (1724 – 1804) kategorischem Imperativ, sei gerade kein Zweck an sich selbst, sondern nur ein Mittel zum Zweck: „Der Mensch ist ein Seil, geknüpft zwischen Tier und Übermensch – ein Seil über einem Abgrunde." Das Hindernis, das es auf dem Weg zum Übermenschen zu überwinden gelte, sei der Glaube an Gott.

Vom Knecht zum Herrn

Nietzsche grenzt sich damit nicht nur von Kant, sondern insbesondere auch von den Lehren des Christentums und seinem Verständnis vom Menschen als Krone der Schöpfung ab. Der Mensch soll sich selbst überwinden, seinen eigenen Untergang herbeiführen und zum Übermenschen werden. Dieser neue, höhere Mensch wird, so Nietzsche, frei sein von den Bindungen des Mitleids, der Nächstenliebe und der Moral insgesamt, in der Nietzsche ein Zeichen der Schwäche sieht. Wo der Mensch jammert, soll der Übermensch lachen. Wo der Mensch von anderen bestimmt ist, soll der Übermensch sich selbst bestimmen. Wo der Mensch Knecht war, soll der Übermensch Herr werden. Um die Sklavenmoral zu überwinden, müsse der Mensch seinen größten Fetisch auslöschen: Gott selbst.

Dieses Programm der Selbstermächtigung kommt in verdichteter Form in der Rede vom Tod Gottes zum Ausdruck, wie Nietzsche sie in „Die Fröhliche Wissenschaft" (1882/87) vorträgt: „Gott ist tot! Gott bleibt tot! Und wir haben ihn getötet!" Damit ist allerdings weder der Gott der Bibel noch der Schöpfer der Welt, sondern Gott als Symbol einer von Eifersucht und Missgunst geprägten Moral gemeint. Das größte Ungeheuer ist also am Ende nicht der Mensch, sondern Gott, und damit der Übermensch leben kann, muss der Mensch Gott töten.

Danach bleibt als letzte Spur der Menschlichkeit und als letztes Hindernis nur noch der eigene Tod. In der „Antigone" heißt es über den ungeheuren Menschen: „Rat für alles weiß er sich, und ratlos trifft ihn nichts, was kommt. Nur vorm Tod fand er keine Flucht."

> **Nietzsches Nachwirkung** *Nietzsches Schriften zeichnen sich nicht nur durch ihre Gedankentiefe, sondern auch durch ihre sprachliche Vollendung aus. Viele Anhänger Nietzsches imitieren sogar – sei es absichtlich oder unwillkürlich – seinen Tonfall, sodass man zwischen dem Philosophen und seinen Jüngern zuweilen kaum noch unterscheiden kann. Nietzsches Betonung der menschlichen Selbstbestimmung machte ihn zum Vorreiter des Existenzialismus; er beeinflusste unter anderem Karl Jaspers (1883 – 1969), Martin Heidegger (1889 – 1976) und Jean-Paul Sartre (1905 – 1980).*

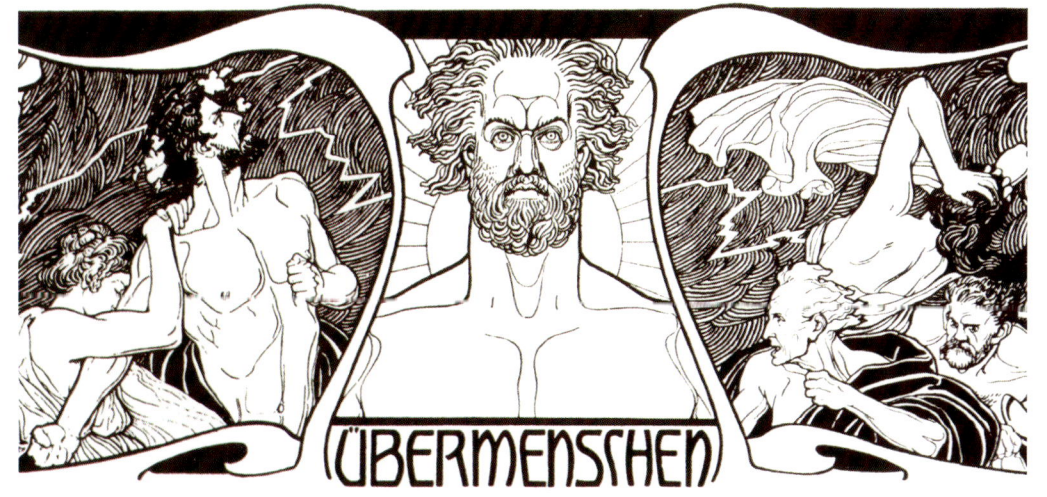

Buchschmuck im Jugendstil mit dem Motiv des „Übermenschen" aus Nietzsches „Also sprach Zarathustra", Berliner Illustrierte Zeitung, 1903. Nietzsches Übermensch erwächst aus den zwei Grundmotiven: dem unbedingten Willen zur Macht (links) und der Überwindung der eigenen Schwäche (rechts).

Alles nur geträumt?

Sigmund Freud (1856–1939)

Anlässlich des 150. Geburtstages des Psychologen Sigmund Freud organisierte das Jüdische Museum in Berlin 2006 eine Ausstellung zum Thema Psychoanalyse, die als interaktives Labyrinth psychoanalytischer Grundbegriffe angelegt war.

Die Vorstellung, dass unsere Träume etwas bedeuten, ist alt: Sie reicht von den prophetischen Träumen des Pharaos in der Bibel über die Traumauslegung der Priesterinnen von Delphi im alten Griechenland bis zur rätselhaften „Traumzeit" der Aborigines. Aber was haben die Träume den Menschen zu sagen? Der Psychiater Sigmund Freud erkannte in ihnen den „Königsweg zum Unbewussten".

Traumsymbole

Die Träume, so Freud, „verkleiden" unsere unterdrückten Wünsche und sprechen in Bildern. Personen und Gegenstände symbolisieren im Traum Triebe, Ängste oder Hoffnungen. Freuds Hauptwerk „Die Traumdeutung" (1900) widmet sich der Entschlüsselung dieser Traumsymbole. Eine gründliche Traumdeutung müsse allerdings immer die Vorgeschichte des Träumers berücksichtigen, wie Freud am Beispiel des „Prüfungstraums" erklärt. Der Träumer hat eine schwere Prüfung zu bestehen und fürchtet, er könne durchfallen. Dieser Traum komme, so Freud, fast nur bei längst erwachsenen Menschen vor, die im wachen Leben alle Prüfungen bestanden haben. Die Prüfung stehe folglich für eine andere Aufgabe, und der Traum symbolisiere den Wunsch, dieser gewachsen zu sein.

Wechselspiel der Seelenkräfte

Freud knüpft mit seiner Traumdeutung an die „mehrteilige Seele" an, eine der grundlegenden Vorstellungen der Ideengeschichte. Er geht davon aus, dass in unserem Inneren unterschiedliche, teils widersprüchliche Kräfte wirken. Diese Vorstellung findet sich schon bei Platon (427–347 v. Chr.), der in seinem Dialog „Phaidros" drei Seelenteile nennt: Vernunft, Mut und Begierde. Er beschreibt die Seele als zweispännigen Wagen, der von Mut und Begierde gezogen und

von der Vernunft gelenkt wird. Auch Freud geht von einer Dreiteilung der Psyche aus: dem „Es" als unbewusstem Sitz der Triebe, dem „Über-Ich" als Träger anerzogener Werte und dem „Ich" als Vermittler. Das Verständnis unseres Verhaltens setzt laut Freud das Verständnis des Wechselspiels dieser seelischen Kräfte voraus. Von der Psychologie unterscheidet sich Freuds Psychoanalyse durch ihren therapeutischen Anspruch. Freud ist ebenso sehr Arzt wie Forscher und will als solcher nicht nur verstehen, sondern auch heilen. Paradoxerweise steht seine Psychoanalyse im Ruf, die Ursachen seelischer Störungen zwar häufig erfolgreich aufzudecken, aber nur selten nachhaltig zu behandeln. Deswegen ist die klassische Analyse heute nur noch eine unter vielen psychotherapeutischen Ansätzen. Freuds Wirkung auf die Philosophie war dafür umso größer. Sowohl die Seelenlehre des Nervenarztes und Philosophen Karl Jaspers (1883–1969) als auch die Wissenschaftstheorie Karl Poppers (1902–1994) sind in der Auseinandersetzung mit Freud entstanden. Seine Wirkung beschränkt sich aber nicht auf die Wissenschaft. Freuds Lehre ist Teil der Alltagskultur geworden. Von Freud geprägte Begriffe wie „Neurose" und „Psychose" sind daraus nicht mehr wegzudenken.

> **Der Ödipuskomplex** *In der griechischen Sage von Ödipus, der unwissentlich seinen Vater erschlägt und seine Mutter heiratet, erkannte Freud ein typisches Muster der kindlichen Entwicklung: die Eifersucht auf den Vater, die aus der Liebe zur Mutter erwächst. Diesen sogenannten Ödipuskonflikt durchläuft, nach Freud, jeder Junge; bei den Mädchen spricht man im umgekehrten Fall von einem Elektrakonflikt. Sollten sich die Gefühle des Sohnes der Mutter gegenüber in sexuelles Begehren umwandeln, das auch im Laufe des Erwachsenwerdens nicht abklingt, so spricht man von einem Ödipuskomplex.*

Der lange Weg aus Platons Schatten: Phänomenologie

Edmund Husserl (1859–1938)

Der Tisch, an dem ich gerade sitze, sieht von der Seite betrachtet anders aus als von oben. Ich nehme einen Schluck Wein. Letzte Woche hat er mir gut geschmeckt, aber heute finde ich ihn bitter, denn ich bin erkältet. Lange Zeit hat die Philosophie es als eine ihrer Pflichten betrachtet, von solchen Facetten der Wahrnehmung abzusehen, um ihrem Selbstverständnis als Wesenserkenntnis gerecht zu werden und zum Kern der Dinge vorzudringen. Die Phänomenologie (nach griech. phainomenon, das Erscheinende, und logos, die Lehre) hingegen vermutet die Wahrheit gerade in der Vielzahl der verschiedenen Blickwinkel. Weil die Erscheinungen das unmittelbar Gegebene sind, tun wir gut daran, sie sorgfältig und unvoreingenommen zu beschreiben.

Wider Platon

Für Edmund Husserl, den mathematisch und naturwissenschaftlich geschulten Begründer der Phänomenologie, ist eine solche systematische Erscheinungslehre die erste Stufe redlicher Denkarbeit. Damit wendet er sich gegen das große und mitunter schwere Erbe des griechischen Philosophen Platon, der den Launen der Wahrnehmung misstraute wie kein Zweiter. Weil vor Edmund Husserl ganze Gererationen von Philosophen dieses Misstrauen verinnerlicht hatten, war es für ihn und seine Anhänger ein philosophischer Kraftakt sondergleichen, den Weg zu den Erscheinungen freizuräumen.

Kein Bewusstsein ohne Gegenstand

Als Fürsprecher der Erscheinungen trieb Edmund Husserl den Antiplatonismus der Phänomenologie auf die Spitze und machte sie neben der ihr verwandten Existenzphilosophie zu einer der wichtigsten Denkrichtungen der philosophischen Moderne. Er will die Philosophie zur Analyse unserer geistigen Zustände verpflichten, anstatt diese als lästigen Umweg zur Wirklichkeit zu betrachten. Nach Husserl ist menschliches Bewusstsein niemals bloß Bewusstsein, sondern immer Bewusstsein von etwas. Wer das Wissen von seinem Gegenstand zu trennen versucht, verliert es ganz, denn niemand kann nur denken, ohne an etwas zu denken, und Wahrnehmen heißt immer etwas wahrnehmen: etwa den Tisch oder den Wein.

Gegen Ende seines Lebens musste der Jude Edmund Husserl noch die Erbarmungslosigkeit des Nationalsozialismus miterleben: Seine Stellung an der Freiburger Universität musste er verlassen und gemeinsam mit seiner Frau die Wohnung räumen. Dass die Manuskripte seiner Schriften erhalten blieben, ist einer Rettungsaktion des Franziskanerpaters und späteren Gründers des Husserl-Archivs Herman Leo van Breda zu verdanken. Dieses Porträtgemälde des deutsch-amerikanischen Malers Rudolf Stumpf befindet sich in Familienbesitz in den USA.

> **Viele Geister, ein Gedanke** *Die Ursprünge der Phänomenologie reichen bis zu Protagoras (485–415 v. Chr.) und Bischof Berkeley (1685–1753) zurück. Protagoras sprach der Welt die unabhängige Existenz ab und erklärte den Menschen und seine Wahrnehmung zum Maß aller Dinge und ihres Seins. George Berkeley verdichtete diesen Gedanken zur berühmt gewordenen Formel „Sein ist Wahrgenommenwerden" (lat. „esse est percipi"). Zu den wichtigsten modernen Vertretern der Phänomenologie gehören neben Edmund Husserl Wilhelm Dilthey (1833–1911), Nicolai Hartmann (1882–1950), Martin Heidegger (1889–1976) und Maurice Merleau-Ponty (1908–1961).*

Freier Blick auf die Welt

Wenn wir nur die alten philosophischen Vorbehalte gegenüber unseren unmittelbaren Bewusstseinsinhalten überwinden, so Husserl, wird der Blick frei auf die Welt als Phänomen. Zusammengenommen ergibt die Vielzahl aller möglichen Blickwinkel wenn nicht die ganze Wahrheit, so doch die Wahrheit für uns als ihre Betrachter.

In der Gemeinde Dornach im Schweizer Kanton Solothurn entstanden 1925 – 1928 nach Plänen Rudolf Steiners die Gebäude der Allgemeinen Anthroposophischen Gesellschaft. Um die Architektur möglichst unauffällig in die umliegende Alpenlandschaft einzubetten, vermied Steiner rechte Winkel.

Heute kennen wir den österreichischen Philosophen Rudolf Steiner vor allem als Begründer Waldorfpädagogik. Ursprung seines erzieherischen Wirkens ist die Anthroposophie, ein philosophisch-religiöses System mit erkenntnistheoretischem Schwerpunkt.

Frühe Erkenntnistheorie

Im Frühwerk Rudolf Steiners – er veröffentlichte 1894 seine „Philosophie der Freiheit" – erscheint das beobachtende Subjekt als Ausgangspunkt aller Erkenntnis. Allein die eigenen Gedanken könne der Mensch wirklich durchschauen. Eine transzendente Realität, etwa die eines Gottes, lehnte Steiner zunächst ab, da sie nicht durch Wahrnehmung und Erfahrung verbürgt sei. Der Philosophie Friedrich Nietzsches (1844–1900) folgend, entwickelte Steiner eine Philosophie eines von Gott und Moral befreiten Übermenschen, der sich selbst und seine eigene Wahrheit und Bestimmung schafft. Nach ausgiebiger Beschäftigung mit Goethes naturwissenschaflichem Spätwerk kam Steiner mit der Theosophie in Berührung, der er zuvor ablehnend gegenüber gestanden hatte. 1902 wurde er Vorsitzender der deutschen Sektion der Theosophischen Gesellschaft, einer von östlicher Weisheitslehre beeinflussten okkultistischen Gesellschaft. Mit der Vorstellung von Reinkarnation und Karma als naturwissenschaftlichen Notwendigkeiten versuchte er, die gegensätzlichen Standpunkte seiner alten und seiner neuen Weltanschauung zu vereinen. In Anlehnung an die „Geheimlehre" der Theosophin Helena Blavatsky (1831–1891) empfiehlt Steiner als erkenntnistheoretisches Konzept eine „Geheimschulung", die ihre Absolventen befähigen soll, höhere Welten mittels „geistiger Schau" genauso klar zu erkennen, wie man körperliche

Dinge mit den Augen sehen könne. Darin klingt die mittelalterliche Mystik, aber auch die fernöstliche Weisheitslehre an. Zur „geistigen Schau" bedarf es nach Steiner der Imagination, also der Vorstellungskraft, der Inspiration, also der Anregung, und der Intuition, des Gespürs. Die Einübung dieser Fähigkeiten stehen im Zentrum der Waldorfpädagogik.

Steiner und die Wurzelrassentheorie

Steiner übernahm aus der Wurzelrassenthorie Blavatskys die Entwicklung der Menschheit von niedrigeren zu höheren Rassen, die er in Beziehung zu Völkerschaften wie den sogenannten Ariern setzte. Diese nennt Steiner auch die „gegenwärtige Kulturmenschheit". Dies relativierte er später, indem er statt von „Rassen" von „Zeitaltern" oder „Kulturepochen" sprach und für Gegenwart und Zukunft einen Individualisierungsprozess annahm, der die prähistorische Rassenzugehörigkeit einzelner Menschen auflöse. Dennoch lieferte seine Terminologie zahlreiche Anknüpfungspunkte für spätere rassistische und nationalistische Theorien.

> **Anthroposophie** *Rudolf Steiner wählte für seine Lehre die Bezeichnung „Anthroposophie", in der die Begriffe „Mensch" (griech. anthropos) und „Weisheit" (griech. sophia) stecken, in Abgrenzung zur Theosophie (griech. theos, Gott), einer in der Mystik und der indischen Philosophie verwurzelten Denkrichtung des 19. Jahrhunderts. Indem er „Gott" durch „Mensch" ersetzt, rückt Steiner die unsterbliche Seele des Menschen in den Mittelpunkt seiner Lehre.*

Die Vertreibung aus dem Paradies: Russells Antinomie

Bertrand Russell (1872–1970)

Was Friseure können ...

Einer hat es zumindest versucht: Bertrand Russell. Gottlob Frege saß gerade über der zweiten Auflage seiner „Grundgesetze", als ihn ein Brief des jungen englischen Kollegen erreichte. Russell, damals kaum 30-jährig und als Mathematiker noch unbekannt, hatte die „Grundgesetze" als eines der Standardwerke seiner Zeit gründlich studiert. Entsprechend respektvoll und bescheiden im Ton war sein Brief an den großen Frege. Eine Kleinigkeit sei ihm aber doch aufgefallen: Denken wir uns einen Friseur in einem kleinen Dorf. Er sagt über sich selbst: Ich rasiere hier alle, die sich nicht selbst rasieren. Rasiert der Friseur sich selbst oder nicht? Falls ja, widerspricht er seiner eigenen Beschreibung. Falls nein, müsste er zum Dorfbarbier gehen – zu sich selbst. Russells Antinomie jagt den Geist in eine Schleife, aus der es keinen einfachen Ausweg gibt.

Mathematik mit Folgen

Mathematisch ausgedrückt liest sich das so: Denken wir uns eine Menge R, die definiert ist als Menge aller Mengen, die sich nicht selbst enthalten. Ist diese Menge R Element ihrer selbst oder nicht? Enthält sie sich selbst, widerspricht sie ihrer Definition. Enthält sie sich selbst nicht, müsste sie sich gemäß derselben Definition enthalten. Weder die Aussage „R ist ein Element ihrer selbst" noch „R ist kein Element ihrer selbst" ist angesichts der Definition widerspruchsfrei möglich. Damit ist der Tatbestand der Antinomie erfüllt: Zwei gleich gut begründete Aussagen stehen im logischen Widerspruch zueinander. Russell hat damit das vielleicht eleganteste Problem der gesamten Mathematik beschrieben, zugleich aber die Mathematiker aus Cantors Paradies der naiven Mengenlehre vertrieben und das Gebäude der „Grundgesetze" ins Wanken gebracht. Die Folgen seines Briefes waren für Gottlob Frege dramatisch. In aller Eile verfasste er einen Appendix, in dem er sich Russells Antinomie widmete und eine Lösung vorschlug. Diese wurde allerdings bald als unzureichend abgetan. Als zwei Jahre später auch noch Freges Frau starb, verfiel er endgültig in tiefe Depression und veröffentlichte kaum noch etwas über die Grundlagen der Mathematik.

Die Geschichte von Russells Antinomie, auch bekannt als Russells Mengenparadox, ist eine Geschichte von großer Eleganz und nicht minder großem Drama. Sie beginnt mit einem Buch und endet mit einem Brief. 1893 waren erstmals die „Grundgesetze der Arithmetik" (Theorie der Zahlen) des Mathematikers und Logikers Gottlob Frege (1848–1925) erschienen. Sie beruhen auf der Annahme, dass sich jede Menge mit frei wählbaren Merkmalen widerspruchsfrei definieren lasse. Als Elemente einer Menge sind dabei Zahlen oder Mengen zulässig. Mit dieser Theorie knüpft Frege an die Vorarbeiten des Mathematikers Georg Cantor (1848–1925) an. Cantor wurde als Begründer der Mengenlehre bekannt. Der Mathematiker David Hilbert (1862–1942) sagte darüber: „Aus dem Paradies, das Cantor uns geschaffen, soll uns niemand vertreiben können."

Ewig jung mit Albert Einstein?

Albert Einstein (1879–1955)

Der Traum von ewiger Jugend ist alt, wohl beinahe so alt wie die Menschheit selbst. Zumindest die Unsterblichkeit der Seele wurde schon frühzeitig postuliert, im vorgeschichtlichen Mythos genauso wie in philosophischen und theologischen Systemen. Aber wie sieht das im Diesseits aus? Lässt sich die Jugend verlängern? Gibt es eine Quelle ewigen Lebens? Solchen Fragen eröffnen die Erkenntnisse Albert Einsteins neue Horizonte.

Das Zwillingsparadox

Albert Einstein hat 1905, im „Wunderjahr" der theoretischen Physik, seine Spezielle Relativitätstheorie aufgestellt. Darin behauptet er, dass die Zeit von einem feststehenden Standort aus gesehen in bewegten Systemen langsamer läuft. Je schneller ein System sich bewegt, desto langsamer läuft von einem außerhalb des Systems liegenden Bezugspunkt aus gesehen die Zeit darin. Diese Behauptung ist inzwischen mehrfach bewiesen worden, unter anderem 1971 in einem Experiment mit zwei Atomuhren, von denen eine in Washington blieb, die andere aber mit verschiedenen Linienflügen eine

Reise um die Welt antrat. Hinterher ging die weitgereiste Uhr gegenüber der stationären tatsächlich nach, wenn auch nur um Sekundenbruchteile. Wenn ein Zwilling also eine Reise mit hoher Geschwindigkeit anträte, würde er langsamer altern als sein Bruder, der unbewegt zurückbleibt. Kommt der Reisende nach längerer Zeit wieder nach Hause, wird er selbst nur wenig gealtert sein, der Bruder wäre aber ein Greis oder gar schon gestorben. Allerdings sind für nennenswerte Effekte sehr, sehr hohe Geschwindigkeiten nahe der Lichtgeschwindigkeit nötig, wie sie heute selbst die Raumfahrt nicht einmal der Größenordnung nach erreicht.

Erkenntnistheoretisches Problem

Wegen seiner spektakulären Entdeckung der Relativität von Zeit und Raum fand Einsteins Lehre auch außerhalb der Physik große Aufmerksamkeit. Sie erschütterte insbesondere die philosophische Erkenntnistheorie, die spätestens seit Immanuel Kants (1724–1804) Erkenntniskritik von absoluter Zeit und absolutem Raum als den festen Größen unserer Wahrnehmung ausgegangen war. Einstein schaffte diesen vermeintlich unerschütterlichen Bezugsrahmen ab, indem er die Zeit als bewegungsabhängig und den Raum als von der Gravitationskraft verformbar beschrieb.

So veränderte der Physiker Albert Einstein, nur mit Stift und Papier bewaffnet, das Weltbild der heutigen Zeit nachhaltiger als die meisten anderen Entdecker. Als sich im Jahr 2005 Einsteins Todestag zum 50. Mal und der Tag der Formulierung der Relativitätstheorie zum 100. Mal jährten, schrieb der Hölderlinpreisträger Dieter Wellershoff: „Der Aufbruch der Menschheit in den unendlichen Raum ist vor dem Bau der Raketen im Geiste geschehen – vor allem durch Einstein."

Albert Einstein beim Geigenspiel auf seiner Reise durch die USA, Fotografie um 1925. „Ich denke oft in Musik. Ich lebe meine Tagträume in Musik. Ich sehe mein Leben in musikalischen Begriffen ... Ich weiß, dass mir die meiste Lebensfreude aus der Geige kommt.", sagte Einstein, der Mozart und Bach nicht weniger als Galilei und Newton verehrte.

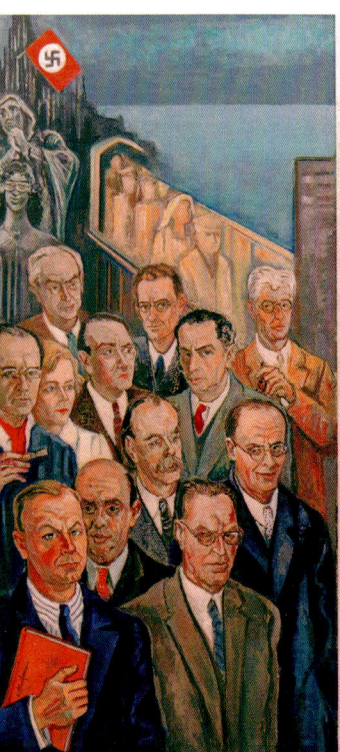

Der letzte Optimist

Ernst Bloch (1885 – 1977)

*Arthur Kaufmann
(1888 – 1971),
„Die geistige Emigra-
tion" (um 1939),
Öl auf Leinwand,
Städtisches
Museum, Mühlheim
an der Ruhr.
Kaufmann porträtiert
mehr als 40 Intellek-
tuelle, darunter
auch Ernst Bloch,
auf der Flucht
vor dem Nazi-Regime
in die USA.*

Für den Philosophen Ernst Bloch war die Hoffnung entscheidende Triebfeder des Denkens, denn er empfand die Hoffnung als Vorahnung eines Ziels, das vom Menschen erreicht werden kann und erstrebt werden muss. Er versteht den Menschen von seinen Möglichkeiten und die Welt von ihrer Zukunft her. Heimat, das sei ein Land, in dem noch niemand war, so Bloch. In seinem Hauptwerk „Das Prinzip Hoffnung" spürt er daher dem „Noch-Nicht" nach und widmet sich der Kategorie der Möglichkeit. Die Möglichkeit ist für Bloch der „Seinszustand der Welt". Der Mensch habe sich selbst noch nicht erreicht, weil er noch eine Unvollständigkeit, einen Mangel spüre. Dasselbe gelte für die Gesellschaft insgesamt. Aber dieser Mangel ist für Bloch kein Manko, sondern eine Chance, das „Noch-Nicht-Haben" in ein Haben und das „Noch-Nicht-Sein" in ein Sein zu verwandeln.

Hoffnung als philosophisches Prinzip

„Das Prinzip Hoffnung" ist als reale Utopie angelegt. Im Zentrum steht dabei der Mensch, der über sich selbst hinausdenkt. Das Bewusstsein ist nach Bloch nicht nur das Erzeugnis seines Seins, sondern beruhe mindestens ebenso sehr auf dem, was (noch) nicht ist. Dieser „Überschuss" des menschlichen Bewusstseins finde seinen Ausdruck in den gesellschaftlichen, wirtschaftlichen und religiösen Wunschbildern, in der Kunst und in der Musik. Das Noch-Nicht bilde die emotionale, kulturelle und soziale Basis jeder Gesellschaft und sei damit mehr als bloße Tagträumerei.

Blochs Neomarxismus

In seiner Gesellschaftstheorie verbindet Bloch die kommunistische Soziallehre mit Elementen der jüdisch-christlichen Überlieferung zu einer Philosophie der Hoffnung auf die Humanisierung der Welt. Als Neomarxist versteht Bloch den Kommunismus als Werkzeug zur Verwirklichung dessen, was noch nicht ist: freie Selbstentfaltung und ein Ende entfremdeter Lohnarbeit. Bloch zeigte sich nach anfänglicher Begeisterung vom real existierenden Sozialismus allerdings enttäuscht und kehrte nach dem Mauerbau von einer Reise in den Westen nicht wieder in die DDR zurück. Dem ostdeutschen Regime warf Bloch Verrat am marxistischen Freiheitsideal vor. Seine Beharrlichkeit machte den damals schon hochbetagten Bloch zum geistigen Vater der Studentenbewegung und zum Vertrauten des Studentenführers Rudi Dutschke. 1968 pochte Bloch in seiner Rede „Widerstand und Friede" auf das moralische Widerstandsrecht der Unterdrückten und forderte unter Berufung auf die Propheten des Alten Testaments, „Schwerter zu Pflugscharen" umzuschmieden.

Ernst Bloch

Erwin Schrödinger und seine Katze

Erwin Schrödinger (1887–1961)

Fotografie Schrödingers bei einem Spaziergang in seiner Geburtsstadt Wien im April 1956. Schrödinger lehrte bis zu seinem Tod am Institut für Theoretische Physik der Wiener Universität.

diese Frage antwortet die sogenannte Halbwertszeit. Das Problem: Sie bezieht sich nicht auf einen einzelnen Kern, sondern auf eine größere Anzahl davon und gibt an, wie viel Zeit im Mittel verstreicht, bis die Hälfte davon zerfallen ist. Ein einzelner Kern kann also am Ende der Halbwertszeit genauso gut zu den zerfallenen wie zu den erhaltenen gehören.

Ein Fall für den Tierschutz?

Um diese Situation zu veranschaulichen, unternimmt der österreichische Physiker Erwin Schrödinger folgendes Gedankenexperiment: Eine Katze wird in eine schall- und blickdichte Kiste gesperrt. Außer der Katze befindet sich darin ein instabiler Atomkern samt einer Apparatur, die beim Zerfall des Kerns Giftgas freisetzt und die Katze tötet. Sobald die Kiste geschlossen ist, kann man nicht mehr sicher wissen, ob die Katze lebt oder nicht. Je mehr Zeit verstreicht, desto wahrscheinlicher ist es, dass sie tot ist, aber sicher weiß man es erst nach dem Öffnen der Kiste. Bis dahin ist die Katze zugleich tot und lebendig. Sobald wir die Kiste öffnen, bricht die Wahrscheinlichkeitsfunktion zusammen: Wir finden entweder eine lebende oder eine tote Katze. Schrödinger hat das Gedankenexperiment in seinem Aufsatz „Die gegenwärtige Situation in der Quantenmechanik" zur Veranschaulichung physikalischer Zusammenhänge angelegt, aber spätere Interpreten wendeten es auch auf die philosophische Erkenntnistheorie an. Die Unsicherheit angesichts der geschlossenen Kiste steht in solchen Interpretationen für den Zweifel an der Verlässlichkeit unserer Wahrnehmung und unserer Aussagen über die Wirklichkeit.

E ure Rede aber sei: Ja, ja; nein, nein. Was darüber ist, das ist vom Übel, fordert Jesus in der Bergpredigt. Lange haben sich die Menschen an das Prinzip von schwarz und weiß, wahr und unwahr, richtig und falsch gehalten, und auch die Physiker haben sich lange daran orientiert. Die Entweder-Oder-Welt der Physik geriet aus den Fugen, als Max Planck (1858–1947) mit der Beschreibung kleinster Teilchen und Energiemengen über Nacht die Spielregeln änderte. Der Physiker Erwin Schrödinger sah sich mit einer Welt konfrontiert, in der physikalische Systeme auch Zwischenzustände annehmen und sogar zwischen Existenz und Nichtexistenz hin- und herspringen können.

Entweder – oder?

Schrödingers besondere Aufmerksamkeit galt Plancks Beschreibung der Energie als kleinste Teilchen, als Quanten. Mit der Quantenphysik nämlich hielten die Zwischentöne Einzug in die Naturwissenschaften. Anstatt sicher sagen zu können, in welchem Zustand sich ein System befindet, war die Physik gezwungen, mit Wahrscheinlichkeiten zu operieren. Ein Atomkern zum Beispiel ist zwar entweder zerfallen oder nicht zerfallen, aber wann passiert das? Auf

> 📖 **Nachts sind alle Katzen grau** *Das Gleichnis mit der Katze wurde vielfach auf welt- und lebensanschauliche Systeme übertragen. Die österreichische Philosophin Elisabeth List (*1946) inspirierte es zu dieser Erklärung: Philosophie ist, wenn einer in einem dunklen Raum mit verbundenen Augen eine schwarze Katze sucht. Metaphysik ist, wenn einer in einem dunklen Raum mit verbundenen Augen eine schwarze Katze sucht, die gar nicht da ist. Theologie ist, wenn einer in einem dunklen Raum mit verbundenen Augen eine schwarze Katze sucht, die gar nicht da ist und plötzlich ruft: „Ich habe sie gefunden."*

Das Ende der Philosophie

Ludwig Wittgenstein (1889–1951)

Der österreichische Philosoph Ludwig Wittgenstein studierte in Cambridge bei Bertrand Russell (1872–1970) und wurde 1939 dessen Kollege als Philosophieprofessor. In Auseinandersetzung mit der Philosophie Russells entstand Witgensteins „Logisch-philosophische Abhandlung", die neben seinen späteren „Philosophischen Untersuchungen" als Wittgensteins Hauptwerk gilt.

Sprache an der Grenze der Welt

Wittgensteins Hauptanliegen in der „Logisch-philosophischen Abhandlung" („Tractatus logico-philosophicus") ist die systematische Zerlegung des Denkens in seine Bestandteile. Weil das Denken laut Wittgenstein entscheidend von der Sprache geprägt ist, nähert er sich den Formen des Denkens mittels einer Analyse der logischen Struktur der Sprache. Dadurch hofft er, das Sagbare und Denkbare vom Unsagbaren und damit Sinnlosen zu trennen. Die Welt, so Wittgenstein, sei nichts anderes als die Gesamtheit aller Tatsachen. Unsere Gedanken über die Tatsachen der Welt nehmen in Form von Sätzen der Sprache Gestalt an. Sofern ein Satz sich nicht auf eine Tatsache bezieht, sei er ohne Verbindung zur Wirklichkeit und damit sinnlos. Als Beispiele für solche leeren Sätze nennt Wittgenstein alle Aussagen über den Tod, der kein Ereignis des Lebens sei, und über Gott, der sich dem Menschen nicht offenbare. Die Grenze der Sprache ist zugleich die Grenze der Welt des Menschen. Der „Tractatus" endet mit dem Satz: „Wovon man nicht sprechen kann, darüber muss man schweigen."

Nichts als Missverständnisse

John Locke (1632–1704) war überzeugt, der Mensch müsse sich über die Begriffe Klarheit verschaffen, bevor er sich den großen philosophischen Problemen widmen könne. Wittgenstein, der sich in seinem Spätwerk dem Gebrauch der Alltagssprache zuwendet, geht noch einen Schritt weiter: Die bisherige Philosophie sei nur eine Ansammlung von Missverständnissen. Als Ursache nennt Wittgenstein mangelnde Klarheit über unsere Verwendung der Sprache, in der wir Gedanken ausdrücken. Wenn wir uns nur gründlich mit der Sprache beschäftigen, werden sich, so hofft Wittgenstein, die meisten philosophischen Probleme als Scheinprobleme herausstellen. Wenn zum Beispiel ein Philosoph und ein Naturwissenschaftler über die Bedeutung der „Seele" streiten, liegt das mitunter nur daran, dass sie unter dem Begriff „Seele" eventuell Unterschiedliches verstehen, ihr jeweiliges Verständnis jedoch dem anderen gegenüber nicht offenlegen. Für den Naturwissenschaftler ist die „Seele" nichts anderes als die Summe unserer geistigen Zustände, die sich ihrerseits aus elektrischen Impulsen im Gehirn zusammensetzen, während der Philosoph beim Begriff „Seele" an ein unsterbliches Wesen denkt, das möglicherweise in immer neuen Körpern wiedergeboren wird.

Nachkolorierte Porträtaufnahme (1930), Ludwig Wittgenstein darstellend, des Wiener Fotografen Moritz Nähr (1859–1945), Wittgenstein Archive, Cambridge. Nähr war als Fotograf der Künstlergruppe der Wiener Sezession mit Ludwig Wittgensteins Vater Karl befreundet, einem der Unterstützer der Gruppe. In Nährs Nachlass sind viele private Familienfotos erhalten.

> **Sprachspiel** *Laut Wittgenstein steht und fällt die Philosophie mit der Sprache. Die Sprache wiederum steht und fällt mit der Verwendung ihrer Zeichen. Was ein Zeichen bedeutet, hängt von seiner Verwendung ab, so wie ein Pfeil in verschiedenen Zusammenhängen für eine Richtungsanweisung oder eine chemische Reaktion stehen kann. Die Bedeutung des Pfeils besteht in seinem Gebrauch. Wer den Verwendungszusammenhang, das jeweilige „Sprachspiel", nicht kennt, kann nicht mitspielen. Wenn wir die Regeln unserer sprachlichen Spiele nicht offenlegen, sind wir dazu verdammt, aneinander vorbeizureden.*

Die eigentümlichen Wege des Seins

Martin Heidegger (1889–1976)

Zeitlebens maß Martin Hedegger sich an den Schriften der Philosphen der griechischen Antike. In Platons (427–347 v. Chr.) Spätdialog „Sophistes" fand er das Thema seines Lebens, die „Frage nach dem Sinn von Sein". Eine Passage aus dem „Sophistes" eröffnet denn auch Heideggers Hauptwerk „Sein und Zeit" (1927): „Denn offenbar seid ihr doch schon lange mit dem vertraut, was ihr eigentlich meint, wenn ihr den Ausdruck ‚seiend' gebraucht, wir jedoch glaubten es einst zwar zu verstehen, jetzt aber sind wir in Verlegenheit gekommen."

Fundamentalontologie

Das Wesen des Seins begegnet uns erstmals bei Parmenides (um 540–480 v. Chr.) als eines der größten Rätsel der Philosophie. Für Heidegger wurde die Beantwortung der Frage nach dem Sinn von Sein zur Lebensaufgabe. Ausgehend von seinem Lehrer Edmund Husserl (1859–1938) und im Rückgriff auf Duns Scotus (um 1266–1308) und Søren Kierkegaard (1813–1855) entwickelte er seine sogenannte Fundamentalontologie (nach griech. to on, Seiendes, und logos, Lehre). Die Fundamentalontologie versucht den Sinn des menschlichen Daseins aus dem Tod zu erklären und den Sinn des Seins aus dem Nichts.

Das undatierte Archivbild von 1923 aus dem Besitz der Familie Heidegger zeigt Martin Heidegger (rechts) und dessen Schüler Hans-Georg Gadamer (1900–2002), die vor der Berghütte Heideggers in Todtnauberg Holz sägen.

Einsiedelei im Schwarzwald

Trotz bester Bemühungen hat Martin Heidegger die Frage nach dem Sinn von Sein kaum weniger rätselhaft zurückgelassen, als er sie vorfand. Manche Kritiker halten gleich alle ontologischen Probleme für Scheinprobleme. Heidegger sah sich deshalb gezwungen, für seine Fundamentalontologie eine eigene Sprache zu entwickeln. Wer seinen Gedanken folgen will, muss sich auf manche eigentümliche Wortbedeutung einlassen. Heidegger verwendet mit Vorliebe Wörter, die dem Leser aus der Alltagssprache geläufig sind, wie beispielsweise die Begriffe „Gegend", „Geschick", „Lichtung", „Sorge" oder „Zeug", versieht sie dabei jedoch mit neuer, oftmals schwer nachvollziehbarer Bedeutung.

Nicht nur in seiner Lehre, sondern auch im Leben blieb Heidegger stets ein Außenseiter. Immer wieder zog er sich für geraume Zeit in seine selbst gezimmerte Berghütte im Schwarzwald zurück, im Sommer zum Wandern, im Winter zum Skilaufen.

Antike Wurzeln

In der Abgeschiedenheit dieser Hütte ist auch ein Großteil seiner Schriften entstanden, darunter ein Werk, in dem Heidegger zu den griechischen Wurzeln der Philosophie zurückkehrt und sich der Seinslehre des Vorsokratikers Anaximander (um 611–545 v. Chr.) widmet. 1950 erschien es unter dem Titel „Holzwege".

Kunst im Wandel: Die Kreativität der Kopisten

Walter Benjamin (1892 – 1940)

Porträtfoto Benjamins der Bauhaus-Fotografin Germaine Krull (1897 – 1985), entstanden bei einem Aufenthalt in Paris 1927. Zwei Jahre lang lebte Benjamin in der französischen Hauptstadt, wo er sich unter anderem mit dem Schriftsteller Franz Hessel (1880 – 1941) an einer Übersetzung von Marcel Prousts Hauptwerk „Auf der Suche nach der verlorenen Zeit" versuchte. Nach seiner Zeit in Frankreich zog es Benjamin nach Deutschland zurück, bis er 1933 nach der Machtübernahme der Nationalsozialisten wieder ins Pariser Exil zurückkehrte.

Bis in die 30er-Jahre des 20. Jahrhunderts mussten Kunstliebhaber in eine Musikaufführung oder in eine Gemäldeausstellung gehen, um der Kunst nahe zu kommen. Erst langsam entwickelten sich durch den technischen Fortschritt neue Möglichkeiten der Vervielfältigung von Kunst wie Rundfunkübertragungen, Tonaufnahmen oder Fotografien. Walter Benjamin untersucht in seinem Aufsatz „Das Kunstwerk im Zeitalter seiner technischen Reproduzierbarkeit" (1935) die Auswirkungen der unbegrenzten Reproduzierbarkeit von Kunstwerken. Im Zentrum seiner Überlegungen stehen die Medien Fotografie und Film.

Kunst und Technik

Benjamin beschreibt die Fotografie als eine Kunstform neuer Art, die zum ersten Mal in der Geschichte reproduzierbare Kunstgegenstände hervorbringe. Der künstlerische Prozess sei in der Fotografie sogar von vornherein auf Vervielfältigung angelegt. Die formende Hand, die bisher für die Einzigartigkeit eines Kunstwerks entscheidend war, werde durch einen Apparat abgelöst. Benjamin fragt weniger, ob die technischen Vervielfältigungen Kunstwerke darstellen, sondern versucht vielmehr zu ergründen, wie die Technik die Eigenart der Kunst verändert. Die unerschöpfliche Reproduzierbarkeit des Kunstwerks hat laut Benjamin einen Verlust seiner „Aura" zur Folge und damit eine Herabsetzung des Originals. Benjamin vergleicht diesen Schritt mit der von Hegel beschriebenen Entwicklung vom Kult zur Kunst, vom religiösen Kunstwerk als Träger der Frömmigkeit hin zum ästhetischen Kunstwerk als Träger der Schönheit.

Der letzte Brief 1933, im Jahr der Machtübernahme durch die Nationalsozialisten in Deutschland, floh Walter Benjamin wegen seiner jüdischen Herkunft nach Frankreich, wo 1935 auch seine Schrift „Das Kunstwerk im Zeitalter seiner technischen Reproduzierbarkeit" entstand. Als Deutscher wurde Benjamin in Frankreich vorübergehend interniert, kam aber 1939 wieder frei. Weil sich die politische Lage im Vorfeld des Zweiten Weltkrieges zuspitzte und er seine Auslieferung nach Deutschland fürchtete, versuchte er vergeblich, nach Spanien zu fliehen. Als ihm 1940 klar wird, dass seine Auslieferung unmittelbar bevorsteht, nimmt Benjamin sich das Leben. In einem kurzen Abschiedsbrief an seinen Freund Theodor W. Adorno (1903 – 1969) heißt es: „Es bleibt mir nicht genügend Zeit, all die Briefe zu schreiben, die ich gerne geschrieben hätte."

Original und Kopie

Reproduzierbar, so Benjamin, sei das Kunstwerk zwar schon immer gewesen. Aber in der Fotografie und im Film werde die Reproduktion Teil des Kunstwerks, sodass es nun nicht mehr Originale und Kopien, sondern nur noch identische Exemplare gebe. Das Kunstwerk habe die Einmaligkeit seines Daseins im „Hier und Jetzt" damit endgültig verloren. Dadurch ändere sich auch die Wahrnehmungsweise des Publikums: An die Stelle der Konzentration trete die Zerstreuung. Gleichzeitig entwickle die Kopie aber auch ein Eigenleben als autonome Kunstform neben den ursprünglichen Kunstformen.

Faszination des Schreckens

Walter Benjamin selbst zeigte sich insbesondere fasziniert von der „Schockwirkung", die der Film mittels seiner bewegten Bilder und überraschenden Effekte auf das zeitgenössische Publikum ausübte. Wegen der Unmittelbarkeit seiner Wirkung hielt Benjamin das Medium Film für die Kunstform einer neuen Zeit.

Die Kritische Theorie der Frankfurter Schule

Theodor W. Adorno (1903–1969) und Max Horkheimer (1895–1973)

Im Jahr 1923 wurde das Institut für Sozialforschung an der Johann Wolfgang Goethe-Universität in Frankfurt am Main gegründet. Aus diesem ging die sogenannte Frankfurter Schule hervor. Einer ihrer Väter ist der Soziologe Max Horkheimer, der seit 1931 Direktor des Instituts war. Der zweite Begründer der Frankfurter Schule ist der Philosoph Theodor W. Adorno. Die Frankfurter Schule hat die politische und kulturelle Entwicklung Deutschlands seit 1949 nachhaltig geprägt. Ausgehend von Karl Marx (1818–1883) hat die Frankfurter Schule mit der „Kritischen Theorie" eine neue soziologische Denkrichtung begründet.

Die Dialektik der Aufklärung

Noch vor der Machtergreifung der Nationalsozialisten untersuchten Horkheimer und Adorno das marxistische Gedankengut darauf, inwieweit es zur Analyse der damaligen sozialen Verhältnisse geeignet sei. Mit ihrer Analyse verbanden sie die Hoffnung, die Theorie möge praktisch werden und eine bessere Gesellschaft hervorbringen. Unter dem Druck der neuen Machthaber verlegte Horkheimer das Institut zunächst nach Frankreich, dann in die Vereinigten Staaten, während Adorno zunächst in Oxford arbeitete und Horkheimer erst 1938 nach New York folgte. Im amerikanischen Exil entstand die „Dialektik der Aufklärung" (1942–1944, erschienen 1947), die zur Programmschrift der Schule und der Kulturkritik des 20. Jahrhunderts überhaupt wurde. Horkheimer und Adorno ziehen darin eine düstere Bilanz der jüngeren Vergangenheit: Die Vernunft sei zum Instrument, die Kunst zum Konsumgut, der Patriotismus zum Antisemitismus und die Moral zur Sklavin der Ökonomie verkommen. Das Projekt der Aufklärung sei gescheitert. Statt Mündigkeit und Befreiung habe die vermeintliche Stärkung der Vernunft ein gewissenloses Kosten-Nutzen-Kalkül ohne Reflexion individueller und gesellschaft-

licher Ziele und Ideale hervorgebracht. Ihr wachsendes Wissen habe die Menschheit nicht vorangebracht, sondern in ihre bisher tiefste Krise gestürzt. Darin liege die Dialektik, also der innere Widerspruch, der Aufklärung. Das Wissen um den Nationalsozialismus und den Holocaust sind für die Arbeiten der Frankfurter Schule prägend. Vor allem Adorno geht der Frage nach, wie man verhindern könne, dass sich ein Ereignis wie der Holocaust in Zukunft wiederhole, und welcher Stellenwert der Vernunft dabei noch zukomme.

Rückkehr in die Bundesrepublik

In den 40er-Jahren zeichnet sich im Denken Horkheimers und Adornos eine Schwerpunktverlagerung ab. Was mit Marx als Kritik am Kapitalismus begann, wird nun zunehmend eine Kritik an der westlichen Gesellschaftsform überhaupt. Nach der Rückkehr Adornos und Horkheimers aus dem Exil wird das Frankfurter Institut für Sozialforschung zu einer interdisziplinären Einrichtung, deren berühmtester Schüler Jürgen Habermas (*1929) die gesellschaftspolitische Diskussion in Deutschland bis heute prägt. Als Vertreter der zweiten Generation bemüht er sich, den Pessimismus der Väter der Kritischen Theorie zu überwinden. Sein Projekt sei die Versöhnung der Moderne mit sich selbst, so Habermas in seinem Werk „Die neue Unübersichtlichkeit".

Am 29. Mai 1968 besucht Adorno gemeinsam mit dem Schriftsteller Heinrich Böll (1917–1985) eine Protestversammlung gegen die Notstandsgesetze, die tags darauf vom Bundestag gegen den Widerstand der außerparlamentarischen Opposition verabschiedet wurden. Die Köpfe der Frankfurter Schule hatten zwar Verständnis für die APO und die Studentenrevolte, weigerten sich aber, sich bedingungslos ihren Forderungen anzuschließen.

Wahrheit ist vergänglicher Besitz

Karl Popper (1902–1994)

st die Wahrheit wandelbar? Diese Frage beschreibt die Kluft zwischen zwei verschiedenen Vertretern entgegengesetzter Denkrichtungen: Platon und Karl Popper. In Platon (427–347 v. Chr.) erkannte der Philosoph und Wissenschaftstheoretiker Karl Popper den einflussreichsten philosophischen Gegenspieler der von ihm herbeigesehnten „offenen Gesellschaft".

Der Gegensatz zu Platon

Eines der wichtigsten Werke Poppers trägt im englischen Original den Titel "The Spell of Plato" (1945), was sich mit „Der Zauber Platons", genauso gut aber auch mit „Der Fluch Platons" übersetzen lässt. Popper wirft Platon vor, dessen Staatsentwurf sei von Tyrannei und Intoleranz gepägt. Anstelle einer Demokratie befürworte Platon eine Eliteherrschaft von Philosophen, die er mit dem Recht ausstatte, Propagandalügen zu verbreiten. Zudem kritisiert Popper Platons Auffassung, jede soziale Veränderung führe zum Verfall. In diesem System könne es keine Entwicklung geben. Platons geschlossenes Staatssystem, das nur wenigen Menschen das Recht auf politische Gestaltung zugesteht, sieht Popper als Beweis für dessen Konservativismus und Intoleranz. Nach Popper vertritt Platon die Idee einer Stammesgesellschaft, die starr und unbeweglich in ihren eigenen Gebräuchen verhaftet ist. Außerdem kritisiert Popper den Absolutheitsanspruch der platonischen Staatslehre und der dahinterstehenden Erkenntnistheorie.

Die Logik der Forschung

Während Platon Veränderung fürchtet und Dauerhaftigkeit wie selbstverständlich zum Wert an sich erklärt, hält Popper einen relativen Wahrheitsbegriff für eine der wesentlichen Voraussetzungen der offenen Gesellschaft. Wenn unsere Annahmen über die Welt nicht immer wieder an der Erfahrung geprüft und nötigenfalls korrigiert werden, ist laut Popper die Gefahr groß, in blinden Absolutismus zu verfallen. Dabei geht Popper über Platons Schüler und Gegenspieler Aristoteles (384–322 v. Chr.) noch hinaus. Aristoteles forderte, dass die Begriffe aus gründlicher Beobachtung abgeleitet werden. Popper glaubt, dass wir die Welt nicht nur beobachten, sondern sogar gezielt befragen können. Indem wir Vermutungen anstellen und diese im Experiment überprüfen, festigen wir die Grundlage unseres Wissens. Anders als etwa sein Philosophenkollege George Berkeley (1685–1753) leugnet Popper nicht die Existenz einer unabhängigen Wirklichkeit, glaubt jedoch, dass der Mensch niemals endgültige Gewissheit über ihr Wesen erlangen könne. Jede Theorie gelte nur so lange, bis sie durch eine bessere Theorie ersetzt wird. Kritiker maßen Popper mit seinem eigenen Maß und warfen ihm eine bewusste Fehldeutung der platonischen Philosophie vor.

Bis kurz vor seinem Tod lehrte Popper noch als Professor für Logik und wissenschaftliche Methodik an der London School of Economics and Political Science. Hier arbeitete er u. a. mit den Physikern Werner Heisenberg und Erwin Schrödinger, dem Kunsthistoriker Ernst Gombrich und dem Philosophen Bertrand Russell zusammen. Der gebürtige Wiener wurde 1965 von Queen Elisabeth II. als Knight Bachelor in den Ritterstand erhoben.

Kritischer Rationalismus

In seinem Hauptwerk „Die offene Gesellschaft" beschreibt Popper den kritischen Rationalismus als eine Haltung, „die zugibt, dass ich mich irren kann, dass du recht haben kannst und dass wir zusammen vielleicht der Wahrheit auf die Spur kommen werden". Eine der zentralen Forderungen Poppers an eine wissenschaftliche Theorie lautet deswegen, sie müsse Vorhersagen hervorbringen, die sich experimentell überprüfen lassen. Aus diesem Grund gehörte Popper zu den schärfsten Kritikern Sigmund Freuds (1856–1939). Dessen Theorie der seelischen Störungen produziere keine überprüfbaren Hypothesen und sei folglich weniger Wissenschaft als Glaubenssache.

Die Ikone der Philosophie des 20. Jahrhunderts

Jean-Paul Sartre (1905–1980)

Der französische Denker Jean-Paul Sartre hat als erster Philosoph von Weltrang fast sein gesamtes Leben im Zeitalter der Massenmedien gelebt. Er zog immer wieder die Aufmerksamkeit der Presse auf sich und wurde so im 20. Jahrhundert zum Gesicht der Philosophie. Einige der bekanntesten Bilder zeigen ihn mit seiner Lebensgefährtin Simone de Beauvoir im Café „Les Deux Magots" in Paris und beim Besuch des RAF-Terroristen Andreas Baader im Gefängnis in Stammheim. In den Bildzeugnissen seines Lebens nahm der Geist der Zeit Gestalt an; so wurde Sartre zur ersten Ikone der Philosophie.

Der Mensch macht sich selbst

„Man muss aus Lehm sein, und ich bin aus Wind", schrieb Sartre in seinem Tagebuch über sich selbst. Wenn er damit sagen wollte, er sei nicht hart genug gewesen, klingt das zumindest hinsichtlich seiner Philosophie wie Ironie, denn Jean-Paul Sartre war einer der radikalsten philosophischen Denker, die je gelebt haben.

Der Mensch, so Sartre, komme als eine Art Rohmasse zur Welt, als pure Existenz. Es liege bei jedem einzelnen, sich selbst zur Essenz, zum Wesen zu formen. Als „rohe" Menschen sind wir gänzlich unbestimmt und leiden an einem „geheimen Nichts", wie Sartre es ausdrückt.

Zur Freiheit verurteilt

Wir sind zur Freiheit verurteilt, und erst durch eigene Entscheidungen werde ich von einem, der bloß ist, zu einem, der etwas ist. Wer dabei auf Hilfe von oben oder von außen hofft, hofft vergebens, so Sartre. Der Mensch ist für Sartre sein eigener Schöpfer und sein eigener Gott, ebenso wie Albert Camus (1913–1960) glaubte, der Mensch müsse sein eigener Erlöser werden. Doch laut Sartre ist von den Menschen nichts Gutes zu erwarten. Sein Blick auf seine Mitmenschen ist im Kern recht pessimistisch. Religion und Psychologie sind für Sartre nichts als Ausreden jener, die sich scheuen, von ihrer Freiheit rechten Gebrauch zu machen. „Die Hölle, das sind die anderen", bilanziert er in seinem Theaterstück „Geschlossene Gesellschaft" (1944).

Keine Schuld und Gnade

Mit der Verneinung äußerer Autoritäten verlieren auch Begriffe wie Schuld oder Sünde ihren Sinn. Die Verurteilung zur Freiheit ist unwiderruflich. Niemand kann uns begnadigen, aber wir sind auch niemandem Rechenschaft schuldig. Solcherlei Überlegungen veranlassten Sartre in der Nachkriegszeit, sich einer besonders radikalen Gruppe kommunistischer Aktivisten anzuschließen. Dieser Schritt führte schließlich zum Zerwürfnis mit seinem langjährigen Freund Camus, dem er Verrat am Widerstand vorwarf.

Das Sein und das Nichts *„Das Sein und das Nichts" (1943) ist Sartres philosophisches Hauptwerk. Ausgehend von Baruch de Spinoza (1632–1677), Søren Kierkegaard (1813–1855), Edmund Husserl (1859–1938) und Martin Heidegger (1889–1976) entwickelt er darin eine radikale Philosophie der Freiheit. Zwar jongliert Sartre mit dem sperrigen Vokabular der Phänomenologie (Erscheinungslehre) und Ontologie (Seinslehre), aber zugleich veranschaulicht er seine Überlegungen immer wieder anhand kleiner Szenen aus Pariser Cafés. Im Kapitel über die Unaufrichtigkeit etwa tritt ein Kellner auf, der sich einredet, er müsse jeden Morgen um fünf Uhr aufstehen. Tatsächlich habe er die Wahl, im Bett zu bleiben, wenn auch auf die Gefahr hin, entlassen zu werden.*

Die Titelgeschichte „Moskaus schmutzige Hände – Von den Barrikaden gefallen: Jean-Paul Sartre" des Magazins „Der Spiegel" aus dem Jahr 1956 verweist auf Sartres Austritt aus der Kommunistischen Partei im selben Jahr. Grund für diese Entscheidung war die blutige Unterdrückung des Ungarischen Volksaufstands durch das sowjetische Regime, die Sartre auf Schärfste verurteilte.

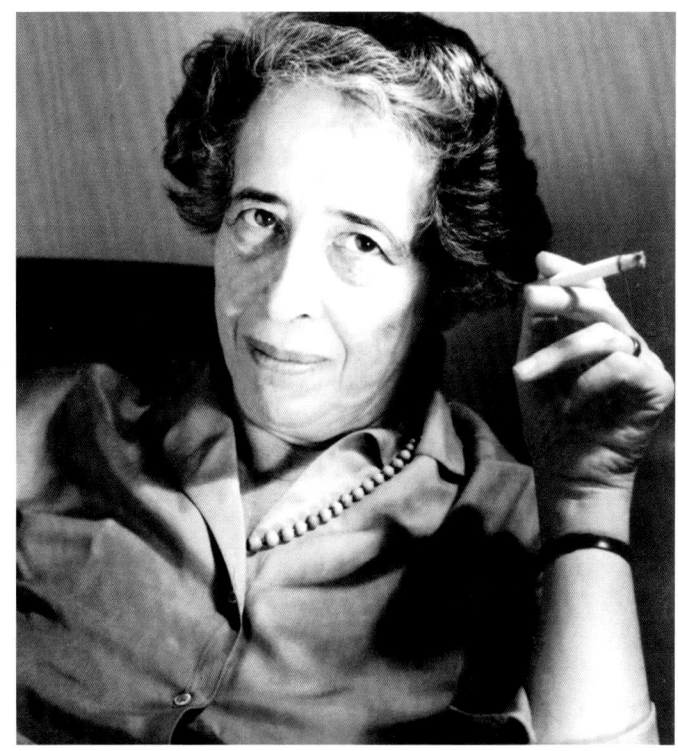

Die deutschjüdische Publizistin und Gelehrte Hannah Arendt hatte großen Einfluss auf die politische Philosophie ihrer Zeit, obwohl sie die Bezeichnung „Philosophin" stets ablehnte. Vom nationalsozialistischen Regime verfolgt und 1937 ausgebürgert, erhielt sie 1951 die US-amerikanische Staatsbürgerschaft. Hannah Arendt studierte zunächst bei Martin Heidegger (1889 – 1976) und später bei Edmund Husserl (1859 – 1938). Sie promovierte bei Karl Jaspers (1883 – 1969), mit dem sie auch später eng befreundet blieb. Von 1963 bis 1975 lehrte sie als Professorin, erst in Princeton, dann an der University of Chicago und schließlich in New York. Bis zu ihrem Tod trat sie stets für Freiheit, Menschenrechte, Pluralismus und Rechtsstaatlichkeit ein.

Die Bedeutung einer Vita activa

Hannah Arendts politisches Engagement folgte ihrer Philosophie, wonach dem einzelnen Menschen die Aufgabe zukommt, zusammen mit anderen die Welt zu gestalten. Handeln und Arbeiten sei das Wesen des Menschen, da es dem Fortbestand des Einzelnen und der Gesellschaft dient. Das menschliche Handeln ist für Arendt von Kommunikation und politischer Interaktion bestimmt. In ihrer Schrift „Vita activa oder Vom tätigen Leben" betont sie die Notwendigkeit der Kommunikation, da es keine absolute Wahrheit, sondern nur einzelne Meinungen gebe. Hannah Arendt ging davon aus, dass prinzipiell jeder Mensch zum Denken und somit auch zur Politik fähig sei. Deshalb dürfe das politische Handeln und die Macht im Staat nicht auf Einzelne beschränkt sein.

Die „Banalität des Bösen"

Eine heftig diskutierte These Arendts war die von der „Banalität des Bösen", die sie 1961, ausgehend vom Eichmann-Prozess, aufstellte. Im Gegensatz zur dämonischen Tiefe des von Kant geprägten Begriffs des „radikal Bösen", das außerhalb von politischen, geschichtlichen oder moralischen Kategorien steht, nennt Arendt die Verbrechen des NS-Schreibtischtäters Adolf Eichmann „ungeheuerliche Taten" eines „gewöhnlichen", „gedankenlosen" Täters. Im 1989 veröffentlichten Buch „Denken, Wollen, Urteilen" stellt Arendt die Frage, ob das Denken eine der Bedingungen sei, die Menschen davor bewahre, Böses zu tun. Der „Vita activa" stellt sie darin die mindestens ebenso wichtige „Vita contemplativa", das Denken, an die Seite. Arendt betont, ausgehend von der Tendenz totalitärer Systeme, durch Propagandalügen und Indoktrinierung das Moralempfinden und die Realitätswahrnehmung der Menschen zu manipulieren, die Bedeutung des Gewissens; es hänge mit „Wissen" zusammen, während sich in den Lehnwörtern „Ethik" und „Moral" die ursprüngliche griechische bzw. lateinische Bedeutung „Sitte" verberge. Nach Arendt ist ein schlechtes Gewissen das Kennzeichen eines guten Menschen. Der Wille des Menschen sei nicht nur von blindem Trieb bestimmt, sondern auch von der Vernunft. Somit könne der Mensch für sein Handeln voll verantwortlich gemacht werden.

> **Der Eichmann-Prozess** *1961 wohnte Hannah Arendt als Reporterin dem Prozess gegen den SS-Obersturmbannführer und Leiter des nationalsozialistischen Referats des Reichssicherheitshauptamtes (RSHA) Adolf Eichmann in Jerusalem bei. Eichmann, der für die Ermordung von etwa sechs Millionen Menschen mit verantwortlich war, plädierte darin auf seine juristische Unschuld, indem er damit argumentierte, als Befehlsempfänger gehandelt zu haben. Der Prozess endete mit einem Todesurteil. Unter Eindruck des Prozesses entstandt Arendts Buch „Eichmann in Jerusalem: Ein Bericht von der Banalität des Bösen" (1963).*

Die Philosophie des Absurden

Albert Camus (1913 – 1960)

iebe Seele, trachte nicht nach dem ewigen Leben, sondern schöpfe das Mögliche aus. Diese Worte des griechischen Odendichters Pindar (um 522 – 446 v. Chr.) stellt Albert Camus seinem berühmtesten Werk, dem „Mythos des Sisyphos" (1942), voran. Sie sind sein philosophisches Motto.

Ein Leben ohne Gott

Am Anfang steht für Camus, der in ärmlichen Verhältnissen in Algerien aufwuchs, eine bittere Erkenntnis: Der Mensch ist auf sich allein gestellt. Unser Leben ist nacktes Leben, ein Leben ohne Bedeutung. Der Selbstmord ist deswegen nach Camus das einzig ernste philosophische Problem. Indem ein Mensch lebt und die Absurdität des Lebens akzeptiert oder sich entscheidet, seinem Leben selbst ein Ende zu setzen, beantwortet jeder die Frage nach dem Wert und dem Sinn des Lebens für sich selbst. Camus selbst wählte nicht den Freitod, sondern schied überraschend und unfreiwillig aus dem Leben; er starb bei einem tödlichen Unfall im Wagen seines Verlegers Michel Gallimard. Er hatte nichts bei sich außer einer Aktentasche; darin fand man das unvollendete Manuskript seiner Kindheitserinnerungen. Darin heißt es: „Christus ist nicht bis Algerien gekommen."

Als Symbol für die absurde Situation des Menschen steht bei Camus die Figur des Sisyphos. Der Sage nach überlistet die-

> 📖 **Das ewige Leben** Im Heilsversprechen des Christentums und im Apostolischen Glaubensbekenntnis hat es seinen festen Platz, aber auch die Philosophen haben immer wieder über das ewige Leben nachgedacht. Platon (427 – 347 v. Chr.) geht davon aus, die Seele sei nicht nur unsterblich, sondern habe sogar schon vor der Geburt gelebt. Selbst der gottlose Friedrich Nietzsche (1844 – 1900) hat mit der „ewigen Wiederkehr" seine eigene Version der Unsterblichkeit konstruiert. Für Camus dagegen ist der Tod das absolute Ende, der unausweichliche Abschluss eines sinnlosen Lebens.

ser den Tod und wird zur Strafe für alle Ewigkeit zu sinnlosen Mühen in der Unterwelt verurteilt. Wieder und wieder muss er einen schweren Stein einen Berg hinaufwälzen, der vom Gipfel stets zurück ins Tal rollt. Der Mythos ist bei Camus ein Sinnbild für das absurde menschliche Leben, dem der Mensch immer wieder trotzt, indem er weiterlebt. Die Ewigkeit der Strafe steht für die völlige Sinnlosigkeit des Lebens. Trost komme nicht von außen, etwa aus Metaphysik oder Religion, der Mensch müsse sein eigener Erlöser werden. Indem er sein Schicksal annehme und seine Strafe erdulde, lehne Sisyphos sich in Wahrheit gegen die Götter auf und triumphiere über ihre Macht.

Der Dreschflegel Gottes

Die Gedankenwelt, die Camus im „Sisyphos" entwickelt, vollendet er in seinem erzählerischen Werk. Bei Camus erwacht die Philosophie im Roman zum Leben. Eines der Glanzlichter ist die Figur des Paters Paneloux im Roman „Die Pest" (1947). Der Prediger erklärt darin die Seuche zur gerechten Strafe, zum „Dreschflegel Gottes". Es werde mehr Spreu geben als Weizen, und die Menschen verdienten es nicht besser. Doch je wahlloser der Dreschflegel der Pest drischt, desto mehr schwindet des Paters feuriger Eifer. Er erkennt, dass in der Not keine Rettung aus göttlicher Gerechtigkeit erwächst, sondern nur menschliche Gnade das Leid lindern kann. In ähnlicher Weise setzte Camus als bekennender Atheist der Sinnlosigkeit des Daseins die Beschränkung auf das diesseitige Leben entgegen. Die Frage nach der Gerechtigkeit Gottes, der Theodizee, stellte sich Camus nicht, denn er glaubte nicht an Gott.

Der italienische Renaissancemaler Tizian (1490 – 1576) stellt in seinem 1548 – 49 entstandenen Gemälde die Bestrafung des Sisyphos dar, der immer wieder einen schweren Fels den Berg hinaufschieben muss (Öl auf Leinwand, Museo del Prado, Madrid). Die Erfahrung der Absurdität des menschlichen Daseins – versinnbildlicht in der Sagengestalt – faszinierte und beschäftigte Camus ein Leben lang.

Albert Camus

Im Reich der Zeichen

Roland Barthes (1915 – 1980)

Viele Denker des 20. Jahrhunderts beschäftigten sich intensiv mit einer der wichtigsten Erfindungen der Neuzeit, dem Automobil. Der französische Philosoph Roland Barthes sah darin sogar das moderne Äquivalent der Kathedrale. Er verehrte den Automobildesigner Flaminio Bertoni als modernen Kirchenbaumeister und das Citroën-Modell DS 19 als sein Meisterwerk. Die DS (gesprochen déesse, franz. „Göttin") sei „offenkundig vom Himmel gefallen", schrieb Barthes 1957. Dank großer, gewölbter Glasflächen wirkt der Wagen ungewöhnlich leicht und elegant. Barthes sah darin das Zeichen einer neuen, besseren Zeit.

Mythen des Alltags

Das Auto war für Barthes mehr als ein Gebrauchsgegenstand, denn unsere Welt sei eine Welt der Bedeutung. Die uns umgebenden Gegenstände erfüllen nicht nur ihren Zweck, sondern sind zugleich mit Bedeutungen aufgeladen. Ein Auto wie die DS ist nach Barthes gleichzeitig Gebrauchs- und Bedeutungsgegenstand. Sie erfüllt die Funktion der Fortbewegung und steht darüber hinaus als Zeichen für die Zukunft. In seiner Bedeutungsanalyse beschäftigt Barthes sich mit solchen Zeichen und ihrer Wirkung. Barthes versteht seine universale Zeichenlehre („Semiotik") als Mittel zur Entschlüsselung der „Mythen des Alltags", so der Titel einer seiner Schriften.

Ist eine Rose nur eine Rose?

Ein Beispiel für diese Analyse ist die Rose. Sie ist nicht nur eine Blume, sondern in der Sprache der Semiotik zugleich ein Signifikant, d. h. ein Element, das Bedeutung trägt. Verschenke ich zum Beispiel eine rote Rose, so zeigt sie meine Liebe zur beschenkten Person. Diese Bedeutung der roten Rose heißt in der Semiotik Signifikat. Erst die Verbindung von Bedeutendem (rote Rose) und Bedeutung (Liebe) ergibt nach Barthes das sinnhafte Zeichen. Sein Sinn entsteht aus der Verbindung von zwei Elementen, die zunächst in keinem zwingenden Verhältnis zueinander stehen; eine Rose muss schließlich nicht notwendigerweise „Liebe" bedeuten. Dieses System nennt Barthes Objektsprache, und das Ziel seiner Zeichenanalyse ist die Entschlüsselung dieser Sprache.

Die rote Rose stehe nicht deswegen für die Liebe, weil der Schenkende ihr selbst diese Bedeutung gebe, und auch nicht, weil eine natürliche Verknüpfung zwischen der Rose und der Liebe bestehe, sondern aufgrund gesellschaftlicher Übereinkunft. Es könne durchaus Gesellschaften geben, in denen die verschenkte rote Rose eine andere Bedeutung habe, oder Zeichensysteme, in denen ein anderer Signifikant für das Signifikat „Liebe" stehe. Das beste Beispiel für die Willkür der Zeichen aber ist die Sprache, denn weder die Zeichenfolge „R-O-S-E" noch deren gesprochener Klang haben mit der Blume, die sie bezeichnen, etwas gemeinsam – außer der Bedeutung.

> **Semiotik** *Die Semiotik (nach griech. semeion, Zeichen) ist eine Fachrichtung an der Grenze zwischen Philosophie und Sprachwissenschaft. Sie beschäftigt sich mit der Bedeutung und Benutzung der Zeichen. Die von Roland Barthes verwendeten Begriffe „Signifikant" (Bedeutendes) und „Signifikat" (Bedeutung) gehen auf den Schweizer Sprachwissenschaftler Ferdinand de Saussure (1857–1913) zurück. Saussures Zeitgenosse Charles S. Peirce (1839–1914) erweiterte den Zeichenbegriff auf nichtsprachliche Symbole wie die Rose und unterschied dreierlei semiotische Beziehungen: die der Zeichen untereinander, die zwischen den Zeichen und ihrer Bedeutung sowie die zwischen den Zeichen und ihren Benutzern.*

Der Gegenstand, der Barthes am meisten zum Nachdenken über Symbolik und die Modeerscheinungen seiner Zeit anregte, war das Modell DS 19 der französischen Automobilfirma Citroën. Ab 1955 in der Fertigung, fand das Auto schnell viele Anhänger, neben Barthes auch den ehemaligen Präsidenten Frankreichs Charles de Gaulle.

Je nach Perspektive des Betrachters wird Barthes als Kritiker, Literaturwissenschaftler, Zeichentheoretiker, Maler, Philosoph oder Autor bezeichnet. Seit einiger Zeit ist es üblich, Barthes all diese Etiketten zugleich anzuheften. Auch er selbst beschäftigte sich mit Etikettierungen und entwickelte eine Theorie der allgemeinsprachlichen Bedeutungszuschreibung: die des Mythos. Der Begriff des Mythos meint dabei nicht nur, wie in der Antike, die Gesamtheit religiöser Figuren und Geschichten, sondern auch unbewusste und kollektive Aufladungen von Begriffen oder Sachverhalten mit Bedeutung. Bestimmte Begriffe oder gesellschaftliche Phänomene enthalten eine über den bloßen Namen oder den reinen Sachverhalt hinausgehende Aussage oder Botschaft, zum Beispiel damit assoziierte Bilder, die etwa für die Vermarktung von Produkten oder die politische Meinungsbildung ausschlaggebend sind.

> 📖 **Poststrukturalismus** *Obwohl er sich verschiedener wissenschaftlicher Methoden bediente, gilt Roland Barthes neben dem Philosophen Michel Foucault (1926 – 1984) und dem Psychologen Jacques Lacan (1901 – 1981) als einer der bedeutendsten Vertreter des Poststrukturalismus, einer philosophischen Strömung, die Ende der 1960er-Jahre in Frankreich entstand. Grundlegend ist für diese der kritische Umgang mit gängigen Diskursen und die Entwicklung neuer Vorstellungen unter Verwendung psychoanalytischer und sprachphilosophischer Zeichen- und Begriffskonzepte. Das Individuum wird dabei nicht als autonom, sondern als von Fremdeinwirkungen und unbewussten kognitiven Vorgängen beeinflusst angesehen.*

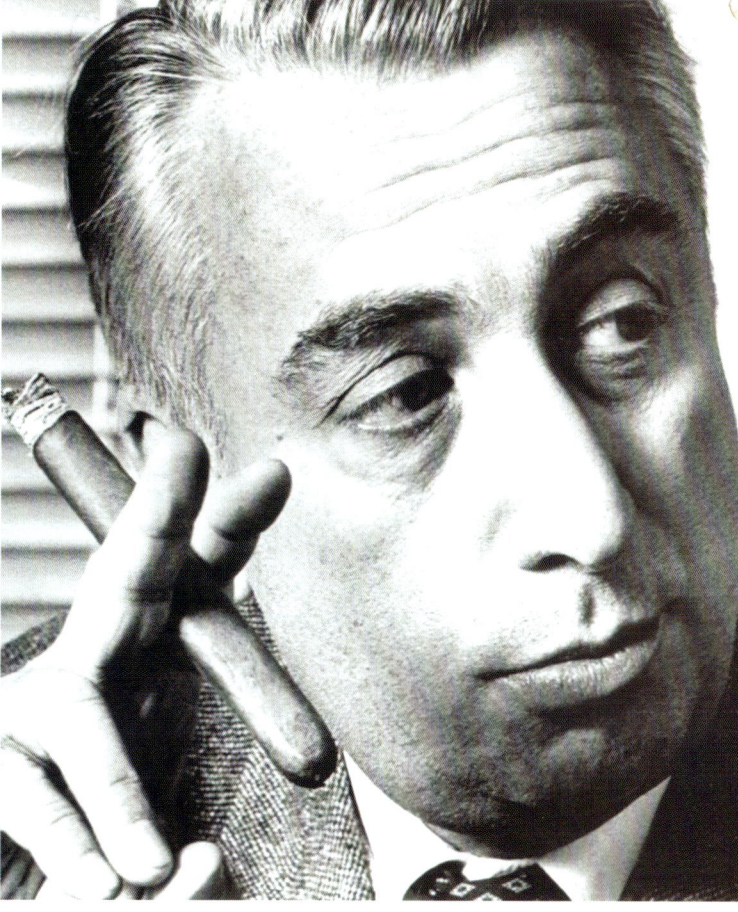

Seltene Porträtaufnahme aus dem Jahr 1972. In seinem Essay „Die helle Kammer" beschäftigt sich Barthes mit der Fotografie, der er äußerst skeptisch gegenüberstand. Jedes Foto enthalte etwas Fürchterliches, „die Wiederkehr des Toten". Auch wenn der Porträtierte noch leben sollte, reihe ein Foto ihn in eine Liste für die Nachwelt ein und setze ihn damit zu Lebzeiten den Toten gleich.

Entlarvung des Mythos

Die Träger des Mythos sind vielfältig. Die Literatur, aber auch der Film, die Reklame, die Fotografie oder das Schauspiel können einen Bedeutungsüberschuss enthalten. Der Mythos kennt laut Barthes keine inhaltlichen Grenzen. Prinzipiell könne alles mit einem einer mythischen Bedeutung aufgeladen und dabei kollektiv vereinnahmt werden, da der Mythos nicht von seinem Träger, sondern von seiner gesellschaftlichen Verwendung bestimmt ist. Barthes analysiert in seiner Schrift „Mythen des Alltags" (1957) aktuelle und gewohnte Mythen als eine Form der Verwendung von Zeichen, die eigentlich irrational ist, den Menschen aber natürlich und grundlegend erscheint. Der Mythos muss als historische Schöpfung verstanden werden; er ist ein Produkt der Kultur und kann daher jederzeit wieder verschwinden, weil die Schöpfer des Mythos, die Menschen, nach Barthes als historische Wesen selbst der Veränderung unterliegen.

Gesellschaftlicher Effekt

Barthes verwendet den Begriff des Mythos nicht zuletzt, um damit Veränderungen des Alltagslebens in ihrem kulturellen Zusammenhang zu beleuchten. Im Vordergrund steht dabei nicht der technische oder politische Fortschritt, sondern die davon ausgelösten Veränderungen der Massenkultur und ihrer Mythen. Mehr noch als für den Mythos selbst interessiert Barthes sich für die Entstehung von Bedeutung. Die Tatsache, dass der Mythos und sein Träger in keiner zwingenden Beziehung zueinander stehen, mache die Alltagsmythen zu einem eher soziologischen als philosophischen Thema. Schließlich seien es die Menschen, die manche Gegenstände scheinbar willkürlich mit mythischer Bedeutung aufladen. Seine Methoden hat Barthes deshalb sowohl an literarischen Texten als auch an einem Wahrzeichen wie dem Eiffelturm erprobt.

Die erfundene Wirklichkeit

Paul Watzlawick (1921–2007)

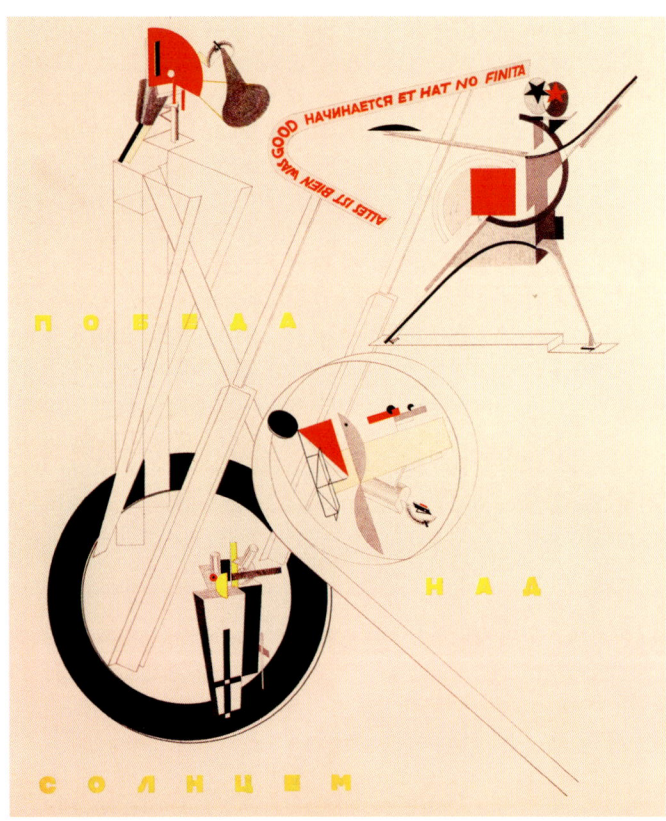

Was meinen wir eigentlich, wenn wir behaupten, die Welt sei „in Wirklichkeit" ganz anders, als wir sie in Träumen, Phantasien, Wahnvorstellungen oder Halluzinationen erleben? Gibt es überhaupt eine objektive Wirklichkeit? Können wir diese zweifelsfrei erfassen? Der österreichische Psychiater Paul Watzlawick kam nicht nur aufgrund seiner langjährigen Erfahrung als Psychotherapeut zu dem Schluss, dass es keine vom menschlichen Bewusstsein unabhängige Wirklichkeit gibt. Paul Watzlawik war neben Ernst von Glasersfeld (*1917) und Heinz von Foerster (1911–2002) einer der bedeutendsten Vertretern des radikalen Konstruktivismus. Im Gegensatz zu anderen konstruktivistischen Richtungen ist mit dem radikalen Konstruktivismus kein wissenschaftliches oder pädagogisches Programm verbunden.

Erkenntnis ist Selbstbetrug

Wir finden die Wirklichkeit laut Watzlawick nicht, wie ein Leser in der Bibliothek ein neues Buch entdeckt, sondern wir erfinden die Wirklichkeit, wie ein Dichter, der eine Geschichte schreibt. Was wir für wirklich halten, ist laut Watzlawick nicht schon vor uns da, sondern ein Ergebnis unserer Sprache, unserer Erziehung, unserer Gewohnheiten und unserer Kommunikation. Wir sehen, was wir sehen wollen. Ein bekanntes Beispiel für diese Konstruktion der eigenen Realität stammt aus Watzlawicks „Anleitung zum Unglücklichsein": Ein Mann klatscht alle zehn Sekunden in die Hände. Ein anderer Mann fragt ihn, was dieses seltsame Verhalten zu bedeuten haben. Der Mann erklärt: „Ich klatsche, um die Elefanten zu verscheuchen." Als der andere Mann erwidert: „Hier gibt es doch gar keine Elefanten", antwortet der Mann: „Na, also, da sehen Sie mal."

Die Wirklichkeit wird konstruiert

Als weiteres Beispiel nennt Watzlawick das Phänomen der „selektiven Wahrnehmung". Einmal auf eine vermeintliche Verschwörung oder eine magische Zahl aufmerksam geworden, sehen wir sie überall. Wir passen die Welt unserer Wahrnehmung an, nicht umgekehrt. Mit der von René Descartes (1596–1650) in seinen „Meditationen" formulierten Befürchtung, böswillige Dämonen könnten uns die Wirklichkeit nur

vorgaukeln, hat Watzlawicks Theorie nichts zu tun. Nicht andere, sondern wir selbst sind die Gaukler. Die uns umgebende Welt ist laut Watzlawick weder eine fremdverursachte Scheinwelt noch eine objektive Realität, sondern unser eigenes Konstrukt. Wir konstruieren, so Watzlawick, auf der Basis von Erfahrung, Beobachtung und Kommunikation eine geordnete Welt, um uns darin zurechtzufinden. Die „Wahrheit", wenn es sie gebe, sei uns nicht zugänglich; selbst die Naturgesetze seien Teil unserer Konstruktion, mit der wir uns vor ständiger Verwirrung schützten. Unser Weltbild sei dabei allerdings nur eines von vielen möglichen. Um mit dem Konstruktivisten Ernst von Glasersfeld zu sprechen: Der Schlüssel, den wir zur Wahrnehmung der Wirklichkeit haben, passt, wir wissen nur nicht, ob er der richtige ist und wie das Schloss beschaffen ist.

> **Konstruktivismus** *Weil wir die Wirklichkeit laut Paul Watzlawick nicht unabhängig von uns vorfinden, sondern sozusagen selbst konstruieren, ist sein wahrnehmungsphilosophischer Ansatz als Konstruktivismus bekannt geworden. Watzlawick selbst war mit dem Begriff „Konstruktivismus" wegen seines unschönen Klanges und seiner Mehrdeutigkeit – auch eine Kunstrichtung in der Sowjetunion der 1920er-Jahre wird als Konstruktivismus bezeichnet – allerdings alles andere als glücklich. Stattdessen schlug er für seine Arbeit die Bezeichnung „Wirklichkeitsforschung" vor.*

Paul Watzlawick

Philosophischer Dadaismus: Anything Goes

Paul Feyerabend (1924–1994)

Aufmerksam verfolgen wir die Wettervorhersage im Fernsehen und freuen uns, wenn für den nächsten Tag kein Regen vorhergesagt wird. Sollte es aber dann tags darauf doch in Strömen gießen, sind wir enttäuscht von den Meteorologen und stellen ihre wissenschaftlichen Methoden in Frage. Der Philosoph und Wissenschaftstheoretiker Paul Feyerabend geht einen Schritt weiter. Seiner Ansicht nach wird die Wissenschaft als einzig objektiver Zugang zur Welt überschätzt. Die Welt sei uns ihrem Wesen nach fremd. Daher könne auch die bestmögliche Methode zu ihrer Untersuchung nicht im Voraus bekannt sein. Ein starres Methodengerüst, wie es Feyerabends Lehrmeister Karl Popper (1902–1994) entwickelt hatte, könne den Fortschritt der Wissenschaft sogar beeinträchtigen. Laut Feyerabend sind entscheidende Veränderungen in der Wissenschaft in der Vergangenheit immer mit einer Veränderung der Methoden einhergegangen. Als Beispiel nennt er die Abkehr von den menschlichen Sinnen zugunsten technischer Hilfsmittel wie Teleskop oder Mikroskop. Feyerabend bekämpfte den absoluten Wahrheitsanspruch der Wissenschaft mit bewussten Provokationen: Regentänze seien genauso gut wie Wettervorhersagen und Wahlprognosen nicht besser als Astrologie.

> **Wissenschaftstheorie** *Wie unterscheidet sich die Wissenschaft von anderen Welterklärungsversuchen wie Philosophie oder Religion? Woran erkennt man ein gutes wissenschaftliches Modell? Sollen wir uns auf unsere Sinne oder lieber auf die Vernunft verlassen? Anhand solcher Fragen beschäftigt sich die Wissenschaftstheorie mit den Voraussetzungen, Prinzipien, Zielen, Methoden und nicht zuletzt auch mit dem Wahrheitsbegriff der Wissenschaft. Die Wissenschaftstheorie geht dabei weitgehend unabhängig von den Inhalten der Einzelwissenschaften vor.*

Wider den Methodenzwang

Feyerabend sah Wissenschaft nur als eine von vielen Erkenntnisarten; auch Kunst und Religion vertiefen in seinen Augen unser Weltverständnis. Ferner sei die Wissenschaft anderen Zugängen zur Welt keineswegs zwingend überlegen.

In seinem wissenschaftstheoretischen Hauptwerk „Against Method" (1974, dt. „Wider den Methodenzwang") spricht Feyerabend sich ausdrücklich für kontrollierte Beliebigkeit aus; seine Devise lautet „Anything Goes" (dt. „Alles ist möglich"). Indem er sein philosophisches Motto einem Musical des Jazz-Komponisten Cole Porter (1891–1964) entlehnt, bekundet er zugleich seinen Respekt vor der Kunst als Alternative zur Wissenschaft und seine eigene Liebe zur Musik.

In seiner Autobiographie „Killing Time" (dt. „Zeitverschwendung") schildert Feyerabend seinen Kindheitstraum von einer Laufbahn als Opernsänger, die der Ausbruch des Zweiten Weltkriegs zunichte machte.

Kreativität und Wissenschaft

Nach überstandenem Kriegsdienst stellte er seine Kreativität in den Dienst der Wissenschaftstheorie. Anders als manche seiner Anhänger wollte Feyerabend die Methoden der Wissenschaft jedoch nicht abschaffen, sondern ihren relativen Charakter hervorheben. Was heute richtig sei und weiterhelfe, könne morgen schon zur Sackgasse werden. Insofern ist sein „Anything Goes" vor allem ein Aufruf, sich des eigenen Verstandes ohne Rücksicht auf die herrschende Meinung zu bedienen. Feyerabend ermutigt zu einem Denken, das auch Widersprüche aushält. Sein Kreativitätsbegriff umfasst den Abschied vom „Entweder-Oder" und das Bekenntnis zum „Vielleicht".

Feyerabend gilt als der Anarchist unter den Philosophen. Er sah durchaus Parallelen zwischen der bewussten Abgrenzung künstlerischer Subkulturen vom kulturellen Establishment und seinem eigenen Kampf „wider den Methodenzwang".
In der Berliner East-Side-Gallery finden sich auf über einem Kilometer Länge spontane politische Graffiti – ganz im Sinne Feyerabends.

Jean-François Lyotard (1924 – 1998)

Der französische Philosoph Lyotard in einer Porträtfotografie, entstanden um 1980. Als Philosophieprofessor war Lyotard nach zahlreichen Stationen in Frankreich an den US-Universitäten in Irvine, Atlanta, und an der Yale University tätig.

Erkenntnis ist Stückwerk

Weil sich eine rote Mauer zum Beispiel bei Tageslicht mitunter als grau entpuppe, gebe es Wahrheit stets nur „bis auf Weiteres". Unser Zugang zur Welt müsse immer vorläufig bleiben. Nie könne unser Wissen im Wortsinn absolut (lat. absolutus, abgelöst), also von den Bewusstseinsinhalten getrennt werden. Der einzig absolute Grund der Erkenntnis sei das Bewusstsein selbst. Lyotard will die Wissenschaft von der Notwendigkeit überzeugen, das erkennende Subjekt zu berücksichtigen. Die Bewusstseinsphilosophie soll zum neuen Fundament sicheren Wissens werden, wie es schon René Descartes (1596 – 1650) gefordert hatte.

Die Phänomenologie

Sein Hauptwerk „Die Phänomenologie" machte Lyotard neben Jean-Paul Sartre (1905 – 1980) in Frankreich zum bedeutendsten Botschafter des Phänomenologen Edmund Husserl, dessen Schlüsselbegriffe „Objekt" und „Wesensschau" Lyotard selbst in der französischen Originalversion seiner Texte auf Deutsch stehen lässt. Eine zweite Hauptrolle in der Ideengeschichte spielt Lyotard als Erfinder der Postmoderne. Er hat den Begriff erstmals in seinem Buch „Das postmoderne Wissen" von 1979 benutzt und eine bis heute andauernde Debatte in Philosophie, Soziologie und Kulturwissenschaft ausgelöst. Sein bleibendes Vermächtnis ist die Erkenntnis, dass uns etwas Entscheidendes entgeht, wenn wir die Erkenntnis vom Erkennenden abzulösen versuchen.

Seit jeher versucht die Wissenschaft mit nur zwei Größen auszukommen: dem Gegenstand und der Erkenntnis vom Gegenstand. Dabei fehle, so der französische Philosoph Jean-François Lyotard, die dritte und wichtigste Komponente: das erkennende Bewusstsein. Als Beispiel für seine These wählt Lyotard eine simple rote Mauer: Die Farbe Rot sei nicht von der Mauer abzutrennen, auf der sie vorkomme, noch weniger aber vom Erkennenden, der sie als rot wahrnehme.

Anders als die meisten Wissenschaftler hält Lyotard nicht Erklärungen der Dinge, sondern bloße Beschreibungen für den Königsweg „zu den Sachen selbst", wie er es in Anlehnung an den Philosophen Edmund Husserl (1859 – 1938) formuliert. Wenn die Physik erkläre, die Farbe Rot sei in Wahrheit nur eine Schwingungsfrequenz des Lichts, entferne sie sich damit von der Sache selbst, anstatt ihr näher zu kommen.

Die Dinge sind uns nämlich, so Lyotard, niemals direkt, sondern nur in unzähligen Andeutungen und Schattierungen gegeben. Das Sein einer Sache selbst sei das Beständige, das sich wie eine Ablagerung durch alle Variationen erhalte. „Diese Mauer ist rot" sei trotzdem keine Aussage über die Welt, sondern nur über unser Bewusstsein von ihr.

> **Die Postmoderne** *Mitte des 20. Jahrhunderts stellte Jean-François Lyotard eine gewaltige geistesgeschichtliche Veränderung fest. In der Vergangenheit sei unser Wissen stets durch eine große „Rahmenerzählung" zusammengehalten worden. Als Beispiel nennt Lyotard die Befreiung des Menschen als Leitmotiv der Aufklärung. Mit dem 20. Jahrhundert aber beginne das Zeitalter mehrerer miteinander konkurrierender Welterklärungserzählungen. Lyotard erkannte in der neuen Vielfalt der Postmoderne eine Chance, während viele die Beliebigkeit als Bedrohung empfinden und sich nach der alten Einheit zurücksehnen.*

Die Macht der Worte
Michel Foucault (1926–1984)

Der amerikanische Sprachwissenschaftler Benjamin Lee Whorf (1897–1941) kam aufgrund seiner vergleichenden Sprachstudien zu dem Schluss, unsere Sprache bestimme unsere Wahrnehmung und unser Denken. Der französische Philosoph Michel Foucault geht einen Schritt weiter und behauptet, unser Sprechen, unser „Diskurs" bestimme nicht nur unser Denken, sondern auch unser Handeln.

Wahnsinn als Studienobjekt

Der von Foucault geprägte Begriff „Diskurs" (nach lat. discursus, Rede) bezeichnet das sprachliche Ganze der Begriffe und Äußerungen in einem bestimmten Bereich. In seiner Doktorarbeit „Wahnsinn und Gesellschaft" (1961) beschäftigt sich Foucault zum Beispiel damit, wie verschiedene historische Epochen mit dem Phänomen Geisteskrankheit umgegangen sind. Er kommt zu dem Schluss, dass die jeweilige Art, über Wahnsinn zu sprechen und zu schreiben, direkt mit der Behandlung der Wahnsinnigen verknüpft ist. So stellt Foucault unter anderem fest, dass der Wahnsinn zeitweilig als etwas

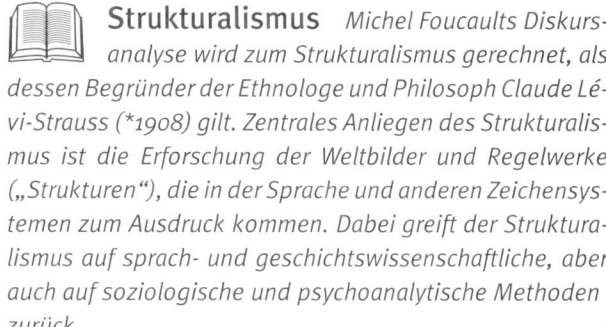

Strukturalismus *Michel Foucaults Diskursanalyse wird zum Strukturalismus gerechnet, als dessen Begründer der Ethnologe und Philosoph Claude Lévi-Strauss (*1908) gilt. Zentrales Anliegen des Strukturalismus ist die Erforschung der Weltbilder und Regelwerke („Strukturen"), die in der Sprache und anderen Zeichensystemen zum Ausdruck kommen. Dabei greift der Strukturalismus auf sprach- und geschichtswissenschaftliche, aber auch auf soziologische und psychoanalytische Methoden zurück.*

betrachtet wurde, über das sich eigentlich gar nichts sagen lasse. Das Verhältnis gesunder Menschen zu geistig Behinderten sei folglich durch betretenes Schweigen und Wegschauen geprägt gewesen. Eine solche Prüfung der Sprache auf ihre Folgen für das Handeln nennt Foucault „Diskursanalyse". Die diskursive Praktik, z. B. die Aussagen über den Wahnsinn, stehen nach Foucault in direkter Beziehung zu den nicht-diskursiven Praktiken, z. B. dem Umgang mit den Wahnsinnigen in der Nervenheilanstalt.

Diskurs als Sprachregelung

Der Diskurs ist nach Foucault das in der Sprache erscheinende Wirklichkeitsverständnis einer Gesellschaft oder Gruppe. Die Regeln des Diskurses bestimmen, so Foucault, was man sagen kann und darf, was man nicht sagen soll und von wem es wie gesagt werden soll. Foucault unterscheidet thematische Diskurse wie das Sprechen über Wahnsinn von institutionellen Diskursen wie dem kollektiven Sprechen einer Behörde oder Bürokratie. Darüber hinaus könne auch die Expertensprache eines Berufsstands oder einer wissenschaftlichen Fachrichtung als Diskurs bezeichnet werden. Die Diskursanalyse zeige, dass Diskurse niemals rein sprachliche Phänomene seien, denn ein Diskurs sei niemals neutral. Einerseits sei er ein Produkt der bestehenden Herrschaftsverhältnisse, präge andererseits aber auch unsere Vorstellungen und fördere dadurch bestimmte Interessen. Die Realität selbst werde durch den Diskurs erzeugt und strukturiert. In ihm bilden sich Wahrheiten heraus, in denen immer auch Machtwirkungen deutlich werden, die wiederum jenseits der Sprache liegen. Wenn im politischen Diskurs etwa von „Ausländerflut" die Rede ist, wird die Migration damit implizit zur Naturkatastrophe erklärt. Eine solche diskursive Praktik kann nach Foucault handfeste nicht-diskursive Folgen haben, zum Beispiel die Verschärfung von Zuwanderungsbestimmungen. Foucault geht es darum, das Bewusstsein für derartige Zusammenhänge zwischen Sprechen und Handeln zu schärfen.

Undatierte Aufnahme des französischen Philosophen und Schriftstellers Michel Foucault. Zu den wichtigsten Forschungsfeldern Foucaults gehörte die Historie der Sexualität. Trotz seiner intensiven Beschäftigung mit der menschlichen Sexualität wurde Foucault eines der ersten prominenten Opfer der damals noch unerforschten Immunschwächekrankheit Aids.

Dekonstruktion: Verbindung von Destruktion und Konstruktion

Jacques Derrida (1930 – 2004)

Im Jahr 1925 beschreibt Freud in seinem Aufsatz „Notiz über den Wunderblock" ein Kinderspielzeug. Der Wunderblock ist eine druckempfindliche Wachsplatte, auf der immer wieder neue Zeichen geschrieben und anschließend gelöscht werden können. Spuren des früheren Beschreibens bleiben als unsichtbare Vertiefungen erhalten. Hebt man die Schicht ab, die in das Wachs eingeritzt ist, so kann man diese auf anderen Hintergründen wieder deutlich machen. Derrida inspirierte dies zu seiner Art der Interpretation, die die erhaltenen Dauerspuren sichtbar machen will. Von der Zaubertafel übertrug er Freuds Beobachtungen auf Literatur und Kultur. Damit war die Dekonstruktion geboren.

Das Nichtgesagte ist entscheidend

Dekonstruktion denkt bei jeder Aussage das Nichtgesagte, Ausgelassene und Verneinte mit. Sie richtet das Augenmerk sogar primär auf das Nichtgesagte. Das Nichtgesagte soll gezeigt und erfasst werden, sodass der „Fußabdruck" der Aussage offensichtlich wird. Dekonstruktion muss also je nach dem beobachteten Objekt anders verfahren. Sie ist keine Methode, die immer auf die gleiche Art und Weise angewendet werden könnte. Im Kern geht es darum, den Kontrast zwischen der Autorenintention und dem, was ein Text selbst aussagt oder offenbart, aufzudecken. So legt die Dekonstruktion ihr Augenmerk beispielsweise auch darauf, wie (vermeintliche) Gegensätze zustande kommen. Attribute wie „gut" und „böse" bedingen einander laut Derrida wechselseitig. „Gut" ist nur in Bezug auf sein Gegenteil „böse" sinnvoll und verständlich. Selbst, wenn in einem Text nur eines der beiden Wörter vorkomme, klinge das Gegenteil immer mit. Jeder Text sage deswegen mehr aus, als der Verfasser in ihn hineinlege.

Dieses Foto des aus Algerien stammenden Derrida entstand im Mai 2000 im Rahmen seiner Gastdozentur an der Universität Helsinki. Nachdem ihm als kleiner Junge der Schulbesuch durch das Vichy-Regime untersagt worden war, glänzte er im Laufe seiner wissenschaftlichen Laufbahn durch Lehrtätigkeiten u. a. an der Pariser Sorbonne, der Cambridge University und den US-amerikanischen Eliteuniversitäten Harvard und Yale.

Praktische Relevanz

Die Dekonstruktion ist kein System; es handelt sich vielmehr um eine Praxis, um die Kritik und Transformation von Texten. Derrida möchte sozusagen den „blinden Fleck" im Auge des Autors aufspüren, den Punkt, von dem aus dieser sieht und den er gerade deshalb selbst nicht sehen kann.

Die „Différance"

Derridas Hauptvermächtnis ist die Philosophie der Differenz. Es gibt demnach keine eindeutige Auslegung eines Kunstwerks oder Textes. Jacques Derrida erfindet für die Bewegung der Dekonstruktion ein neues, bedeutendes Kunstwort: Die „différance". Différance bezieht sich auf das französische Wort „différer" und hat mehrere Bedeutungen. Zum einen beschreibt es eine zeitliche Verzögerung, also ein permanentes „Aufschieben" der Bedeutung zugunsten einer anderen Lesart ins Unendliche. Zum anderen bezeichnet „différance" Verschiedenheit, „Anderssein". Kein anderes Wort könne, so Derrida, diesen Doppelsinn aus Flüchtigkeit und Nicht-Identität transportieren. Die Différance ist weder Wort noch Begriff, eher ein Umstand, eine grafische Spur, ein Knäuel von Verweisen, Texten und Kontexten. Sie „ist" nicht, sie hat keinen Kernpunkt, sie zeigt sich nur in der Bewegung selbst, als Spur der Gegenwart.

> **Wortschöpfung mit Tücken** *Zur Feier der Aufnahme der wichtigsten Vokabel der Philosophie Derridas in den „Le Robert", das maßgebliche Wörterbuch der französischen Sprache, zeigte Derrida stolz seiner Mutter den Neueintrag seiner Wortschöpfung. Die Mutter allerdings entgegnete bestürzt: „Jackie! Seit wann schreibst Du ‚différence' mit einem ‚a'?"*

Zeitleiste

Platon ist der wichtigste Denker der klassischen antiken Philosophie

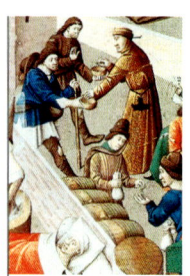

Augustinus ist der Vater der mittelalterlichen Scholastik

Thomas Hobbes entwickelt die Theorie von einem absolutistischen Herrschaftsideal

John Locke entwickelt die Erkenntnislehre des Sensualismus

Immanuel Kant entwickelt den kategorischen Imperativ als ethische Maxime

427–347 v. Chr.   **354–430**   **1588–1679**   **1632–1704**   **1742–1804**

384–322 v. Chr.   **um 1225–1274**   **1596–1650**   **1711–1776**   **1770–1831**

Aristoteles beschäftigt sich mit Logik, Ethik, Metaphysik und Ästhetik

Thomas von Aquin ist bekannt für seinen kosmologischen Gottesbeweis

René Descartes ist Mitbegründer des Rationalismus

David Hume ist einer der wichtigsten Philosophen der Aufklärung und des Empirismus

Georg Wilhelm Friedrich Hegel entwickelt eine Dialektik der Gegensätze

um 625–585 v. Chr. Thales von Milets Hauptaugenmerk gilt der Frage nach dem Ursprung des Universums	**4 v. Chr.–65 n. Chr.** Seneca ist Vertreter der jüngeren Stoa
6. Jh v. Chr. Laotses Werk Daodejing begründet den Daoismus	**um 185–254** Origines leitet die christliche Theologie ein
um 551–479 v. Chr. Konfuzius Lehre zeichnet sich durch das Streben nach Harmonie aus	**um 203–269** Plotin gilt als Gründer des Neuplatonismus
um 580–480 v. Chr. Xenophanes kritisiert die Vorstellung von den Göttern als menschliche Erfindung	**475–624** Boethius erreicht mit seinen Werken den ersten Höhepunkt des Universalienstreits
570–496 v. Chr. Pythagoras' Hauptgedanke ist dass das Wesen der Wirklichkeit in Zahlen besteht	**um 788–820** Adi Shankara erhebt die Weltseele zum obersten Prinzip
um 544–483 v. Chr. Heraklit gilt als erster Dialektiker	**um 800–873** Jakub ibn Isaak Al-Kindi gilt als erster islamischer Philosoph
um 540–480 v. Chr. Parmenides ist ein Vertreter der Schule von Elea	**980–1037** Ibn Sina (Avicenna) verbindet aristotelische Philosophie und mohammedanische Religion
um 500 v. Chr. Epimenides wird durch seine Paradoxien bekannt	**1033–1109** Anselm von Canterbury begründet einen ontologischen Gottesbeweis
um 485–415 v. Chr. Protagoras gilt als Begründer des Relativismus	**1079–1142** Pierre Abaillard entwickelt eine Zwischenposition im Universalienstreit
469–399 v. Chr. Sokrates gilt als einer der einflussreichsten Philosophen der Antike	**um 1200–1280** Albertus Magnus begründet den christlichen Aristotelismus
um 460–370 v. Chr. Demokrit ist Vertreter des Materialismus und des Atomismus	**1260–1327** Meister Eckhart beruft sich auf das kontemplative Gebet
um 412–323 v. Chr. Diogenes von Sinope vertritt das Ideal eines auf das Einfachste beschränkten Lebens	**um 1266–1308** Johannes Duns Scotus vertritt den Vorrang des freien Willens vor dem Intellekt
360–270 v. Chr. Pyrrhon von Elis wird zum Begründer des Skeptizismus	**um 1285–1350** William von Ockham trägt Bedeutendes zum Universalienstreit bei
341–270 v. Chr. Epikur begründet den Hedonismus	**um 1295–1358** Johannes Buridanus beschäftigt sich mit dem Problem der Willensfreiheit
106–43 v. Chr. Cicero betont die Bedeutung von Menschlichkeit und Bildung für ein weises Leben	**1401–1464** Nikolaus Cusanus vertritt die Position, man müsse die Vernunft überwinden und sich auf den Glauben verlassen
um 336–264 v. Chr. Zenon von Kition ist der Begründer der Stoa	
um 25 v. Chr.– 50 n. Chr. Philon von Alexandria entwickelt eine allegorische Auslegung des jüdischen Tanach	

Friedrich Nietzsche entwickelt die Theorie eines moralisch autonomen Übermenschen

Bertrand Russels Theorien beeinflussen den Logischen Positivismus

Martin Heidegger unternimmt einen Versuch der Erklärung des Seins vom Nichts her

Theodor W. Adorno begründet mit Max Horkheimer (1895–1973) die Frankfurter Schule

Jean-François Lyotard gilt als Erfinder der Postmoderne

1844–1900 **1872–1970** **1889–1976** **1903–1969** **1924–1998**

1859–1938 **1889–1951** **1902–1994** **1905–1980** **1930–2004**

Edmund Husserl begründet die Phänomenologie

Ludwig Wittgenstein gibt der Sprachphilosophie entscheidende Impulse

Karl Popper begründet den kritischen Rationalismus

Jean-Paul Sartre wird zu einem der Hauptvertreter des Existenzialismus

Jacques Derrida gilt als Begründer der Dekonstruktion

1469–1527	Niccolò Machiavelli entwickelt eine Staatstheorie, deren Prinzipien Stabilität und Ordnung sind
1466–1536	Erasmus von Rotterdam ist Vertreter des christlichen Humanismus
1473–1543	Nikolaus Kopernikus entdeckt das heliozentrische Weltbild
1478–1535	Thomas Morus prägt den Begriff der „Utopie"
1533–1592	Michel de Montaigne begründet die Kunst der Essayistik
1561–1626	Francis Bacon nimmt an, durch wissenschaftliches Denken zur Lebensverbesserung zu gelangen
1623–1662	Blaise Pascal wendet mathematische Methoden auf die Frage nach der Existenz Gottes an
1632–1677	Baruch de Spinoza ist ein bedeutender Rationalist
1642–1727	Isaac Newton entdeckt die Gravitation
1646–1716	Gottfried Wilhelm Leibniz nimmt an, wir lebten in der „besten aller möglichen Welten"
um 1689–1755	Montesquieu entwickelt die staatliche Gewaltenteilung
1694–1778	Voltaire gilt als einer der Hauptvertreter der Aufklärung
1712–1778	Jean-Jacques Rousseau entwickelt in seinem Gesellschaftsvertrag die Theorie einer idealen Verfassung
1737–1809	Thomas Paine prägt den Begriff des „common sense"
1744–1803	Johann Gottfried Herder betont die Bedeutung der Sprache für das menschliche Denken und die Kultur
1762–1814	Johann Gottlieb Fichte ist Vertreter des Deutschen Idealismus
1768–1834	Friedrich Schleiermacher entdeckt die Hermeneutik
1798–1857	Auguste Comte ist somit der Begründer der Soziologie

1788–1860	Arthur Schopenhauer sieht den Ausweg aus dem menschlichen Leiden im Nichtsein
1806–1873	John Stuart Mill ist Vertreter des Utilitarismus
1809–1882	Charles Darwin begründet die moderne Evolutionstheorie
1813–1855	Søren Kierkegaard ist Vertreter des Existenzialismus
1818–1883	Karl Marx kritisiert die Ausbeutung der Arbeiter
1833–1911	Wilhelm Dilthey erforscht die Systematik der Geisteswissenschaften
1839–1914	Charles S. Peirce wird zum Begründer des Pragmatismus
1856–1939	Sigmund Freud begründet die Psychoanalyse
1861–1925	Rudolf Steiner begründet die Anthroposophie
1879–1955	Albert Einstein entwickelt die Relativitätstheorie
1885–1977	Ernst Bloch hofft auf eine Humanisierung der Welt
1887–1961	Erwin Schrödinger prägt einen Dualismus der Erkenntnistheorie
1892–1940	Walter Benjamin befasst sich mit der Reproduzierbarkeit der Kunst
1906–1975	Hannah Arendt entwickelt eine politische Philosophie von Freiheit und Pluralität
1913–1960	Albert Camus empfindet die Absurdität des Lebens
1915–1980	Roland Barthes beschäftigt sich mit der Bedeutung und Verwendung sprachlicher Zeichen
1921–2007	Paul Watzlawick entwickelt den Konstruktivismus
1924–1994	Paul Feyerabendes philosophisches Motto: „Anything Goes"
1926–1984	Michel Foucault ist Vertreter des Strukturalismus

Auswahlbibliografie

Adorno, Theodor W.; Horkheimer, Max: Dialektik der Aufklärung, Frankfurt 2006

Aquin, Thomas von: Über das Sein und das Wesen, Darmstadt 1989

Arendt, Hannah: Vita activa oder Vom tätigen Leben, München 2002

Aristoteles: Die Nikomachische Ethik, München 1991

Aristoteles: Politik, München 1973

Augustinus, Aurelius: Bekenntnisse, Düsseldorf 2007

Bacon, Francis: Neues Organon, Hamburg 1990

Barnes, Jonathan: Early Greek Philosophy, London 2002

Benjamin, Walter: Das Kunstwerk im Zeitalter seiner technischen Reproduzierbarkeit, Frankfurt 2007

Burkhard, Franz-Peter; Kunzmann, Peter; Wiedmann, Franz: dtv-Atlas Philosophie, München 1997

Camus, Albert: Der Mythos des Sisyphos, Reinbek 2007

Camus, Albert: Die Pest, Reinbek 2006

Descartes, René: Meditationes de Prima Philosophia, Stuttgart 1986

Duns Scotus, Johannes: Über die Erkennbarkeit Gottes, Hamburg 2000

Ernst, Gerhard: Einführung in die Erkenntnistheorie, Darmstadt 2007

Feyerabend, Paul: Killing Time, Chicago 1996

Foucault, Michel: Wahnsinn und Gesellschaft, Frankfurt 2001

Frenzel, Elisabeth: Stoffe der Weltliteratur, Stuttgart 2005

Freud, Sigmund: Die Traumdeutung, Frankfurt 2005

Hegel, Georg W. F.: Die Phänomenologie des Geistes, Hamburg 2006

Heidegger, Martin: Sein und Zeit, Tübingen 2006

Hobbes, Thomas: Leviathan, Cambridge 1996

Höffe, Ottfried: Aristoteles-Lexikon, Stuttgart 2005

Horster, Detlef: Ernst Bloch. Eine Einführung, Wiesbaden 2005

Huxley, Robert: Die großen Naturforscher von Aristoteles bis Darwin, München 2007

Irmscher, Johannes: Lexikon der Antike, Berlin 2004

Kant, Immanuel: Werke, Darmstadt 1998

Kenny, Anthony: The Oxford Illustrated History of Western Philosophy, Oxford 2001

Kierkegaard, Søren: Der Begriff Angst, Hamburg 1984

Köpf, Ulrich [Hrsg.]: Theologen des Mittelalters. Eine Einführung, Darmstadt 2002

Konfuzius: Gespräche des Meisters Kung (Lun Yü), München 1985

Laertios, Diogenes: Leben und Lehre der Philosophen, Stuttgart 1998

Libera, Alain de: Der Universalienstreit, München 2005

Locke, John: An Essay Concerning Human Understanding, Oxford 1979

Lohmann, Hans-Martin: Sigmund Freud zur Einführung, Hamburg 2006

Long, A. A. [Hrsg.]: Handbuch Frühe Griechische Philosophie, Stuttgart 2001

Lyotard, Jean-Francois: Das postmoderne Wissen, Wien 1999

Machiavelli, Niccoló: Der Fürst, Stuttgart 1978

Montaigne, Michel de: Essais, Frankfurt 1999

Münkler, Herfried: Thomas Hobbes, Frankfurt 2001

Nietzsche, Friedrich: Kritische Gesamtausgabe, Berlin 1995

Platon: Werke, Darmstadt 2005

Popper, Karl: Der Zauber Platons, Tübingen 2003

Rapp, Christof: Vorsokratiker, München 2007

Rousseau, Jean-Jacques: Emil oder Über die Erziehung, Paderborn 2001

Rudolph, Ulrich: Islamische Philosophie, München 2004

Sartre, Jean-Paul: Der Ekel, Reinbek 1982

Sartre, Jean-Paul: Geschlossene Gesellschaft, Reinbek 1986

Schischkoff, Georgi [Hrsg.]: Philosophisches Wörterbuch, Stuttgart 1991

Schopenhauer, Arthur: Gesammelte Werke, Zürich 2007

Skirbekk, Gunnar; Gilje, Nils: Geschichte der Philosophie, Frankfurt 2003

Stegmüller, Wolfgang: Hauptströmungen der Gegenwartsphilosophie, Stuttgart 1989

Störig, Hans Joachim: Kleine Weltgeschichte der Wissenschaft, Frankfurt 2007

Schweppenhäuser, Gerhard: Theodor W. Adorno zur Einführung, Hamburg 2005

Tlumak, Jeffrey: Classical Modern Philosophy. A Contemporary Introduction, London 2007

Volpi, Franco [Hrsg.]: Lexikon der philosophischen Werke, Stuttgart 1988

Watzlawick, Paul: Wie wirklich ist die Wirklichkeit?, München 2005

Weischedel, Wilhelm: Die philosophische Hintertreppe, München 2002

Register

(Bei den Begriffen in Anführungszeichen handelt es sich um Titel von Werken.)

Bildnachweis

Umschlagabbildungen: dpa / Picture-Alliance, Frankfurt: o. li.,
o. re., u. M., u. re., Hintergrund; Interfoto, München: o. M., u. li.

akg-images, Berlin: S. 23, 24, 47, 65, 67, 83, 92, 94, 102
dpa / Picture-Alliance, Frankfurt: S. 9, 17, 20, 25, 27, 33, 41,
43, 44, 57, 58, 59, 64, 68, 71, 73, 76, 77, 81, 85, 86, 87, 88,
89, 93, 95, 97, 98, 100, 101, 103, 105, 109, 111, 112, 113
Interfoto, München: S. 6, 7, 8, 10, 11, 12, 13, 14, 15, 16, 18, 19,
21, 22, 26, 28, 29, 30, 31, 32, 34, 35, 36, 37, 38, 39, 40, 42,
45, 46, 48, 49, 50, 51, 52, 53, 54, 55, 56, 60, 61, 62, 63, 66, 69,
70, 72, 74, 75, 78, 79, 80, 82, 84, 90, 91, 96, 99, 104, 106, 107,
108, 110

© Naumann & Göbel Verlagsgesellschaft mbH, Köln
Gesamtherstellung: Naumann & Göbel Verlagsgesellschaft mbH, Köln
Text und Redaktion: Dr. Cornelius Grupen, Christa Pöppelmann,
Dr. Nicole Bracker, Jennifer Künkler, Melanie Goldmann
Alle Rechte vorbehalten

ISBN 978-3-625-12817-5

www.naumann-goebel.de